中国历史文化名人传

# 梦摘彩云
## 刘勰传

缪俊杰 著

作家出版社

# 中国历史文化名人传

## 组委会名单

主任：李　冰
委员：何建明　葛笑政

## 编委会名单

主任：何建明
委员：何西来　李炳银　张　陵　张水舟　黄宾堂

## 文史组专家成员（按姓氏笔划为序）

王春瑜　王家新　王曾瑜　孙　郁　刘彦君　李　浩　何西来
郑欣淼　陶文鹏　党圣元　袁行霈　郭启宏　黄留珠　董乃斌

## 文学组专家成员（按姓氏笔划为序）

王必胜　白　烨　田珍颖　刘　茵　张　陵　张水舟　李炳银
贺绍俊　黄宾堂　程步涛

# 出版说明

　　中华民族五千年文明史中，涌现了一大批杰出的文化巨匠，他们如璀璨的群星，闪耀着思想和智慧的光芒。系统和本正地记录他们的人生轨迹与文化成就，无疑是一件十分有必要的事。为此，中国作家协会于2012年初作出决定，用五年左右时间，集中文学界和文化界的精兵强将，创作出版《中国历史文化名人传》大型丛书。这是一项重大的国家文化出版工程，它对形象化地诠释和反映中华民族文化的基本精神，继承发扬传统文化的精髓，对公民的历史文化普及和建设社会主义文化强国都具有重要而深远的意义。

　　这项原创的纪实体文学工程，预计出版120部左右。编委会与各方专家反复会商，遴选出在中国文化发展史上产生过重大影响的120余位历史文化名人。在作者选择上，我们采取专家推荐、主动约请及社会选拔的方式，选择有文史功底、有创作实绩并有较大社会影响，能胜任繁重的实地采访、文献查阅及长篇创作任务，擅长传记文学创作的作家。创作的总体要求是，必须在尊重史实基础上进行文学艺术创作，力求生动传神，追求本质的真实，塑造出饱满的人物形象，具有引人入胜的故事性和可读性；反对戏说、颠覆和凭空捏造，严禁抄袭；作家对传主要有客观的价值判断和对人物精神概括与提升的独到心得，要有新颖的艺术表现形式；新传水平应当高于已有同一人物的传记作品。

为了保证丛书的高品质，我们聘请了学有专长、卓有成就的史学和文学专家，对书稿的文史真伪、价值取向、人物刻画和文学表现等方面总体把关，并建立了严格的论证机制，从传主的选择、作者的认定、写作大纲论证、书稿专项审定直至编辑、出版等，层层论证把关，力图使丛书经得起时间的检验，从而达到传承中华文明和弘扬杰出文化人物精神之目的。丛书的封面设计，以中国历史长河为概念，取层层历史文化积淀与源远流长的宏大意象，采用各个历史时期最具代表性的文化符号与雅致温润的色条进行表达，意蕴深厚，庄重大气。内文的版式设计也尽可能做到精致、别具美感。

中华民族文化博大精深，这百位文化名人就是杰出代表。他们的灿烂人生就是中华文明历史的缩影；他们的思想智慧、精神气脉深深融入我们民族的血液中，成为代代相袭的中华魂魄。在实现"中国梦"的历史进程中，必定成为我们再出发的精神动力。

感谢关心、支持我们工作的中央有关部门和各级领导及专家们，更要感谢作者们呕心沥血的创作。由于该丛书工程浩大，人数众多，时间绵延较长，疏漏在所难免，期待各界有识之士提出宝贵的建设性意见，我们会努力做得更好。

《中国历史文化名人传》丛书编委会

2013 年 11 月

刘勰

# 目录

前记

# 文曲星天空闪耀

黄河之水天上来，奔流到海不复回。

滚滚长江东逝水，淘尽千古风流人物。

中华文化像一条千年不息的江河，浩浩荡荡，一泻千里。

在五千多年的中国文化史上，有多少文士豪杰，在这条不息的长河里徜徉。大浪淘沙，洗尽沙砾始见金。

万里长江在奔腾入海之前，冲积成一块辽阔的长江三角洲。湖荡棋布，沟渠纵横。在长江、大运河、京沪通道的交汇处，有座历史文化名城。过去称为京口，现在名为镇江。

京口，有名山、名水，也出名人。南宋杰出词人辛弃疾登上京口北固山，眺望江北那片国土，感叹不已，赋《南乡子·登京口北固亭有怀》，叹道："何处望神州？满眼风光北固楼。千古兴亡多少事，悠悠，不尽长江滚滚流。年少万兜鍪，坐断东南战未休。天下英雄谁敌手？曹刘。生子当如孙仲谋。"

这首词一直为后人传诵，成为千古绝唱。

辛弃疾是卓越的军事家，也是个著名的诗词家，南宋时期的一派词宗。据说他肤硕体胖，目光有棱，红颊青眼，壮健如虎；他文武双全，性格豪爽，崇尚气节，侠士之风。他归南宋以后，历官湖北、湖南、江西、福建、浙江。作为当时的大政治家和军事家，他对政治、军事、经济各方面都有精辟的见解。在《登京口北固亭有怀》这首词里，他借凭吊古迹评论历史人物，表达了他壮怀激烈的情怀。他称赞孙权当年气盛善战，可以与曹操、刘备匹敌。他甚至调侃地说到生儿子也要生一个"孙仲谋式"的人物。

作为军事家的辛弃疾，武人重武。他在感叹"千古兴亡多少事"的时候，只想到了曹操、刘备和孙权这些武将。他何曾想到，就在这京口，在他发出浩叹的北固亭下，曾经出现过一个为历史添光增彩的人物，那就是比曹、刘、孙晚生两百多年，而今要为之立传的文化巨星——刘勰。

刘勰是我国南朝齐梁时期的一位奇才，他留下了一部文学理论经典——《文心雕龙》。

刘勰一生坎坷。他从一个"笃志好学"立志要"树德建言"的学子，晚年成了改名慧地在定林寺出家的和尚。他飘忽不定的一生是中国古代知识分子人生命运的写照。命运之神使刘勰面目模糊。在相当长的历史时期里，他的巨著《文心雕龙》仅作为一部"文章作法"一类的书在流传。许多人对刘勰这个人物做了"误读"，仅仅把他视为一个出家和尚，却不知道他在中国文化史乃至世界文化史上的崇高地位。直到二十世纪二三十年代，我国新文化运动先驱者之一鲁迅先生，把刘勰同古希腊的伟大诗人、哲学家亚里士多德相提并论，将《文心雕龙》看成是东方的《诗学》，把刘勰的名字推到世界文化名人之列。四十年代我国著名历史学家范文澜先生出版了他的《文心雕龙注》，让这部古代文论经典成为广大读者能够读懂的文本。中国改革开放新时期，研究《文心雕龙》成为中国乃至世界性的一门显学。从此，刘勰和他的《文心雕龙》才作为我国文化史上的瑰宝发出耀人的光彩。

刘勰一生经受了许多磨难。命运之神把这个中国古代杰出的知识分子的精神扭曲，性格异化。

他早年不满于等级森严的门阀制度，到中年积极"入仕"，成为皇室忠实侍臣。

他早年恪守儒家古文学派立场反对浮艳文风，到晚年不得不向当时的统治阶级思想妥协。

他早年怀抱着"纬军国""任栋梁"的思想，力图有所作为，到晚年又不得不主动削发剃度，易名更服，遁入空门。

时代造就了一个杰出的文化伟人，那个时代又在他身上涂抹了一层浓重的悲剧色彩。

刘勰，一位奇人！《文心雕龙》，一部奇书！他很伟大，又很弱小。

刘勰是封建时代一个复杂的人生形态。要写出一个真实的刘勰，就要表现出那个时代的真实，写出他复杂性格的由来。托尔斯泰的女儿亚·托尔斯泰娅为伟大作家列夫·托尔斯泰写的传记《父亲》中这样说过："我们觉得托尔斯泰朴质无华，可是在这朴质无华之中他又异常复杂；我们觉得他很坚强，可是他又柔软如蜡。他像他的外祖父沃尔康斯基一样性情暴躁、严峻，同时他又慈祥、宽厚。他高傲，自尊心很强，但是他又十分顺良，甚至自我谴责，自我贬抑。但是像根红线一样贯穿他一生的主要品德却是博爱，崇高的爱，对自然、人类和动物的爱，以及这种爱所产生的温和与善良。"刘勰也是一个性格复杂的人物。亚·托尔斯泰娅的这段话，对我们理解刘勰、写好刘勰传记很有启发。

唐代著名诗人刘禹锡有诗云："莫道骚人在三楚，文星今向斗牛明。"斗牛，犹言东方也。东方出现了一颗"文曲星"。刘勰就是出现在我国东南方的"文曲星"。这颗"文曲星"在天空闪耀。现在，让我们穿过历史的隧道，用现代人的目光，重新审视那复杂变幻、令人难忘的历史，书写传奇人物刘勰的异彩人生！

# 第一章

## 七龄童梦摘彩云

刘勰，字彦和。东莞莒人。祖灵真，宋司空秀之弟也。父尚，越骑校尉。

——《梁书·刘勰传》

予生七龄，乃梦彩云若锦，则攀而采之。齿在逾立，则尝夜梦执丹漆之礼器，随仲尼而南行。旦而寤，乃怡然而喜。大哉圣人之难见哉，乃小子之垂梦欤！

——《文心雕龙·序志》

## 一、读书郎彩云之梦

京口的北固山风景如画。京口曾经是南朝都城。北固山下一栋栋朱门大宅住着高官大儒。靠近江边的那栋宅子住着一位武官——越骑校尉刘尚。这座宅子平日大门紧闭，人们只知道这里是"刘宅"。刘勰就出生在这座朱门官宅里，并在这里度过了他的童年。

刘宅依山傍水，背后是北固山森森如盖的古树，前面则是滔滔长江。刘家的宅院是一所独立的院落。走进朱漆大门，迎面是一座影壁。绕过影壁是三进院的院落。院子并不很大，但建筑布局有序，幽静美观。前院有条长长的甬道。甬道两侧种着几株白玉兰，春天花团锦簇。白玉兰树下是一片空地，地面用小石子铺成，可以作为习武之地。下过雨也不湿，只要雨过天晴就可在此练功。甬道进去是个装有窗棂的中厅。中厅是刘尚平日会客招待朋友喝茶的地方。中厅背后又是一进，里面有个天井。这天井并无井，南方叫作天井，意思是站在天井里像站在井底那样，抬头能看见天。天井正面是主人卧室，两侧是厢房，也是卧房。刘勰的父母住在正房，刘勰则住在厢房，一侧厢房有三间，一间是书房，一间是闲屋。再进去便是一个后院了。里面有厨房、餐厅，侧房是仆人居所，如有闲杂人等或乡下来客，也住在这后院里。

刘勰的父亲刘尚虽任职"越骑校尉"，但平时不带兵，因此也无跟班警卫人员，只有一两个家丁看门。不过，当时凡是当官的都有一两个"门生"为其服务。"门生"，就是跟着主人的服务人员，用今天的话来说，就是"生活秘书"或勤务员，负责主人的起居等生活杂事。

刘尚在北固山下的这所宅院，有个放满图书的大书房，经、史、子、集，整整齐齐地摆放在楠木书架上。刘尚重家教，平日里只教刘勰读书，不准其同纨袴子弟来往。刘勰是个爱好读书的少年，这刘宅平日闭着漆门，为的是让刘勰有个读书的环境。刘尚本人也爱潜心静读。因此，刘宅并不像一般的显达官府，而是个幽静的"书香门第"。

刘尚做的那个"越骑校尉"，虽属"武官"一行，但是个平时不带兵的武官。不过，古时候武官带不带兵，都要"黎明即起"，天天练武功。有天早上，刘尚起得很早，天蒙蒙亮就在自家的庭院里练武功。他正在聚精会神伸出手中的宝剑时，儿子从卧房里出来，伸了伸懒腰，走到刘尚面前，叫了声"爹爹"。刘尚回过头来，一看是儿子刘勰，也就只"呵"了一声没有再理会，继续练他的功。

刘勰见父亲若无其事地在继续练功，便走上前去，举起右手挡住父亲舞剑的手势，兴高采烈地说："爹爹，我昨天晚上做了一个梦，很奇怪的梦啊！"

刘尚这才停下来，认真地问道："儿子，你做了什么梦呀？"

刘勰神神秘秘地支吾了一下才回答道："我昨晚做了个很奇怪的梦，梦见满天布满锦绣般的彩云。我高兴得飞到天上把这些彩云摘了下来。"

刘尚听后觉得十分奇怪。这个只有七岁的儿子平常老实巴交的，一头栽到书堆里，是个"书呆子"，从不胡思乱想，胡说八道。这会儿怎么就异想天开，梦见天上挂满彩云，自己还飞到天上去摘彩云呢！

刘尚从内心里怀疑儿子是中邪了，或者读书读糊涂了，受到当时的谶纬方术异端邪说的影响。刘尚的书架上摆着许多书，其中就有一些充满阴阳五行邪说的经书。其中的《春秋繁露》里载有夜观天象的邪说，什么求雨止雨法术。用阴阳五行推论灾异，预知吉凶。刘尚听说儿子梦见彩云，自己飞到天上采摘，是不是读那些阴阳五行邪说的书读糊涂了。但他了解刘勰从小不编瞎话，不说假话，这次做梦的事，总觉得儿子这个"梦"非同一般。

刘尚对儿子的梦将信将疑，便追问道："儿子，你真的做了梦，上天去摘彩云吗？"

刘勰认真地点头答道："爹爹，我真的做了这样一个梦呀！"

这时，刘勰的母亲刘齐氏也起来了，听见儿子在院子里同父亲说话，便走到院子凑上前去，问道："你们俩在说什么呀？"

刘尚说："刚才勰儿说，他昨晚做了个梦，梦见满天彩云，他飞上天去摘这些彩云。"

刘齐氏听后，很惊讶。她是信佛之人，相信因果报应这一套说法。她听说儿子做了这个梦也很奇怪，觉得这里面有什么征兆。但又不敢点破，只好婉转地说："勰儿，你别胡说乱猜的，听老辈人说，梦是相反的，是假的。人怎么能飞上天去摘云彩呢！"

刘尚不是佛徒。但他听说过"日有所思，夜有所梦"的说法。他觉得儿子做这样的梦，或许是个吉兆呢！说不定儿子想干什么大事，日思夜想，想而成梦呢！刘尚便打断刘齐氏的话说："你这是妇人之见。人虽然不能飞上天，但人心是可以上天的呀，古人说'心比天高'。说不定勰儿将来能做出'心比天高'的大事来呢！"

刘齐氏若有所悟地点了点头，表示同意丈夫的看法。夫妇俩同时发出会心的微笑。可是刘勰的父母始终没有破解他这个梦的奥秘。


## 二、回故里寻根问祖

刘尚自从听儿子说做了这个奇梦之后，也就常常关注刘勰的一举一动。刘尚发现刘勰三岁就能识许多字，五岁开始读大本大本的书，六七岁便把家中的藏书翻读了个遍。他爱想事儿，常常提出一些大人都意想不到的问题。

忽一天，刘勰来到刘尚的书房，问道："爹爹，我最近读了许多历史书，也读了刘家的族谱，里面说我们刘家的远祖是汉高祖刘邦的庶男刘肥的后代，又说我们刘家同南朝宋代的司空刘秀之是兄弟。我们刘家真的同皇室有关系吗？"

刘尚答道："这个我也说不清楚。传说我们祖上同汉高祖刘邦有一点儿渊源关系，同南朝的开国皇帝刘裕也有什么关系。说你爷爷刘灵真是刘宋王朝做过司空的刘秀之的弟弟。我问过你爷爷，他对自己祖先的经历也说得含含糊糊。不过，从祖上开始便有这么一说，我们刘家都是从古莒国过来的。古莒国现在成了齐鲁之邦的莒县。我们刘家虽然现在不发达了，但祖上还是很风光的！"

刘勰的家族究竟是不是刘邦的后代，刘氏家族同南朝时期的刘宋皇室有没有关系，也是写刘勰传记应该搞清楚的问题。

为名人作传，多从传主的家世写起。最早为刘勰作传的是唐代姚思廉的《梁书·刘勰传》。关于刘勰的家世，他仅用了二十五个字："刘勰，字彦和。东莞莒人。祖灵真，宋司空秀之弟也。父尚，越骑校尉。"（《梁书·刘勰传》）

古人写文章"言简意赅"。可是，我们今天写传记就不能那么简单了，要比较详尽地写出刘勰的家世，还得回溯那个时代的历史，交待一下背景。曾经有人概括地说："刘勰生于宋，著于齐，官于梁。"这种概括说得不错，说得很到位。

刘勰的祖上确有点儿复杂。有人考证，刘勰的远祖同刘邦是有点儿关系，说他的若干若干代之前的某代是汉高祖刘邦的儿子齐悼惠王刘肥的后代。现在没有找到确切的文字记载。不过《宋书·刘秀之传》里说到一些有关的材料："刘秀之，字道宝，东莞莒人，司徒刘穆之从兄子也，世居京口。祖爽，尚书都官郎，山阴令。父仲道，余姚令。秀之弟粹之，晋陵太守。"《宋书·刘穆之传》也说："刘穆之，字道和，小字道明，东莞莒人，汉齐悼惠王肥后也，世居京口。"这些材料说明刘勰的远祖与刘邦有点儿关系。

刘勰的高祖父叫刘爽，字子明，做过山阴令。刘勰的曾祖父刘仲道，做过余姚令。刘勰的祖父刘灵真，生平事迹都无可考。但刘灵真的哥哥，也就是刘勰的伯祖父刘秀之却有记载。历史上说，这个"刘秀之"在南朝宋武帝刘裕永初年间，做过益州、郢州等地刺史和丹阳尹，是个不小的官，死后追赠为"司空"，也就是《梁书·刘勰传》里所说的"祖灵真，宋司空秀之弟也。"既然刘勰的远祖是刘邦的后代，曾祖又与南朝的开国皇帝刘裕有些关系，说明刘勰也是出身于官僚世家的。

不过，说刘勰远祖是汉朝开国皇帝刘邦的后代，于史无据，实在太玄。因为从汉代的刘邦到南北朝时期的刘裕，虽然都是姓刘的天下，此"刘"与彼"刘"相距四五百年，太久远，太不靠谱了。从汉代的刘邦的天下，到南北朝的"刘宋"天下有个漫长的历史过程。汉末魏、蜀、吴三国鼎立。不过魏国自曹操死后，汉国（蜀）自诸葛亮死后，都失去了进攻对方的力量。吴国一向划江自守，孙权死后也进入了衰落阶段。在这种情况下，魏国的司马氏集团完成了统一大业。司马昭在灭了汉（蜀）吴之后突然死掉，他的儿子废魏国君主，建立晋朝，自号晋武帝。"八王之乱"后，北方又出现了"十六国"，民族矛盾日益尖锐。八王混战，匈奴、羯起兵反西晋。西晋灭亡后，司马睿建立了东晋王朝，以建康（南京）作为帝都。东晋朝内部王、谢、庾、桓四大家族反复斗争，最后由一个低级士族出身的强势人物刘裕夺得了政权，建立宋朝。出现了南朝宋、齐、梁、陈、隋五代。

刘勰生于"宋"。这个"宋"是刘裕建立的南朝的"刘宋"，不是后来赵匡胤建立的那个"赵宋"。刘勰虽然是官僚出身，他们家也世居京口，但同那个"刘宋"开国皇帝刘裕没有什么直接关系。刘裕是个亡命之徒，从一个小军官变为"暴发户"而得天下。东晋初，刘家避难从彭城迁居京口。刘裕年幼，家穷，没有读书，靠耕地为业，兼做樵夫、渔夫及卖履小贩。他是个赌徒无赖，曾因赌博被京口大族刁逵缚在马桩上索赌债，丢尽面子。后来刘裕在京口起事开始发达。刘裕勇悍善战而屡立大功。刘裕在桓玄之后，被推为盟主。收复建康后，建立了南朝，自称宋武帝，但不久就死了。刘裕死后，宋朝政权陷入骨肉相残。宋明帝死后，其子苍梧王继位，内乱更为加剧。南朝宋代首尾共五十八年，换了八个皇帝。

刘宋运祚不长。南兖州刺史萧道成在内乱中造成势力。萧道成灭宋建立了齐朝。刘勰父亲刘尚幸运地当上了萧齐的"越骑校尉"，同萧道成的皇室挂上了钩。

　　"越骑校尉"是什么官？历史记载："越骑校尉"的官职最初设置于汉武帝时期，后来虽多次改朝换代，但此职犹存。据说历代都是选一些才力过人的人来担任此职。由此推论，刘勰的父亲刘尚"才力过人"，至少也不是等闲之辈。可惜没有史料来证明。

　　"越骑校尉"是武职，但平时并不带兵。《宋书·百官制》和《南齐书·百官制》《隋书·百官志》都记载，宋、齐、梁五校尉设官，均无员。《隋书·百官志》载北魏、北齐之制为："步兵、越骑、射声、屯骑、水长等校尉，奉车都尉等，各十人。"又见《宋书》中有记载："辅国将军南高平太守军主陈承叔、辅国将军左军将南濮阳太守葛阳县开国男军主彭文之、龙骧将军骠骑行参军军主召宰，精甲二万，前锋云腾。又遣散骑常侍领游击将军湘南县开国男新除使持节督湘州诸军事，征虏将军湘州刺史军主吕国、屯骑校尉宁朔将军崔慧景……屯骑校尉南城令曹虎头，舳舻二万，骆驿继迈。"由此可见，所谓"校尉"者，是可带二万兵士之军官也。刘尚当是一个高级军官，"官至四品"也是无疑的。

　　齐朝也寿命不长，雍州刺史（镇襄阳）萧衍起兵攻入建康灭齐，建立梁朝。齐朝总共只有二十三年，换了六个皇帝。

　　刘勰的父亲在齐朝做过四品官，刘氏家族同南朝时期的萧齐皇室有了关系，这也是没有疑问的。

　　刘勰这时虽然还是个七岁小童，但脑子非常灵敏。他又问道："爹爹，史书上说得含含糊糊，我们刘家究竟与皇室有没有关系？"

　　刘尚被儿子刘勰这一问，一时答不上来，有点儿语塞。想了一会儿，说道："我们刘家是不是刘肥的后代我说不清楚，我们的祖辈同南朝王室有关系是肯定的。否则我能当上'越骑校尉'吗？"

　　刘勰听了以后，凝视着父亲，觉得很茫然，心想连您也说不清楚。

　　刘勰是个善于思索的人，有一种寻根究底的精神。他很想把自己的家世搞清楚。有一天，他突发奇想，对父亲说："爹爹，您说我们祖辈是从古莒国东莞迁居过来的。我们京口离古莒国那个地方不远，我们可不可以回老家一趟，去寻一寻我们的祖宗，探探我们刘家的历史呀？"

刘尚想不到只有七岁的儿子会提出这样的想法。其实过去他也想过。他想：自从建立南朝政权以来，他们刘家迁到京口好几百年了，这些年征战不断，地域隔断，音信全无。这时听儿子提出回故乡寻根问祖，正说到他心里了。刘尚很想念故乡，更想回故乡把自己的家世搞清楚。他心动了，儿子的话勾起了他的故国之思，怀乡之情。

刘尚想回老家古莒国东莞看看，这是一件大事。那时，京口和老家莒国东莞虽然只有几百里之遥，但两地不属于一个国家，要到莒国去就是出国了。

刘尚与夫人刘齐氏商量。刘尚说："我们刘家南迁到京口也十几代了，儿子想回老家寻根问祖是好事，我们全家回古莒国东莞一趟怎么样？"

刘齐氏一听，开始有点儿惊愕，觉得很突然。刘齐氏是句容县人。读过一点儿书，但对莒国这样的"北方"毫无印象，更没有什么思乡之情。不过，她世世代代居住京口一带，能有机会到"北方"走走，也有兴趣，就像现代人想走出国门去欣赏异国风光那样有一种"好奇感"。刘齐氏想了想，就满口答应同丈夫一起带儿子回故乡莒国去看一看。

刘齐氏有点儿担心地问刘尚："你对那个隔了十代八代的老家的情况了解吗？我们这次回老家还能找到什么亲人吗？"

刘尚确实没有把握，只好说："这几百年改朝换代，南北分裂，山川阻隔，音讯全无。那片土地肯定还是存在的，但能不能找到刘家亲人就很难说了。不过试试看，就权当一次游玩吧！"

## 三、古莒国难以寻根

刘尚一家经过几天商量，终于取得一致意见。他们开始做回故乡的准备。

刘尚是齐王朝的"越骑校尉"，虽是一个闲职，平日不带兵，只是享受俸禄，可也是朝廷命官，要随时听候朝廷召唤。他们全家远离京口出外探亲，还得要向吏部禀报一下。很快得到吏部批复。于是刘尚请了长假回老家"探亲"。

刘尚一家忙了好几天。刘尚在京口雇了一辆供全家人乘坐的马车。他不带"门生"（服务员），不着官服，而是一副商人打扮，恰似一家人探亲出远门的样子。刘齐氏准备了一家人的衣物，还让家里的"门生"做了一些路上吃的干粮，备足了盘缠，准备上路。

刘尚一家坐在一辆马车上。刘齐氏头上包着一条花头巾，身着短衣长裤，很有些江南少妇风韵。她带着儿子随丈夫上了马车，一家人便离开京口，徐徐上路。

古莒国东莞在哪里？刘尚不清楚。他查了官方图志。从京口出发，先到扬州。好在马车夫是个常出门的人，走一程问一程，经过剡城很快就到了古莒国的地界了。他们终于找到了莒县。古莒国虽然不存在了，但地方还是那个地方。古莒国从地理位置上说，是鲁东南沿海地区，包括今天的莒县、沂水、沂南、莒南、临沭、东港、五莲、诸城、胶南以及江苏的赣榆等地。春秋时期上述各地全部或部分属于莒国版图。莒自秦朝始为县治，之后或为郡，或为州，或为县，都是鲁东南沿海的政治经济文化中心。距今约四十万年前左右的"沂源猿人"化石的发现，证实了莒地也是人类文化发祥地。在西周分封齐、鲁之前，莒地应包括部分齐鲁之地。所以史书上有"莒虽夷狄，犹中国也"。南北朝时期，这个地区属于北魏。东晋时期，刘勰的祖辈从莒国东莞迁移到了属于南朝齐国的京口。虽有国界之分，齐国和北魏还是有交往的。民间的来往也很频繁。

刘尚一家到了古莒国东莞地界。他们的祖先住什么村？刘家的谱牒没有记载。刘尚一家已经找不到祖先居住的地方了。说实话，他们压根儿也不知道自己的祖先居住在什么地方。

他们到哪里落脚？刘尚一家来到莒国的都城，找了一家客栈住下。

刘尚和刘齐氏虽然找不到"老家"，但内心都很平静。年仅七岁的刘勰却对这个古莒国很感兴趣。他向店家打听这座古城的来历。店家告诉他们："这莒国都城是战国时期建的城池，相传周武王十三年，武王封少昊帝之后人为王，他们占据了莒城，家族统治了二十三代。到了春秋战国时期，这里发展已有相当规模了。到了汉朝，汉文帝封朱虚侯刘章为城阳王，亦都于此，直至汉末，多为王都。"店家的解说，让小小的刘勰听得一愣一愣的。

住店无事。刘勰一家便到莒国的古城去看看。他们看到，这座古城虽已败落，但留下的破壁残垣蔚为壮观。这里有三道城门，城内有十二里见方的城郭，在当时来说，已是相当发达了。莒县城里店铺古色古香，使用的各种陶器物品也相当美观，虽然没有江南的建康、京口那么发达，但刘勰当时年少，看到什么都感到很新鲜。刘勰对自己的祖籍故乡留下了很深刻的印象。

看了城里，又想看看乡下。刘尚一家回到客栈，又向店家打听哪个村庄有刘姓人家集中居住。店家告诉他们，莒县境内有个"沈刘庄"，住的全姓"刘"。刘尚带着刘齐氏和刘勰到了沈刘庄，住了几天。他们问到祖先情况。但村里姓刘的人都不知晓刘勰祖辈刘灵真其人及他的事迹行踪。关于这"沈刘庄"，后人编了一个故事，说刘勰写《文心雕龙》后，因为沈约赞赏此书"深得文理"，为了感谢和铭记沈约对刘勰的"知遇之恩"，刘勰家乡的人便把刘勰祖辈居住的刘庄的村名改为"沈刘庄"。但村里没有一个姓沈的，全是姓刘。这是题外话，不在"传记"之列。

刘尚一家只好悻悻地离开沈刘庄又到别处寻找。

刘齐氏信佛，她向村里人打听莒县境内有无佛寺。当地人告诉她，莒县境内有个浮来山，风景优美，也有佛寺。于是刘尚全家人启程去县城西北郊的浮来山。

浮来山是古莒国的名胜。《春秋》中已有记载：鲁隐公八年，"公及莒人盟于浮来"。这浮来山下有一个寺庙。据说，这寺庙建于春秋时期，但比较简陋。寺庙里有大佛殿、校经楼、三教堂等等。相传春秋时鲁公与莒子曾会盟于此寺内一大树下。这寺庙当时叫什么名字没有文字记载，因为刘勰曾到过这里，后人便附会叫定林寺。近年更有人著文说，刘勰晚年在南京定林寺待不下去，便潜回这莒县定林寺以终天年。此说证据不足，难以为信。只是相传刘勰少年时代到过莒县浮来山寻根问祖，此说因而也就留在刘勰的人生历程中了。

刘勰随着父母在齐鲁大地寻根没有什么收获，全家悻悻地告别浮来山，转道去曲阜，瞻仰"至圣先师"孔子的故乡。


## 四、访曲阜拜谒孔圣

刘尚一家本来准备离开浮来山后打道回府，于是让马车夫备足饲料回京口。但刘勰想起行前的一句话。他问父亲："爹爹，你在京口时不是对我说过，探了老家还要去拜谒'至圣先师'孔子的故乡曲阜吗？"

刘尚这才想起自己的允诺，说："对，对，我是答应过全家去曲阜看看的。"于是，刘尚一家调整行程，离开古莒国东莞，驾着马车前往孔子故乡曲阜。

曲阜是春秋时鲁国故城，是传说中五帝之一少昊帝的故乡，也是"至圣先师"孔子的故乡。孔子是春秋末期的大思想家、政治家、教育家。他在鲁国设坛讲学，名满齐鲁。后来，还周游列国，传道授业。鲁国国君鲁哀公很敬重他。孔子死后一年，鲁哀公便将孔子故宅改建为"庙"，称为孔庙。自西汉以来，历代帝王不断对孔庙进行重修扩建，成为一处规模不小的古建筑群。南北朝时期，曲阜属于北魏，当时的孔庙已建成一定规模，有圣时门、弘道门、大中门、大成门等，庙内已有一些碑碣石刻。也常有人到孔庙拜祭。

刘尚带着刘齐氏和刘勰来到曲阜孔庙，正要在孔子石像前跪拜之时，见有一个五十开外的长者出来。他身穿长袍，彬彬有礼地问道："官人是何方来客，对先祖孔丘如此礼敬呀！"

刘尚听了此人的问话，判断这位长者无疑是"至圣先师"孔子的后人了，便礼敬地回答说："在下是京口人氏，因为远祖是莒国人，现在古莒国也归到齐鲁之邦的地界了。我们这次回到故土，特意带家人来曲阜礼拜'至圣先师'孔子的故居，受一受儒家礼教的熏陶呀！"

这位穿长袍的长者听说来客是古莒国的后代，从京口长途跋涉来到曲阜，也就特别客气起来，自我介绍说："俺是孔先人的十五代玄孙，孔姓族长指定俺来管理孔家祖产兼管这座孔庙。凡远道而来的贵客，都由俺来宣讲孔氏家族的历史和家学渊源。"

刘尚一听长者是这等身份，便赶忙作揖礼拜。刘尚断定这位长者对孔家历史掌故是非常熟悉的了，便殷切地说："长者既是孔家后人，可否有劳领我们去拜谒孔庙，向我们讲一讲'至圣先师'孔子的事迹！"

刘尚怀着仰慕的心情，带着家人跟这位孔姓长者到了仰高门前。长者指着仰高门说："俺先祖孔丘出生于鲁国，父母贫寒，他父亲做过'乘田'（看看牛羊）和'委吏'（会计）。孔先人在母亲教育下潜心学习，又在老子门下受过教育，满腹经纶，便设坛讲学。他的功绩受到鲁国国君的敬重。"

刘尚问道："早年读书时，曾听塾师说孔子还从过政，当过官？"

老者答道："是呀，是呀，孔先人五十多岁时，做过鲁国的司寇，参与国政。但他后来与当权者政见不合，愤愤不平，离开鲁国，历游齐、卫、宋、陈、蔡、楚诸国讲学，晚年返回鲁国，继续讲学，再没有当过官了。"

刘尚问道："听说孔先师有弟子三千，贤者七十二？"

老者说："对，对。孔先人有弟子三千，他最赏识的贤者有颜回、子路、曾参、子贡、子游，还有一个南方吴国人言偃。"

刘尚不断点头称是。七岁的刘勰听得津津有味。特别是听说吴国有个言偃上鲁国问学，更是发生兴趣，便问道："这言偃是干什么的？"

老者答道："言偃是喜欢文学的吴国人，就是你们家乡京口那一带人。听说此人回吴国后做了一番事业，很有名气哩！"

刘勰小小年纪，听后不断点头，自言自语说："言偃，言偃。南方也有贤人啊！"

　　他们边说边走到了仰高门前。刘尚抬头望见上面写的"仰高门"三个字，便问道："为什么这座门叫'仰高门'呀？有什么典故吗？"

　　长者答道："有，有。这'仰高门'可有来历啊！"他解释说，"这'仰高门'是根据《论语》中'仰之弥高'而命名的。司马迁的《史记》里不是有'高山仰止，景行行止'的说法吗？这'仰高门'就是从那里来的。《史记·孔子世家》里说道：'太史公曰：《诗》有之，高山仰止，景行行止，虽不能至，然心乡往之。余读孔氏书，想见其为人。适鲁，观仲尼庙堂、车服、礼器，诸生以时习礼其家，余低回留之，不能去云。天下君王，至于贤人，众矣，当时则荣，没则已焉。孔子布衣，传十余世，学者宗之。自天子王侯，中国言六艺者，折中于夫子，可谓至圣矣！'"

　　孔姓老者一口气把司马迁的赞语背了出来。

　　刘尚赞扬道："孔丘是'至圣先师'，司马迁也说得好，仲尼是一介布衣，逝去那么多年了，十几代人，自天子王侯到百姓布衣都以他为宗师，我们得好好向孔仲尼学习啊！"

　　说完之后，刘尚带着刘勰到"至圣先师"像前，全家人作揖跪拜了一通。

　　礼拜之后，告别老者，欣喜而去。

　　刘尚全家这次"孔庙"之行，给小小的刘勰留下了难忘的印象。自此以后，刘勰十分认真地研习儒学，以捍卫儒家学说为自己的目标，为他写作《文心雕龙》打下了思想基础。关于这个话题，我们当在后面详细讲述。


## 五、父战死勰成"孤儿"

　　拜谒孔庙之后，刘尚带着妻儿离开齐鲁大地，风尘仆仆地回到了京口。这次故乡之行，给刘勰留下了深刻的印象。

刘家回到京口，已是春天了。江南春天，草长莺飞，岸柳泛绿，蛙叫虫鸣，京口呈现一片春日气息。刘勰继续在刘宅里读儒家经典。

天有不测风云。忽一天，京师建康（南京）派人送来急报，说寻阳（现江西九江）那边有人反叛朝廷，建康受到威胁，朝廷急令越骑校尉刘尚立即回建康"勤王"，保卫帝王家业。

刘尚接到朝廷"勤王令"，意识到作为一个越骑校尉，不能懈怠。"军令如山"。刘尚当天便向妻子刘齐氏和刚刚八岁的儿子告别，飞马疾驰，赶赴刘宋时代的京城建康。

刘尚赶到建康，立即到右军将军王道隆帐下待命。他回到建康才知道，这又是宗室争斗，担任江州刺史的桂阳王刘休范图谋起事，要南下建康夺取宋朝的王室政权。

刘休范为什么要反叛朝廷？因为刘宋时期统治集团继承晋朝的典签制度，由帝王监督王室子弟的行动。于是皇室和诸王镇将之间的矛盾日益尖锐。宋明帝沿袭开国皇帝原有的典签制度，每一镇将不论是王侯或是功臣，皇帝都派自己的亲信去做典签官，代镇将掌握实权或分掌实权，并且监视镇将的行动。皇帝对镇将的控制愈紧，镇将疑忌心也就愈重，诸王因遭疑忌先后起兵作乱。宋明帝刘彧死后，年仅五岁的苍梧王刘昱继位，诸王不服，引起混乱，诸王都想入朝辅政，夺取皇帝的位置。其中，担任江州刺史的桂阳王刘休范尤甚。他自恃是掌握军权的刘氏宗亲，早想入朝辅政，这次想趁刘彧死、刘昱接帝位的宗室变故图谋举事。当时，正值夏口（今湖北黄鹤山）无人镇守。夏口位居江州治所寻阳的上游，朝廷便打算派另一位宗室亲王去那里镇守，以监视刘休范。刘休范得知朝廷对他已有戒备之心，便决定亲率步兵两万，骑兵千余，乘战舰自寻阳沿江东下。刘休范之师浩浩荡荡，直逼建康。

越骑校尉刘尚应诏赶到了建康，正值驻守建康的守将袁粲、褚渊召集军事会议，商讨如何阻贼。刘尚列席赴会。在这个军事会议上，他听到一位中年将领起来发言说："从前上流（指长江）谋逆，皆因运兵迟缓贻误战机，终至败北。今休范叛乱，积前车之鉴，轻兵直下袭我无备。这次应死守建康，不宜远出，屯兵新亭（今南京市郊）、白下（南京市北）与石头城，以掎角之势，静待贼至。"这位出谋划策的中年将领就是后来当了皇帝的萧道成。袁粲、褚渊深感此言极是，于是便派他率前锋前往新亭。

刘尚奉命留在建康城保卫京都安全。当时刘休范军兵分两路，一路围新亭，一路攻台城。此时，萧道成部将张敬儿出了个歪点子。他愿以"诈降"手法投奔刘休范以骗取他的信任。刘休范果然中计。他称帝心切，想着朝廷中既有张敬儿这样的人做内应，以为胜券在握。他轻信张敬儿，把他接到自己的营地并在战舰上亲自设宴招待，张敬儿陪着刘休范沿江东下，浩浩荡荡，直逼建康。孰知张敬儿心狠手辣，趁刘休范喝得酩酊大醉之机，立即抽出宝剑杀死刘休范，并取下刘休范的首级到建康报功。

刘休范被杀的消息并没有立即传出去。张敬儿带着刘休范的首级去建康报功的同时，刘休范麾下的另一支部队已攻占台城。宋军守将沈怀明被迫退出都城。驻守白下的张永得知石头城被叛军攻占，也慌忙舍弃白下营地逃回都城。刘休范部将见白下、台城均已攻占，便令两处军队猛攻都城。

建康城内顿时一片混乱。刘休范叛军的前锋杜黑骡率兵攻打朱雀门，守军率领众将积极迎战，情况十分危急。杜黑骡当时不知刘休范已死，为了蛊惑人心，鼓励士气，他命令士兵高喊："桂阳王已进驻新亭！"城内人们不明真相，哭爹叫娘。宫内一片混乱。皇太后悲伤地哭喊着："天下败矣！"取出白绫准备悬梁自尽。皇太后太悲观了。孰知，真相并非如此。守候城池的另一支皇家军队仍在同叛军进行殊死战斗，这就是历史上有名的朱雀门之战。

刘尚就是在朱雀门之战中战死的。朱雀门之战是场极为惨烈的保卫战。《资治通鉴·宋纪十五》中曾记载当时的战况："（萧）道成与黑骡（叛将）拒战，自晡达旦，矢石不息；其夜，大雨，鼓叫不复相闻。将士积日不得寝食，军中马夜惊，城内乱走。道成秉烛正坐，厉声呵之，如是者数四。丁文豪（叛将）破台军于皂荚桥，直至朱雀桁南，杜黑骡亦舍新亭北趣（趋）朱雀桁。右军将军王道隆将羽林精兵在朱雀门内，急召鄱阳忠昭公刘勔于石头（城）。勔至，命撤桁以折南军之势。道隆怒曰：'贼至，但当急击，宁可开桁自弱邪邪！'勔不敢复言。道隆趣（趋）勔进战，勔渡桁南，战败而死。黑骡等乘胜渡淮，道隆弃众走还台，黑骡兵追杀之。黄门侍郎王蕴重伤，踣于御沟之侧，或扶之以免。蕴，（王）景文之兄子也。于是中外大震，道路皆云'台城已陷'，白下、石头之众皆溃，张永、沈怀明逃还。宫中传新亭亦陷，太后执帝手泣曰：'天下败矣！'"

这就是记载当时战况的一段文字，今天的读者读起来虽有些费劲，但内容还是可以读懂的。大意是说，当时朱雀门的战斗打得非常惨烈，守将王道隆和刘勔都在这场战斗中战死，战死的将士不计其数。这场战斗，皇室伤亡惨重这是真的。

有人说刘尚是暴病死的，没有什么战功。究竟刘尚是病死还是战死，历史上并无记载。但刘尚确是在保卫皇室战斗期间死的，所以他的遗孀得到了一笔长期享用的"抚恤金"，使刘勰母子能"孤有所养"，从而度过十多年艰难的岁月。

# 第二章　奉寡母笃志好学

勰早孤，笃志好学。家贫不婚娶。依沙门僧祐，与之居处，积十余年……

——《梁书·刘勰传》

# 一、读经典笃志好学

建康平复之后，刘尚的遗孀刘齐氏和八岁的刘勰，从建康运回了刘尚的灵柩，把他安葬在京口的焦山。

焦山，在镇江的东北，长江边上。山本无名，因东汉陕中名儒焦光隐居山中而得名。满山苍树翠竹，宛如碧玉浮江。山中有定慧寺古刹，多有南朝以来名人题刻。刘齐氏将刘尚安葬于此山，因山中有佛寺，也算了却了她一桩心愿。

刘勰母子在安葬刘尚时哭得死去活来。他们虽然得到了一笔抚恤金，但刘家今后日子怎么过，母子二人也没了主意。

刘尚战死，刘家风光不再。刘尚的遗孀刘齐氏带着八岁的刘勰，仍然居住在刘宅里。北固山下的刘宅，朱门紧闭，门前冷落车马稀。风吹日晒使朱门的红漆有些剥落，没有人去修缮了。一片破败的景象。

孤儿寡母怎么过？刘齐氏带着刘勰去句容县探望父亲。刘齐氏的父亲齐儒士是句容一位古文经学家，对儒学深有研究，在当地颇有些名气。

齐儒士以教书为业，家中也有些田产，是个殷实的"书香门第"。刘齐氏带着刘勰回到娘家，进门便一把鼻涕一把泪地哭起来："爹爹，他爸刘尚不在了，我和勰儿孤儿寡母的怎么过呀！"边说边哭，哭的声音越来越大。

齐儒士拉着刘勰的小手，拍着女儿的肩膀，安慰地说道："不要哭，天无绝人之路。当下朝廷对死难将士还有一些抚恤，你们靠这些抚恤金日子是过得去的。我看勰儿是个孝子，也很有志气。你要把他抚养成人。送他到有名的私塾，让高人教他读儒家经典，将来定会有出息的。"

齐儒士让女儿带着八岁的刘勰回到京口，上私塾研读儒家经书。

当时京口有个隐士叫臧荣绪，是个大名儒，山东莒县人，同刘勰一个祖籍，也就算是老乡吧。臧荣绪南迁以后，他不愿在南朝做官，便隐居京口，教授儒学。臧荣绪是当时有名的著作家。《南齐书·高逸·臧荣绪传》有介绍，说他是个"纯笃好学，括东西晋为一书，纪、录、志、传百一十卷，隐居京口教授"。臧荣绪是有气节的南朝大儒。齐儒士对臧老先生十分敬重。他看到自己的外孙刘勰"笃志好学"，也就下决心，要把刘勰送到臧荣绪老先生那儿学儒学，把他培养成一个儒学继承人。刘齐氏听了父亲的话，很快便把刘勰送到臧府私塾，从臧荣绪老先生学习古文经学，接受传统的儒家经典教育。

儒学在当时是国学。南朝时期儒佛并行，互相争夺，但儒学还是占着优势。南朝的统治者多信佛，但并不放弃儒学。儒学自孔子创立以来几经波折。汉武帝在董仲舒的倡导下"罢黜百家，独尊儒术"。到了南朝的宋、齐时代，虽然佛学日进，谈玄说易，但对儒学还是很重视的。齐高帝下过《立学诏》，命令发展儒学，精选儒官。他在《立学诏》里说："朕自膺历受图，志阐经训，且有司群僚，奏议咸集，盖以戎车时警，文教未宣，思乐泮宫，永言多慨。今关燧无虞，时和岁稔，远迩同风，华夷慕义。便可式遵前准，修建教学，精选儒官，广延国胄。"（《南齐书·高帝纪下》）可见当时统治者还是主张振兴儒学，"精选儒官"以维持他们的统治的。

臧荣绪鼓励刘勰学儒学，主要是读以孔子为代表的儒家经典，读经过孔子删改和孔儒注解的经书，而排斥董仲舒打着儒家旗号篡改儒家经典内涵的邪说。董仲舒的《春秋公羊学》，把儒家与阴阳五行家统一起来，把孔子的儒学加工成为一种新的学说。它摆脱儒学原始本质，成为阴阳五行化的完全适合统治阶级需要的今文经学。董仲舒改造之后的儒学都阴阳五行化了。当时的经学朝着两个方向发展：一个是烦琐，今文经学家解说经文支离蔓衍，一部"经"的解说多至百余万字，某些儒生陷入了"章句小儒，破碎大道"的境地；再一个是迷信，把经学发展为天人感应的谶纬之学，与古文经学背道而驰。

臧荣绪教导他的学生们远离那些妖妄言辞，继承和发扬古文经学家，如桓谭、班固、王充、贾逵、许慎、马融、郑玄等人的古文经学。刘勰的外祖父要女儿把刘勰送到臧荣绪的门下读经，是让刘勰学习古文经学，是想在刘勰幼小心灵里布下儒学的种子。

刘勰随臧荣绪老先生学习儒家经典，一学就是七八年。刘勰对于儒家经典和京口名儒学馆收藏的经、史、子、集各种典籍都熟读于心。

臧老先生对刘勰"笃志好学"经常赞之于口，常说："彦和，你聪敏好学，又孜孜以求读经，将来会在坚守古文经学方面做出大成绩来。"臧荣绪对刘勰怀着一种热望，内心里涌出一种欣慰："儒家学说后继有人了。"

刘勰每听到臧老先生的称赞，都向老先生深深鞠躬，说一句："谢谢恩师教诲！"


## 二、靠抄书奉养老母

刘勰师从臧老先生学儒一晃七八年时间过去了。臧老先生对这位学生很满意，而且寄予厚望。

可是，事情出现了曲折。刘勰已快半个月不去臧荣绪老先生的私塾上学了。臧荣绪等呀、等呀，一天，两天，十天，仍然不见刘勰的身影。

臧荣绪心中疑惑，甚至有点儿失望。他一心想把刘勰培养成儒家思想的继承人，但为什么突然不来学馆继续研习儒学了呢？他得不到答案。

忽一天，刘勰来到臧家学馆。他有点儿心神不宁。一见臧老先生便鞠躬作揖，说道："臧老先生，很对不起您，以后我不能再来学馆习儒了。"

臧荣绪吃惊地问道："为什么呀？"

刘勰嗫嚅地回答说："我母亲病了，我要在家照顾她。我家生计也很困难，连饭都快吃不上了。"

臧荣绪听后很是震惊。他想，刘家原来也算殷实人家。父亲战死后，朝廷也给了抚恤金，怎么一下子日子困难到没有饭吃了呢？便问道："为什么会这样呢？"

刘勰嚅嗫地回答说："我家以前是靠外公接济。现在外公过世了，两个舅舅在乡下自身难保，也顾不上我们家了！再说，我母亲最近病了，病得不轻，要花钱治病……"

臧荣绪听后很是同情，着实有些为难。沉思了一会儿，以商量的口气说："书还是要读下去。想想看有什么办法解决。"

刘勰看着臧老先生，若有所思地说："我现在已经十四岁了。母亲病后，我也想过自己的出路，京口自古以来有一个传统，青年长到一定年龄身强力壮的都去从军。可我从小身子就弱，也没有习过武，手无缚鸡之力。长官一看我这身子骨就不会要我。"

刘勰叹了一声，又继续说："我还想到另一个出路，是到句容县舅舅那边去种地。可是我们北府那边来的人世世代代过惯了吃俸禄的日子，不会种地，连庄稼怎么长的也没有见过，哪会种地呀！我两个舅舅都是酒鬼，他们自己的日子都很艰难，哪里顾得了我们呢！"

刘勰说完"唉"了一声，又说："我想过的两条路都走不通，我总不能去讨饭吧，这不是'君子'的选择。"

臧荣绪听后很是同情。他凝神了一会儿，皱了皱眉头，说道："彦和，当然不能去讨饭。我看有一种事你是可以做，挣口饭吃应该是没有问题的。"

刘勰赶紧问道："臧老先生，有什么事我可以做的呀？"

臧荣绪说："目前，各个地方都兴'抄书'，许多学馆和个人都要雇一些人抄书，你的字写得很好，也可以去抄书呀，抄书可以挣些钱奉养老母，还可以维持自己的生计，继续来学馆读书呀！"

刘勰认真地听着，想了想，觉得臧老先生的指点确实是个可行的办法，眉头就舒展开来了，说："臧老先生，您说的办法可真是一条出路，我听从恩师指点去抄书！"

臧老先生为什么指点刘勰去抄书解决生活困难呢？这与当时"抄书业"的盛行有很大关系。中国古时候的文字记录方式从结绳记事到甲骨文再到东汉时代的竹简，记事的方法仍然十分麻烦，不但效率低，劳动强度大，一本经书往往几百斤重，储存运输都极不方便。到汉代发明了造纸。东汉蔡伦进一步改进了造纸术。蔡伦担任尚方令主管制造皇室御用器物，他观察总结西汉以来的麻质纤维造纸术，创造了树皮麻头及破布鱼网造纸之法，使造纸原料来源扩大，纸质提高。建安时期，左伯改良造纸法使造纸技术又前进了一步。左伯是东莱（山东黄县）人，这一带成了造纸业的重要基地。南方造纸术也有很大进步。剡溪（浙江四明山）一带四五百里盛产藤，余杭（浙江余杭县）出产一种好藤纸，精致美观。纸得到进一步应用。东晋桓玄当政时，下令废除竹简，全部奏章公文必须用纸抄写，纸的地位大大提高，抄书也就风行起来。由于"纸"的大量生产，许多官府、藏馆、官人、学人都大量购纸，雇人抄书。到了南北朝时代，"抄书"成为了一种职业。后来大名鼎鼎的南朝史官王僧儒就是"抄书"出身的，他因家贫替人抄书苦学成就了大业。据《南史》记载：王僧儒，山东剡城人，少好学，六岁能属文，家贫，生活无着，常为人抄书养母，抄毕即能讽诵，后成为太学博士，遍览群书，学识渊博，兼擅书法，家中藏书万卷，与沈约、任昉成为当时三大藏书家。可见"抄书"是当时一个很重要的职业。

刘勰受到老师臧荣绪的启发，决定去从事"抄书"这个职业。刘勰说："臧老先生，我听您的指教出去抄书，挣钱糊口。生计解决了，也就可以继续来您这里读经书了。"

臧荣绪听后高兴地笑着说："鱼和熊掌两者可以兼得嘛。你不需要出去抄书，可以到我的学馆里一边抄书，一边读书。好不好呀！"

刘勰觉得恩师说的办法真是两全其美，就高兴地答应在臧家学馆里一边抄书一边继续求学。

刘勰回到家满心欣喜地对母亲说："姆妈，我有事做了。臧老先生给我安排在学馆里抄书，这样一边抄书，一边读书，两方面兼顾。我们家的生计也可以解决了。"

刘齐氏听了之后，心里宽慰了一些，但又心疼儿子，说："唉，你又要抄书又要读书，这样一来就苦了你啦！"

刘勰安慰母亲道："不苦，不苦。读书抄书，一举两得，这都是我之所愿。一个人做自己愿意做的事，也就不觉得苦了。"

自此，刘勰继续到臧荣绪老先生的学馆里边抄书边读经，这样大约又过了四五年。刘勰抄了大量的书，也读了大量的书，在这里真正"积学储宝"了。


## 三、甘露寺初识僧祐

刘勰一边抄书一边读书奉侍母亲，日子虽然艰难，但母子相依为命，也算过得去了。

刘勰的母亲刘齐氏，自从丈夫亡故之后便感到苦闷、孤独、无助，她无法排解自己的痛苦。随着社会风气变化，佛教盛行，便皈依了佛门，笃信佛教的"因果报应、天堂地狱"之说。

刘齐氏经常带着十多岁的刘勰去甘露寺听建康来的高僧"讲律"。

甘露寺是京口的一所大寺庙，建在北固山北面的悬崖峭壁上。浩浩长江在寺前滚滚东流，一派奇特景象。相传这甘露寺建于三国时期，"刘备招亲"的故事就发生在这里。寺旁有观音洞，石壁上有"云房风窟""勤学"等字样的古代石刻。南北朝时期这甘露寺就成了三吴高僧来京口讲经传佛的重要场所。

三吴地区佛教为什么特别盛行？这与当时社会环境有关。由于长期的战乱，灾祸、死亡、毁灭等残酷事件，使许多人陷入难以排解的痛苦之中。无论是处于统治地位的官人，还是失势被蹂躏的平民，都看不到自己的出路，人们处在忽兴忽败、忽生忽死、变异无常的噩梦般的境地。他们常常自己发问：救星在哪里？出路在哪里？让许多人都想从佛教中找到自己的出路。

刘齐氏经常带着刘勰到甘露寺"听佛"，有一次奇遇让刘勰永生难忘。

　　事情是这样的：那天，建康定林寺大法师法颖，受皇帝派遣带着几位僧徒到三吴"讲律"。用今天的话来说，就是朝廷派出"佛教宣讲团"去宣传佛教。法颖大法师是宣讲团的团长，僧祐是随员。据《高僧传·僧祐传》记载：僧祐"初受业于沙门法颖。颖既一时名匠，为律学所宗。祐乃竭思钻求，无懈昏晓，遂大精律部，有励先哲。齐竟陵文宣王每请讲律，听众常七八百人。永明中，敕入吴……"僧祐的老师法颖受皇室派遣到京口"讲律"，带了僧祐等几位助手前往。法颖在大会上讲律，僧祐等人帮助法颖解答问题。

　　刘勰母亲刘齐氏听法颖"讲律"，听得津津有味，觉得法颖讲得太好了，很想在"讲律"散场之后向法颖请教几个佛事问题。僧祐当时是个随员，法颖"讲律"之后由他做些辅导，解答些信众的疑问，犹如如今教授讲课，助教辅导一样。刘齐氏有疑问，便在殿堂门口等法颖出来，殊不知法颖由甘露寺方丈陪同，已从后门进了经堂。刘齐氏见不到大法师只好求教小和尚僧祐了。刘齐氏见僧祐出来，急忙双手合十，拜道："师父，法颖法师讲得很好，深入我心我肺，只是还有些不解之疑想向师父请教。"

　　僧祐问道："不知官太还有什么事要询问？"

　　刘齐氏说："朝廷过去宣扬儒教，说儒学怎么重要，现在法颖大师又讲佛教多么重要，不知儒教和佛教是否可以相容？学习儒学同学习佛学是否可以兼得？"

　　僧祐见这位官太态度恳切，便回答说："官太，儒学博大精深，受用无穷。佛教主张'三报'，劝人为善。三报是什么意思呢？那就是善人、恶人当身受报叫作现报；善人恶人当身不受报，来生一定要受报叫作生报；还有一种叫后报，一个人做了善事或恶事，要经过二生、三生、百生、千生才受到报应，这叫后报。佛学的'三报'同儒学的'仁政'并不矛盾。佛教是至高无上的！无论是儒家还是道家都是佛家的学生。"

　　刘齐氏听了僧祐的解释，觉得这佛教高妙，频频点头，表示赞同。

刘勰侧着耳听僧祐的解析，并不说话。刘齐氏知道她的儿子刘勰一贯受儒教影响，有时还会同母亲争论。刘齐氏想从僧祐那里找到调和两教的答案。她接着又问："师父，我还想问个问题，不知道儒道和佛道是否可以相融，是否可以两学合用？"

僧祐听到刘齐氏的问话，觉得这刘齐氏不简单，她提出的问题正是当时儒佛两教争论的焦点，于是反问道："官太，你为什么提出这样的问题？"

刘齐氏没有多加思索便回答道："我有个儿子已经十多岁了，向儒家学了不少经典礼教之学，我想让他也学学佛道，不知道日后有无机缘，到建康那边向高僧学些佛道。"

僧祐听后信口回答说："你家公子学了儒教，现在又想学佛，很好呀。贫僧已经出道开始收徒了，如果贵公子愿来建康定林寺学佛，贫僧当十分欢迎呀。"

听了僧祐的回答，刘齐氏当即把身旁有些腼腆的刘勰拉到前面，对僧祐说："小师父，这是我家儿子刘勰，以后如有机缘当投奔师父门下。"

刘勰当时学着大人施佛礼，双手合十，向僧祐致谢。

僧祐是个礼节周到之人，也双手合十回礼道："阿弥陀佛！不必客气，不必客气，以后如有机缘，欢迎你到建康定林寺来呀！"

刘勰母子俩都双手合十，默念着："阿弥陀佛！"

这就是刘勰初识僧祐的一次机缘。几年之后，刘勰果然到建康定林寺投奔僧祐，那是后话了。


## 四、丁母忧寻找出路

俗话说："天有不测风云，人有旦夕祸福。"宋明帝永明元年，刘勰十八九岁，正是"弱冠之年"。刘勰遇到大灾难了。

那年冬天，冷象似乎来得特别早。从长江江面刮来的寒风，飕飕地吹过北固山。山上的树木开始掉叶子了，空气显得异常干冷。

正在生病的刘齐氏咳嗽得越来越厉害了。这些年来，刘齐氏由于丧夫之痛，从沮丧到失望，得了难治的痨病，一到天气变冷或劳累过度，咳嗽就加重。近年来，她又多了一个"心病"。自己唯一的儿子刘勰已经十八九岁了，还没有婚娶。当时京口一带的风俗，男儿到了十八九岁就要婚娶了，到了二十岁还娶不上媳妇就会被人笑话。当时讲究门当户对，而刘家已家道衰落，自然不会有富豪家把女子送上门来的。刘齐氏看到儿子已是"弱冠之年"还没有婚娶，非常着急。有了这个难解的心结，病情就越来越重了。

刘勰是个孝子。母子俩相依为命，渡过了十年难关，如今母亲病了，他对母亲服侍得更加周到，每天做饭烧水，送茶送药，从不懈怠。有一天早上，刘勰来到母亲的房里，看到母亲身子斜靠在床上，气喘吁吁，呼吸显得特别困难。刘勰走到母亲的床前问安："姆妈，身体可有些好转？"

刘齐氏答道："近日感觉有些不好，喘不过气来。"

刘勰伸手去摸母亲的手，感到满手冰凉，心里十分难过。但母亲还是安慰道："现在快到冬天了，天气凉，熬过这个冬天，病也许会好起来的。"

刘勰知道母亲是在安慰自己。他没有说什么，泪水簌簌地往下流。

刘齐氏平静地躺在床上，气息微弱，断断续续地对刘勰说："勰儿，你不要难过……"

刘勰紧紧地拉着母亲的手，眼睛一直看着身体非常虚弱的母亲，把耳朵附在母亲嘴边，极力想听清母亲的每句话。这时，母亲突然大咳起来，随后吐出一大口血来。

刘勰赶紧去找盆子接血。刘勰拿着盆子还未返回床前，母亲就双手摊开不再动弹了。这位饱经苦难的江南女子就这样撒手离开了人世。刘勰真正成为了一个"孤儿"，那时他十九岁。

顿时，刘勰扑在母亲身上号啕大哭，哭得死去活来。哭过之后，精神有些恍惚。刘勰怔怔地望着慈祥善良的母亲的遗容，回忆起和母亲度过的那些苦难岁月。

母亲一生含辛茹苦饱经苦难把自己养大成人；

母亲宁愿自己忍饥挨饿也要让儿子吃饱；

母亲严于要求要他苦读成才……

一桩桩往事使刘勰痛不欲生。

刘勰眼看着母亲过世，自己怎么办？他按照当时南朝习俗，披麻戴孝到句容县向母亲的娘家舅舅报了丧。在舅舅和京口的亲友邻居们的帮助下，刘勰按当地的风俗安葬了母亲。

刘勰在母亲灵前立下誓言：要为母亲守丧三年。他怎么办？三年的"丁母忧"怎么度过，着实是一个难关啊！

刘勰在安葬了母亲后，家里的日子急转直下。家中立即遇到两个难题：一是朝廷给刘家的抚恤金停发了。按朝廷规定，抚恤金是发给遗孀的。二是按照朝廷的规定，没有官禄的人家要和其他平民一样纳税。当时南朝的税赋很重，他怎么纳得起这些税呢？

这些都是困扰在刘勰心中的难题。他只好继续为人抄书度日，有时也把家中一些摆设、家具典当出去。

刘勰在京口老家丁母之忧苦苦地挨过了三年。在服满了母丧之后，他想到了自己的未来。

刘勰冥思苦想后，脑子突然闪过一个念头：去投靠建康定林寺的僧祐！七八年前，他和僧祐在甘露寺曾有一面之缘。听说如今僧祐在建康定林寺成了佛界大人物了。何不去投靠僧祐呢！

# 第三章

## 依僧祐寄居定林

勰早孤，笃志好学。家贫不婚娶。依沙门僧祐，与之居处，积十余年，遂博通经论，因区别部类，录而序之。今定林寺经藏，勰所定也。

——《梁书·刘勰传》

## 一、离京口初到建康

刘勰之所以想到要去建康投奔与自己仅一面之缘的定林寺僧祐和尚，这与当时寺庙在国家社会的地位有关。

为了让读者更好地理解这个问题，我们必须花一点儿笔墨介绍当时的寺庙在全社会的地位。

我国魏晋南北朝时期，国家处于分裂状态，政治十分黑暗，经济凋敝，但佛教文化却非常发达。东晋以后北方出现了十六国分裂的局面，匈奴、鲜卑、羯、氐、羌五族是久居内地吸收了汉族文化的少数民族，他们用武力相继建国，出现了前凉、后赵、前秦、西燕、西魏、后凉、北凉、南燕、北燕等国家。北朝将近三百年的时间，他们的文化都融入到汉族里了。晋元帝初到建康时，南方士族都不理他。经过王导、桓温、谢安、庾亮四大家族势力的反复争斗，最后由刘裕在京口纠集力量，建立了南朝政权宋朝。

尽管南北朝经济凋敝，但寺庙却很发达，寺庙经济成为社会经济的支柱。笃信佛教，大建佛寺，是南北朝时期统治者们的共同愿望，用今天的话来说，他们在政治上分裂，但在佛教问题上有着许多共识。北魏上层统治者笃信佛教，建都平城时开凿了著名的云冈石窟。迁都洛阳后，又在伊阙开凿了龙门石窟。在城内和郊区大建佛寺，仅洛阳一地佛寺就多达一千多座。洛阳所建佛塔更多，一时王公贵族豪门富家甚至捐献私宅为僧院，使洛阳佛寺之多甲天下。当时有个北魏文人杨衒之（今河北满城人）写了一本《洛阳伽蓝记》，记载北魏兴佛的盛况。杨衒之在北魏时做过期城太守、抚军府司马、秘书监等官职，对于魏国兴佛的情况深有了解。他于东魏定武五年因出差路过洛阳，看到洛阳已经衰落，回顾当年盛况，感慨万千，遂写了《洛阳伽蓝记》，追记当年佛寺园林盛衰兴废。"伽蓝"是梵语"僧伽蓝摩"之缩称，意为"众比丘之园"，即僧寺。作品分城内、城东、城南、城西、城北五个部分，记叙当年洛阳著名佛寺的历史和建筑，兼及宫殿、官府、宅第、园林、塔像、桥梁等变迁。杨衒之对佛寺方面的描写，真实详尽、生动顺畅。例如，关于永宁寺浮图，作者写道："浮图有九级，角角皆悬金铎，合上下有一百二十铎。浮图有四面，面有三户六窗，户皆朱漆。扉上有五行金钉，合有五千四百枚。复有金环铺首。殚土木之功，穷造形之巧；佛事精妙，不可思议，绣柱金铺，骇人心目。"又如描写瑶光寺灵芝钓台艺术建筑之神奇："观东有灵芝钓台，累木为之，出于海中，去地二十丈。风生户牖，云起梁栋，丹楹刻桷，图写列仙。刻石为鲸鱼，背负钓台，既如从地踊出，又似空中飞下。"从这些描写中，可以看出，北朝的佛教文化、寺庙经济是非常发达的。

南朝也是如此。当时南朝的统治者唯恐落后于北朝，经常派王公贵族、朝廷官吏到北魏参观学习。南朝的皇族萧子良就曾派当时与他观点不同的范缜、萧琛到北魏参观访问，以图用北魏修建寺庙的盛况影响他们，使他们改变对"佛教"的看法。南朝的都城建康，寺庙经济也非常发达。建康是晋朝建立后的都城，成了长江流域政治文化中心。齐梁时期，建康已成为南北各四十里的城市。秦淮河两岸繁华异常。统治集团在各地搜刮的财物，主要集中在建康，高档手工业的发展使建康成为有二十八万户的大城市。当时有个大臣贺琛上书给皇帝，指责京城及地方官员穷奢极欲、无限浪费的情形，说有的官员一次宴会耗资百金，家中蓄妓无数，极尽声色之乐。梁武帝的六弟萧宏，光在建康的店铺就有数十处。萧府内有库房一百多间，装着从各地搜刮来的金银财宝和布匹丝绸。他的残酷剥夺，朝廷不予追究。建康的寺庙也迅速拔地而起。到了梁代，建康有寺庙五百余座。这里已成了统治者们享乐的天堂。在当时，寺庙不只是和尚居住的地方，而成了一个大社会。寺庙经济的发展使整个社会都"心向往之"。

刘勰正是看到寺庙在社会经济中的特殊地位，看到寺庙经济的发达，从而想到去建康投奔定林寺的僧祐大师。

他下定决心，卖掉了京口的房产，离开了生他育他的故土，到一个陌生的世界寻找出路。

刘勰孤身一人，坐着小船，沿江北渡，在建康一个小码头上了岸。

刘勰踏上建康这块繁华之地，看到城里街道整齐，人们熙熙攘攘，他既兴奋，也感到茫然。他在建康无亲无友，没有落脚之地，只能直接去找僧祐。

刘勰还记得僧祐是定林寺的高僧。但过了这么多年，他还认得自己吗?

刘勰流浪在建康城内，向人打听定林寺在哪里。当地人也算热情，但有的指东，有的指西，刘勰无所适从。

原来建康有两座定林寺:一座是老定林寺，叫下定林寺;一座是新定林寺，叫上定林寺。僧祐在哪一座定林寺，刘勰自己也不知道。他的目标是找定林寺的僧祐。

刘勰满城转，东进西突。他背着简单的行李，到了钟山脚下的定林寺。他走进寺内，向寺院的僧人打听僧祐大师在哪里。

僧人们说:"僧祐大师是佛界大师，他现在是上定林寺的住持。你要找僧祐就得去上定林寺。"


## 二、定林寺拜会僧祐

刘勰只好离开下定林寺，向前探引，去找上定林寺。

原来，上定林寺离下定林寺不远。刘勰一到上定林寺，展眼回望，真是大开眼界。

上定林寺比下定林寺华丽壮观多了。相传上定林寺是西域高僧昙摩蜜多所建。《高僧传·昙摩蜜多传》里曾有这样一段记载说:"元嘉十年还都，止钟山定林下寺。蜜多天性凝静，雅爱山水，以为钟山镇岳，埒美嵩华，常叹下寺基构，临涧低侧。于是乘高相地，揆卜山势，以元嘉十二年（435）斩木刊石，营建上寺。士庶钦风，献奉稠叠，禅房殿宇，郁尔层构。于是息心之众，万里来集，讽诵肃邕，望风成化。"这段文字，记载了建康（南京）上定林寺建寺过程，以及定林寺的规模与影响。

上定林寺为什么是西域高僧昙摩蜜多所建？这里面有故事。昙摩蜜多是罽宾国（今克什米尔）僧人。来华后改名为法秀，到定林寺投法达法师门下。昙摩蜜多曾遍游中国，他于南朝宋元嘉元年（424）辗转到了蜀地，后由荆州东下至京师（今南京），始居中兴寺，后又至祇洹寺，译出《禅经》《禅法要》《普贤观》《空虚藏观》等经籍。元嘉十年（433）回到建康钟山定林下寺。此人天性凝静，雅爱山水，常叹下寺结构简单，而且地势低湿。于是下决心再造一座定林寺。他找堪舆先生重新选址、找人规划，根据山势走向，确定地址。于元嘉十二年大兴土木，营建上定林寺。

昙摩蜜多住持建造的上定林寺在钟山玩珠峰山腰之上。具体方位，大概在南朝刘宋时期北郊祭坛西南面约五百米处。北郊坛祀的遗址位于现紫金山南麓，北依钟山主峰，正对紫霞湖，是一座平面方形的大祭坛。据考古发现，这祭坛旁边即为南朝上定林寺遗址。据有关史料记载：上定林寺巍峨壮观。它建在建康钟山之上。那里山势险要，蜿蜒如龙，三国时诸葛亮谓孙权"钟山蟠龙"即指此山也。新建的定林寺一座座华丽的殿堂楼阁，一间间宽阔的禅房，层次分明，即古书上所记载的"钟山镇岳，埒美嵩华"，"禅房殿宇，郁尔层构"，很有气派。

传说建在"灵谷深松"的钟山风水宝地上的上定林寺，从山门至大殿，建有僧房上千间。寺院肃穆，环境优美。定林寺周围的山坡上种有各种树木花草。周边种的是油松、杨树、白皮松、雪柳、杜仲，靠近禅房空地种有龙爪槐、丁香、山杏、双色碧桃、白玉兰、红玉兰、红宝石海棠、刺槐等等。花开季节，姹紫嫣红，把定林寺装扮得幽美清香。寺内除有九层宝塔，还有无梁殿、梅花坞、宝公塔等建筑。尤其那无梁殿堪为奇观。殿顶为重檐九脊琉璃瓦，大屋脊上有三个琉璃制小喇嘛塔。

殿前是宽敞的月台，殿后有鼓腹击壤甬道，殿内用砖券代替梁木，故称"无梁殿"。寺院还建了藏佛之所，有佛龛几百个，佛像五百尊。因而上定林寺成为当时南朝的名寺古刹。上定林寺藏有大量佛教经论典籍，还供奉有僧祐的老师法献从西域所得的佛牙、佛像等。上定林寺在当时的寺庙中，具有独特的地位和重要影响。

上定林寺建成以后，"万众来集，讽诵肃邕"，成了南朝万人朝拜的佛教圣地。南朝齐梁时代的皇帝、大臣、皇亲、国戚都纷纷来这里听讲律令，朝拜佛祖。一时间这里成为王公贵族各界名流的聚会之地。史书记载：竟陵王萧子良以此为据点聚集各界名流坐而论道，放谈文苑，成了萧衍以及沈约、谢朓、王融、萧琛、范云、任昉、陆倕等大文人的"八友会所"。还有阳光革、孔休源、何点、周颙、张融、袁昂、萧宏、萧伟等王公贵胄及社会名流也常来拜佛讽诵。当时这里"道俗之盛，江左未有也"。(《南齐书》)上定林寺之盛况成为天下美谈。

刘勰来到上定林寺，立刻被寺院肃穆壮观的景象所迷住。他到上定林寺那天，众僧正在举行法会。人山人海的善男信女来到这里参加法事大会。大雄宝殿前宽阔的广场上，几百位身披大红袈裟、头戴毗卢大帽的僧人，双手合十跪在地上，口中默诵着经文。顿时，一声钹响，法轮齐转，钹铃、云锣、法鼓、笙、笛、管、丝、弦的乐声奏鸣，整个上定林寺沉浸在庄严肃穆的神冥之中……

刘勰走进寺门，同善男信女们站在寺院的一侧观看寺院里壮观肃穆的拜佛场面。刘勰愣愣发呆，几乎忘了自己来干什么。

法事结束后，信众们散了，可刘勰还呆呆地在寺院门口站立着。

刘勰正在发呆时，一位身着僧服的老僧从偏殿前走过来。老僧见刘勰站在那里，便问道："施主，你是来本寺院的香客，还是准备入寺出家？你在等什么人呀？"

刘勰赶忙答道："不，不是。我是从京口来这里，特地来寺里拜访僧祐大师的。"

老僧对这位来者的话有些惊奇，觉得此人出口不谦，便神秘而小声地说道："僧祐大师不是什么人都能见的。"

老僧说这话不是为了吓唬来者，而是实情。因为当时僧祐不仅是上定林寺的一位高僧，而且是南朝的一位律学大师，在社会上具有极高的地位，受到南朝帝王敬重，后来甚至得到梁武帝萧衍特殊的器重和礼遇。他与齐梁两代主要执政者关系都非常密切，在政治上享有特殊的待遇。齐武帝萧赜的次子竟陵王萧子良笃信佛教，经常邀请国内名僧来寺里讲论佛法。永明中，萧子良还请僧祐到三吴"讲律"，宣讲《十诵律》，听众经常有六七百人之多。当时，社会名流"临川王宏、南平王伟、仪同陈郡袁昂、永康公主、贵嫔丁氏，并崇其戒范，尽师资之敬"。(《高僧传·僧祐传》)不仅这些王室贵胄，包括丁贵妃都拜僧祐为师。皇帝萧衍对他也极为礼遇："今上深相礼遇，凡僧事硕疑，皆敕就审决。年衰脚疾，敕叫乘舆入内殿，为六宫受戒，其见重如此。"(《高僧传·僧祐传》)僧祐年老脚病，皇帝特许他坐着车子入内殿，是绝无仅有的。足见其在皇室的位置。

因此，上定林寺的僧人才会说僧祐不好见，何况当时刘勰是从京口来的青年，没有人介绍，他有什么资格见僧祐呢？

刘勰听这位老僧的口气，判断僧祐大师就在里面，只是不好随便见罢了。于是又壮着胆子鼓足勇气说："我认识僧祐大师，我是从京口来找他的，可否请师父向大师通报一下，我名叫刘勰，请求见僧祐大师。"

看门的老僧见这个青年说话不慌不忙，底气十足，估计他是真的认得僧祐大师。便让一个小僧进大殿，把京口一位青年想见的事报告给僧祐。

僧祐记忆力惊人。他听说京口有个叫刘勰的青年求见，眉头一皱，立刻想起了那年随法颖大师在京口"讲律"时的情景。当时有位官太带着她儿子来见过他，说了有关儒佛方面的事，还说将来有机缘的话，就到建康找他。他记得那个少年就叫刘勰，于是便让小僧带刘勰来见。

刘勰在门口等候了一会儿，听说僧祐要接见他，很是兴奋，便告辞了老僧，背着简单的行囊，跟着小僧往院内大殿东侧的禅房走去。

### 三、僧祐师收勰为徒

僧祐虽然是上定林寺的住持，在社会上有很高的地位，却没有什么架子。他在大殿东侧的禅房（也是他的办公室）门前迎候这位青年的到来。

小僧带着刘勰来到殿前，僧祐双眼微闭，双手合十，行见面礼，表示欢迎。

僧祐礼毕，便抬起头看了看这位来访者。僧祐记忆力极强，他一眼就认出，这位已经长成七尺男儿的青年，正是七八年前在京口遇见的少年刘勰。于是便笑着说："呵，你是刘勰呀！我想起来了，永明年间我随法颖大师到京口'讲律'，你母亲带你来听讲。'讲律'结束后，你母亲还带你来同我见面，向我介绍了你的情况，说你是一个从小爱读儒书的少年……"

刘勰作揖行礼之后，才敢抬起头看僧祐。他睁大眼睛看了看，只见僧祐穿着绛紫色僧服，慈眉善目，身体比以前发福多了，便恭维道："大师万福，大师万福！"

僧祐随即把刘勰引进他的禅房。他的禅房除了一张坐床，一台书案，还有四壁图书，可以说是一个充满书香气息的书房。

僧祐让刘勰坐定后开始寒暄，聊起家常。僧祐问道："你母亲她好吗？"

刘勰听到僧祐问及母亲情况，便忍不住眼泪簌簌往下流，答道："我母亲三年前已经过世了。我丁忧已满。"

僧祐听后很是同情。他看见这位青年可怜兮兮的样子，便关怀地问："你这次到建康来，有什么事吗？"

刘勰听到僧祐主动问他，眼泪又禁不住往下流，说道："我的父母都不在了，外祖父也不在了，已经无依无靠。这次到建康是想投奔大师，不知大师能否收我为徒弟？"

僧祐看了看这位青年，见他虽然清瘦，但他的眼睛充满睿智。想起当年听说他"笃志好学"，立即对他产生好感。

僧祐想，面前的这位青年说要投奔我，但他来干什么呢？

僧祐当时并不感到为难。一个寺院住持，要安排个把人，小事一桩。寺庙里有的是活计，不入佛而做其他杂务的人很多。当时寺庙是个大社会，寺庙有丰厚的产业，有千百奴仆。当时到寺庙求出路的有两种人：一是皈依佛门。皈佛就是剃度之后穿上袈裟尼服成为和尚尼姑，是佛寺里的一员，每天忙于念经侍佛，法轮轻转。另一种就是做"白衣"。不穿寺服只为寺庙里做事务。因为当时寺院也经营田产、高利贷等等，做了"白衣"就可能派出去收租、催债，也可以在寺里抄写经书，做文案工作。

刘勰拜见僧祐时，并未表明自己入佛之意图，僧祐便说："我记得你母亲说过，你酷爱读书，专攻儒家学说，我这里藏有各种儒家典籍和佛教经书，是一个读书的好地方，你就在这里读书吧！"

刘勰当时并无入佛之意，便说："谢谢大师，我愿意跟随大师读书，学习佛律佛典。"

僧祐又看了看这位青年，觉得他很真诚，便说："好吧，你就留在定林寺，一边读书，一边学律，怎么样？"

刘勰听了十分高兴，忙答道："谢谢大师！我早就听说您是'大精律部，有励先哲'的大师了。我能跟着您学律，那是我的幸运，谢谢大师栽培。"

僧祐随即答应刘勰的请求，收下他居住在定林寺，并交待管事务的僧人，安排刘勰住进"白衣"们居住的房里。

刘勰投奔僧祐住进定林寺，成了寺内一个"白衣"，过着白衣们那样俭朴的生活。

刘勰除了读书，还是读书，有吃有喝，身体长得白白嫩嫩的。

日子一天天过下去。刘勰觉得在这里白吃白喝，心里有点儿过意不去。有一天，刘勰去拜见僧祐，求情似的对僧祐说："师父，我见寺内大家都在忙，我在定林寺白吃白喝，怪不好意思的，能不能安排我做些事呀？"

僧祐笑了笑，看着刘勰，问道："你能做什么事呀？"

刘勰壮着胆子回答道："这些年我奉侍老母，一边读书，一边忙生计。我没有学到别的手艺，但学会了写字抄书，在京口的儒学馆里帮人抄过几年书，他们说我的毛笔字写得不错！"

僧祐听说刘勰能抄书，便把他叫到书案旁。

书案上放有绢纸和毛笔。

僧祐说："你说能抄书，你写几个大字，抄一页书我看看。"

刘勰走上前去，拿起毛笔写了几个大字"暮鼓晨钟"，又拿起小楷毛笔抄了一页书。写毕便递给僧祐，说道："师父，您看看我写的这些字行不行？"

僧祐接过刘勰写的几个大字和一页小楷看了看，点头称道："不错，不错。'暮鼓晨钟'这几个字很难写好，你能写得这样工整，笔画布局也很得当，真不错。这样吧，从今以后你就留在寺院藏经楼里抄书吧！"

第二天，刘勰便被寺院里的一个老僧带到了藏经楼里。

刘勰进到藏经楼一看，简直惊呆了。他看见那一排排书架放满了经书，排得整整齐齐一尘不染，真不愧为"藏经楼"！

刘勰看到那么多书高兴极了，脸上泛起了喜悦的笑容。从这天开始，刘勰就在藏经楼跟一批文士一起做起了抄书的活儿。老僧分给他一本书，不几天就抄好了，接着又抄了一本。

刘勰的记忆力很好，每抄一本，他都记在心上。他一边抄录经典，一边读经书，对佛经也产生了兴趣。

佛经经典是博大精深的一门学问。刘勰从经书里了解到：西域佛教传入中国，已经拥有相当数量的中国信徒，信佛者大有人在，上自皇帝宰相朝廷显贵，下至各地的方伯县衙命官都以信佛为荣，与佛徒交往频繁。然而佛教经典卷帙繁多，义理艰深玄奥，戒律细密苛严，修行长年累月，仍使许多人望而却步或畏难而止。刘勰他们把佛经抄得工工整整，让人看得清看得懂，这也是给信徒的福祉。

僧祐鼓励人们信佛，但不一定要入佛。僧祐大师从二十岁剃度入佛门已经二十多年了，他悟出了许多佛道。他想到，许多人想学佛，但又难以入流，是因为佛经博大精深，而且很散乱。僧祐是个心存大志的人，因而决心率定林寺能人学士整理经藏，拿出一些完整的版本来作为教本。他还对众人宣讲："一念修行，法身等佛"，"一念若悟，众生是佛"，"一悟即知佛也"，"一灯能除千年暗，一智能除万年愚"，等等。僧祐诵佛讲律，让佛徒们佩服得五体投地。

刘勰在定林寺经常听僧祐讲佛，便问道："师父，您说一悟即知佛，我可不可以只学佛理，不出家入佛呀？"

僧祐答道："学习佛理不在出家不出家，不出家同样可以修行，同样可以精通佛理，修行之人也不必皓首穷经。"

刘勰听僧祐这样说，心情开朗多了。因为他是个有大志之人，一心想着"建德树言"，为儒家注经。他的志向不在佛。自己是为生活所迫，依靠僧祐居住在定林寺的，但不想皈依佛门。他想自己从小崇尚儒教，何必投身佛坛，匆匆入佛呢！

刘勰就是不吐入佛的话。他又鼓起勇气问道："僧祐大师，我只想跟您研习佛理，不做别的，是否可行呀？"

僧祐看出刘勰不想入佛的心思，慨然答道："彦和，我知道你从小笃志好学，另有所冀。你可以跟我在一起学律学，也可以做些佛理方面的事，不入佛也是可以的。"

刘勰听僧祐大师说出这样的话，心里宽慰了许多，便说："师父，我就跟着您学佛理，此外还可帮您做些事情。"

僧祐最近招募了一些精通佛理的学人，为藏经楼整理佛经，编写佛经编目。他问刘勰："我看你对佛理已经入门了，是否可帮我去整理佛经呀！"

刘勰当即答应："可以，可以。"

刘勰在藏经楼抄经书，已经抄了两年，对佛经佛理也有了不少知识积累，于是便开始帮僧祐进行整理佛经的工作了。


## 四、不婚娶另有隐情

光阴荏苒。刘勰在定林寺藏经楼抄书抄了两年。两年来，抄书人中也有了不小变化。"白衣"中有些人剃度入佛；有些人离寺还俗，回家乡结婚生儿育女。各人都纷纷找出路了。

僧祐很喜欢刘勰。把刘勰收留在定林寺，并没把他当成一个"劳力"使用，而是更关心他的前途。他看到刘勰这个青年才智过人，在整理经书时很认真、很用心，聚精会神，心无旁骛，对他十分欣赏。可是有些人到定林寺后初时还能安心做事，过了一段时间就跑了。

刘勰能在定林寺待下去吗？待在定林寺会不会耽误他的前途呢？

僧祐想试探一下刘勰有什么想法，便问道："刘勰，你到定林寺已经两年多了，年纪不小，按理不入佛便应该回家乡婚娶成亲了……"

僧祐等待刘勰的回答。

刘勰一时不语。

其实，刘勰对这个问题早有思想准备，现在听到师父这样问，就毫不犹豫地回答说："师父，这件事我已想过了。我向师父学习，不婚娶，一辈子住在定林寺集中力量做学问！"

僧祐听到刘勰这个回答，心里有些纳闷，说："你这个后生入寺短短两年，怎么连我不婚娶的事都知道呀！"

僧祐这里所说的"不婚娶的事"，是指自己青年时期逃婚的事。僧祐也是三吴人氏，来自俗家，青年时有过一次逃婚的经历。《高僧传·僧祐传》里这样记载：僧祐"年十四，家人密为访婚，祐知而避至定林寺，投法达法师。达亦戒德精严，为法门栋梁。祐师奉竭诚，及年满具戒，执操坚明。初，受业于沙门法颖。颖既一时名匠，为律学所宗，祐乃竭思钻求，无懈昏晓，遂大精律部，有励先哲。"这里记载的故事大致是这样的：僧祐十四岁的时候，家里父母秘密地为他相好一个女子欲定婚事，僧祐听到这个消息后，拒绝婚娶，立即逃到定林寺投靠了法达法师。法达法师是个戒律精严的人，是法门栋梁。后来，僧祐又跟随法颖法师学律，在法颖法师的教导下，竭思钻研佛学，不论白天黑夜都在努力钻研。用今日话说，僧祐"一心扑在佛学事业上"，于是对"律部"理解精深，二十岁就正式成为剃度佛徒了，逐渐成了定林寺的住持，成为"大总管"。

刘勰从僧祐逃婚的故事中得到启发。刘勰懂得了"有所为就要有所不为"的道理。他想，要对一门学问有高深的造诣，就必须全心全意地去钻研，去探求，来不得半点虚假，不能旁事他骛。刘勰到定林寺后决心要向师父僧祐学习，全心全意做学问。他年至二十因为"丁母忧"耽误了婚事，今又到了定林寺，虽然没有入佛事佛，但这里佛徒们都没有婚姻，这样的环境无形中也使刘勰专心致志一心一意地做学问。刘勰下定决心向僧祐学习，成为一个"独身主义者"了。

刘勰一生未婚娶之事成了一个难解之谜。后来的研究者中，有人说刘勰因为"家贫未婚娶。"有人说主要原因是受佛教条律的影响。各有其理，但都不完全。"家贫"之说，难以服人。如果说仅仅因为"家贫"不婚娶，那么刘勰从定林寺出来之后，做了中军将军萧宏的"记室"，是个很吃香的皇室"大秘书"。接着又做到了"县太爷"，找个老婆还不容易？后来甚至当了太子的"舍人"及掌管宫中保卫工作的"步兵校尉"。官不小了。可是他终身未娶，主要原因恐怕是受僧祐的影响，"独身主义"的人生观在起作用！这个悬念，只能让以后的研究者去解答！

## 五、识高僧广结善缘

刘勰在定林寺结识了许多高僧，成了整理佛教经典，为佛徒书写碑、志、铭、箴的高手。

由于他的卓越才华和过人的智慧，他成了僧祐的密友和"秘书"，日夜跟随僧祐，侍奉在侧。这期间刘勰积累了重要的人脉，这为他入仕起到了积极作用，也为他后来的著述增添了知识的财富。

刘勰能与当时天下名僧和各方名士广结善缘，来自他"得天独厚"的机会。定林寺是建康名刹，南朝自宋迄梁，寺庙广开，全国许多高僧都到定林寺定居或来此会法。据《高僧传》记载，当时国内高僧，如僧远、僧柔、法通、智称、道嵩、超辩、慧弥、法愿等均居住在定林寺。刘勰跟随着僧祐同他们有很多机会见面，也是刘勰向他们学习的大好机会。刘勰"博通经论"，其源盖出于此。

刘勰与定林寺的高僧释超辩有着很深的友谊和交往。《高僧传·超辩传》里这样记载："（超辩）足不出户，三十余载。以齐永明十年终于山寺，春秋七十有三。葬于寺南，沙门僧祐为造碑墓所，东莞刘勰制文。"制文就是写墓志铭。这种"文"是一种歌颂已故友人的文章，"其叙事也该而要，其缀采也雅而泽，清词转而不穷，巧义出而卓立，察其为才，自然而至矣。"（《诔碑》）对这种"铭文"，要求是很高的。超辩死后，受僧祐之托，刘勰专门为超辩写了墓志铭，足见他们交往之深。可惜这篇碑文今已不存，令人无法窥见其光彩。

刘勰在定林寺认识的几位高僧都有很高的学问，他们那种孜孜以求的治学态度和严谨的治学作风，对刘勰都有深刻的影响。刘勰也能与高僧们在一起切磋学问。有些高僧艺术造诣很高，对艺术也有研究。如超辩、法令等高僧撰写的《箴器杂铭》《诸寺碑文》《杂祭文》等，对于刘勰的《文心雕龙》写作有着直接的影响。

刘勰也同一些王侯名士有了些交往。如萧子良、萧宏、萧伟这些王室贵胄，还有何点、明僧绍、吴苞、张融、袁昂、何胤之辈名流，经常"策踵山门，展敬禅室，或咨戒范，或听内典。"（见《高僧传》）定林寺一时之盛，为刘勰的"树德建言"打下了良好的基础。

刘勰与萧子良堪称挚友。萧子良是齐武帝的第二子，是南齐王朝的宗室大臣，字云英，封竟陵王。他担任过会稽太守、丹阳尹、南徐州及南兖州和扬州刺史、司徒等。一度传言将成为储君。他好交结儒士，谈论风雅，兼信佛教。他家财万贯，曾于建康鸡笼山建立西邸会馆，广集才学之士，抄经五百家，编成《四部要略》。齐武帝死后，为高帝太孙萧昭业所忌。萧子良忧惧病死，著有《南齐竟陵王集》。

萧子良与僧祐关系密切，刘勰也有了接近萧子良的机会。永明年间，萧子良为广传佛教教义，请僧祐到三吴讲律，刘勰是随从人员。史书上有这样的记载："齐永明十年，竟陵王请沙门僧祐三吴讲律，（明彻）中途相遇，虽则年齿悬殊，情同莫逆。彻因从祐受学十诵，随出扬都，住建初寺。自谓律为绳墨，宪章仪体，仍遍读四部，校其兴废，当时律辩，莫有能折。"（《续高僧传·明彻传》）这次三吴讲律之行，不仅明彻受益终身，刘勰也大大开拓了眼界。

刘勰同中军临川王萧宏关系也很密切。他在入仕以后，第一个职位是去做萧宏的"记室"，他们虽属主臣关系，但交往颇深。后来萧宏带他去前线，他担任"仓曹参军"，做武器的管理登记工作。萧宏是南朝梁代宗室，字宣达，南兰陵（江苏常州西北）人。他是梁武帝的弟弟，梁武帝平定建康后任中护军，负责卫戍京城。天监元年（502）受封临川王，任扬州刺史。四年（505）统兵伐魏，装备精良，军容极盛，先后任扬州刺史二十余年。萧宏因为经常到定林寺膜拜佛典，对刘勰有些了解，知道刘勰文章写得好，又通佛理。刘勰在"奉朝请"之后第一个职务任"中军临川王宏引兼记室"，主管文书工作，跟随萧宏多年。萧宏后来推荐他去做"太末令"都与此有很大关系。

刘勰的定林寺生涯是他一生中的重要驿站，是一个难得的机遇。这些经历与他后来撰写《文心雕龙》都有密切的关系。

## 六、佐僧祐整理佛典

刘勰在藏经楼抄抄写写，抄书两年，不但把经书抄得很工整，而且认真阅读经书，还做一些笔记，使得刘勰对经文也有较深的理解，不久他便成为僧祐的得力助手。

僧祐对刘勰的信任和器重首先是把他当作"作手"，让他为已故的高僧们写"墓志铭"。

齐永明十年（492），定林寺高僧超辩圆寂。作为定林寺的总管，僧祐为超辩操办丧事，为超辩建造陵墓。造墓是件大事。僧祐是位有名的工程设计师，他包揽了墓室的设计和施工。僧祐忙不过来，便对刘勰说："你为超辩大师写篇《墓志》怎样？"

刘勰起初不敢应承，谦虚地说："这样的文章我还没有写过呢！"

僧祐说："我看你很有文才，文章写得很好嘛！"

刘勰觉得，这既是僧祐对他的信任，也是对他的考验，便应承道："师父，我试试吧！"

刘勰答应下这件事，便开始研究超辩的历史资料。不几天工夫，刘勰便写了一篇很有特色的碑文，全文刻在了超辩的墓碑上，僧祐很为满意。

过了不久，定林寺很有名望的高僧僧柔去世。还是僧祐住持操办他的丧事。僧祐又是找刘勰写碑文。这一次刘勰很痛快地答应了。

僧祐对刘勰说："僧柔大师圆寂很特殊，他的逝世也颇有传奇性。"据后来面世的《高僧传·僧柔传》记载，僧柔"临亡之日，体无余患，唯语弟子云：'吾应去矣。'仍铺席于地，西向虔礼，奄然而卒。是岁延兴元年，春秋六十有四，即葬于山南。沙门释僧祐……为立碑墓所，东莞刘勰制文。"当时刘勰根据"无疾而终"的事实，为僧柔写了墓志铭。

刘勰为超辩、僧柔书写碑文以后，声名大振，世人都知道刘勰是写文章的高手，特别是这类碑文写得很出色。因此当时建康有些名士、高僧逝世，都来请"刘勰制文"。刘勰成为当时的碑铭写作名家。

刘勰名气越来越大，僧祐对他的信任和期望也越来越高。僧祐雄心勃勃地要在他住持定林寺期间，组织人力对佛教典籍重新抄录，整理出一套佛教经典丛书。

这是一项大工程，谁来助他之力呢？僧祐又选择了刘勰。他要刘勰为他准备资料，让他牵头率领一批文士做佛教经典的整理、编纂、修订。因为定林寺的佛事甚多，公务繁忙，僧祐便放心让刘勰独立主持。

有了僧祐的授意和信任，刘勰也就放手去做事，甚至"捉刀代笔"起来。僧祐是定林寺的掌门人，对经书也有特别的偏爱。据《高僧传·僧祐传》记载：僧祐"及造立经藏，搜校卷轴。使夫寺庙广开，法言无坠，咸其力也。……初，祐集经藏既成，使人抄撰要事。为《出三藏记》《法苑集》《释迦谱》及《弘明集》等，皆行于世"。其实，僧祐对这些佛典，不让人重抄，而是找刘勰等加以重新编纂，使其成为有条理、有理论的佛教读本。《出三藏记》保存有其序言和目录，读者大致可以了解它的内容。

刘勰帮助僧祐抄录或编纂的经籍有八种之多。第一部书叫《释迦谱》。《释迦谱》是我国第一部关于释迦牟尼的传记集。这是一部记录佛教始祖释迦牟尼身世经历的书，对佛教始创国家的佛教做了介绍。刘勰为编这部书，查阅了当时建康各寺庙所藏的全部佛教图书，摘录了许多材料，内容非常丰富。《释迦谱》共分为五卷。僧祐看了这部书稿非常满意，高兴地对刘勰说："彦和，你为编这部书读了很多佛典，你编完这部书稿之后，还有一部书要你领着几位文士去编写，怎么样？"

刘勰爽快地回答说："可以，可以。凡是师父交给我的事，我都会努力去办好。"

僧祐交给刘勰的第二件事，是让他带几个人编写一部《世界记》。《世界记》是从《长阿含经》《华严经》等经典中集录佛教关于"世界"

的论述。这是一部类似旅游方面的实录文字。它记录了当时各国佛教发展状况，介绍佛教之国的风土人情。这部书共有五卷。刘勰为编这部书，查阅和摘录了西域佛人带来的材料和中国人到西域游历的记载文字。前后费时两年，完成了编纂任务。

《出三藏记集》是僧祐让刘勰主持编写的第三部书。这部书是由刘勰主持编纂，本来是没有争议的。唐人明确记载："释僧祐的《出三藏记集》撰于齐代。"《出三藏记集》中的《名录序》云："发源有汉，迄于大梁，运历六代，岁渐五百，梵文证经四百有十九部，华戎传译八十有五人。鱼贯名第，则为略矣。"《杂录序》也说："由汉届梁，世历明哲。"从全书内容和语言来看，出自居住在定林寺的刘勰之手，由僧祐定稿是没有疑问的。《出三藏记集》是僧祐八部法集中最重要影响最大的一部著作，是僧祐对汉魏两晋南北朝时期翻译、编纂、流传的各种佛教经籍的记录整理，包括集录名目部卷，核查译时、译地、撰人，考校译本的繁略同异，叙列阙失，甄别真伪等，是佛教经录类著作。《出三藏记集》是一部综合性的经录，在佛教史上具有重要意义。但后来有人把它与隋代费长房的《历代三宝记》混为一谈，反而把事情复杂化了。

刘勰在僧祐的授意指导下，还编了一部《萨婆多部相承传》，共五卷。《萨婆多部相承传》记录萨婆多部师资传授系列，前后涉及九十余人。是讲外国佛教方面的书。

刘勰主持编纂的第四部书叫《法苑集》。《法苑集》记述经藏中关于佛、法、僧三宝造像、建塔等佛事，共十卷。这两部书都在僧祐写的《法集总目序》里提到了。

由僧祐授意刘勰编纂的《弘明集》是一部大著作，内容宏阔。《弘明集》最初标明为十卷。僧祐署名的《法集总目序》中也明确说《弘明集》十卷。此书为刘勰所编，成于齐世也无疑问。但后来出版的《弘明集》却变为十二卷。《弘明集》搜集东汉至梁代论辩的文章百余篇，用以弘扬佛道，批驳疑佛之论。这是一部佛教历史文献的汇编。且有梁代刘勰著的《灭惑论》，是刘勰本人后来加进去的吗？不太可能。后来许多专家考证刘勰的《灭惑论》是刘勰《文心雕龙》之后的作品，写于梁代。谁把它加入到《弘明集》里呢？可能是梁代人有感于刘勰名气越来越大，加进刘勰所著文章，以显丰富。只是由谁提议又由谁加入已不可考了。

僧祐署名编纂的《十诵义记》，刘勰也帮了忙的，但由僧祐本人为主撰写是比较确切的。在《十诵义记序》里详细说到僧祐随高僧法颖学律的情况："僧祐藉法乘缘，少预钻仰，扈锡侍筵，二十余载。"这里所记的是僧祐十五六岁的事。如果不是出自僧祐本人的手笔或由他提供材料，是很难涉及他青少年时期的事的。

还有一部叫《法集杂记传铭》共七卷，也是由僧祐授意由刘勰代为编纂的，后人没有争议。

刘勰在僧祐的指导下，和藏经楼人员经历七八年的艰辛，将佛典逐一编排目次。他们一共编纂了八部书稿。完成之后，由刘勰代僧祐起草了一篇《总序》，题目为《〈法集总目〉序》。

这篇序言写道："尝闻沥泣助河之谈，捧土埤垐之论，虽消发于古，而愧集于今矣。僧祐漂随前因，报生阎浮，幼龄染服，早备僧数，而慧解弗融，禅味无纪，刹那之息徒积，锱毫之勤未基。是以惧结香朝，惭动钟夕，茫茫尘劫，空阅斩筹。然窃有坚誓，志是大乘，顶受方等，游心四含。加以山房寂远，泉清松密，以讲席闲时，僧事余日，广评众典，披览为业。或专日遗餐，或通夜继烛，短力共尺波争驰，浅识与寸阴竞晷。虽复管窥迷天，蠡测惑海，然游目积心，颇有微悟。遂缀其闻，诚言法宝，仰禀群经，傍采记传，事以类合，义以例分。显明觉应，故叙释迦之谱；区辩六趣，故述世界之记；汀正经译，故编三藏之录；尊崇律本，故铨师资之传；弥纶福源，故撰法苑之篇；护持正化，故集弘明之论；且少受律学，刻意毗尼，旦夕讽持，四十许载，春秋讲说，七十余遍，既禀义先师，弗敢坠失，标括章条，为《律记》十卷；并杂碑记，撰为一帙。总其所集，凡有八部，冀微启于今业，庶有藉于来津。岂曰善述，庶非妄作。但理远识近，多有未周，明哲傥览，取诸其心。使道场之果，异迹同臻焉。《释迦谱》五卷，右一部第一帙。《世界记》五卷，右一部第二帙。《出三藏记集》十卷，右一部第三帙。《萨婆多部相承传》五卷，右一部第四帙。《法苑集》十卷，右一部第五帙。《弘明集》十卷，右一部第六帙。《十诵义记》十卷，右一部第七帙。《法集杂记传铭》七卷。右一部第八帙。"

这篇《序言》写得非常出色。不仅写到每集扼要内容，还写到编写目的。其中有些语句，如"短力共尺波争池，浅识与寸阴竞暑"这样的句子，文采飞扬，义薄云天，实为序之珍品。刘勰为当世文才，此序由刘勰起草，似乎也是不需争议的。

僧祐嘱刘勰起草也在情理之中，因为僧祐与刘勰交往，赏识刘勰之文才，令许多高僧、名士佩服。所以《梁书·刘勰传》里说："依沙门僧祐，与之居处，积十余年，遂博通经论，因区别部类，录而序之。今定林寺经藏勰所定也。"这个"定"字，并非妄言，可以认为这些经书之编纂虽署名"僧祐"，但实为刘勰手笔，由他定稿的。

刘勰将自己起草的这份《〈法集总目〉序》用毛笔工整地抄好，并写上"僧祐撰"的署名，恭恭敬敬地交到僧祐手里。说道："师父，我已遵照您的意向，将所有材料编了八个集子，并有一个'总目'，我以师父的名义起草了这个《总目序》，请师父过目订正。"

僧祐接过刘勰起草的这个《总目序》看了一遍，接着又看了一遍，然后说道："彦和，写得太好了，写得实在很好。我看，可否标明此序由刘勰草撰，僧祐定稿？"

刘勰赶忙说道："不可，不可。我这里所写的都是师父您平日的教导，我记在心上，只是把它整理出来而已。这些是师父的积年累月所得的精华，理论是师父的理论，我怎么敢掠美呢，署我起草，万万不可，万万不可！"

僧祐见刘勰严辞婉拒，只好带有歉意地说："好吧，就以我的名义抄录到书里，目的都是为了弘佛之道嘛！"

刘勰说："好，好，就这样吧，听师父的。"

刘勰替僧祐草撰的《总目序》就这样一代一代流传下去。不过，后人还是看出来了。有学者言说："僧祐诸法集成于齐世。时刘勰尚在定林寺中，其代为抄撰辑录，为理所当然。就《〈法集总目〉序》而言，其'短力共尺波争驰，浅识与寸阴竞晷'之句，确是妙文，或非僧祐所能为。徐燉谓'全类勰作'，一读《文心·丽辞》之'丽句与深采并流，偶意共逸韵俱发'，知非妄谈。此二句当是刘勰得意之笔，为僧祐之序润色或捉刀之际，自然流出。"

这话说得很在理。刘勰为僧祐"捉刀"之笔，多矣哉！

# 第四章 圆美梦搦笔论文

　　齿在逾立，则尝夜梦执丹漆之礼器，随仲尼而南行。旦而寤，乃怡然而喜。大哉圣人之难见哉，乃小子之垂梦欤！自生人以来，未有如夫子者也。敷赞圣旨，莫若注经，而马郑诸儒，弘之已精，就有深解，未足立家。唯文章之用，实经典枝条；五礼资之以成，六典因之致用，君臣所以炳焕，军国所以昭明，详其本源，莫非经典。而去圣久远，文体解散，辞人爱奇，言贵浮诡，饰羽尚画，文绣鞶帨，离本弥甚，将遂讹滥。盖周书论辞，贵乎体要；尼父陈训，恶乎异端；辞训之异，宜体于要。于是搦笔和墨，乃始论文。

　　　　　　　　　　　　　　——《文心雕龙·序志》

## 一、梦仲尼立志著书

刘勰帮助僧祐编完八部佛经典籍，并把起草的《〈法集总目〉序》交给僧祐以后，觉得舒了一口气。难得的闲暇，他到定林寺周围的树林里散步，呼吸新鲜空气。

刘勰独自一人坐在钟山红松树下一块大石板上。他想着自己的人生，想着自己的出路。

自古有"三十而立"的教导。自己已经三十岁了，该怎么办？在他面前，似乎有三条路可供选择：一是继续留在定林寺走僧祐的路成为佛徒。二是做一个"帮闲"文人，为一些名僧长老写些碑文铭刻，舒舒服服地过"小日子"。三是离开定林寺，另谋出路。

刘勰想，这三条路都非自己满意的选择。第一，他不想皈佛。自己从小就有"纬军国，任栋梁"的愿望，当个佛徒，算什么事？第二，他也不满足于做"御用文人"的角色，天天给死人写碑文，有什么意思？第三，另谋出路，有何出路？往何处去呢？

刘勰正在犹豫不决之时，他觉得还是应该去找僧祐师父请教。

这些天，僧祐见到刘勰，也看出他心事重重，便试探地问道："彦和，定林寺的佛教经典已经整理完毕，下一步你有什么打算呀？"

刘勰听到师父关心，便毕恭毕敬地回答说："师父，我正要向您请教，听听您的教导呢！"

僧祐通过十年的共处，深感刘勰是个好青年，不仅是自己的徒弟，还像自己的儿子。他看着刘勰，亲切地问道："彦和，你先谈谈有什么打算。"

这时，刘勰正想把自己梦见孔子的事向老师谈谈。他对僧祐说："前天我做了一个梦，梦见自己手里拿红漆的礼器，随着孔夫子南行。早上醒来后大为喜悦。孔夫子是我心目中的伟人，圣人是很难见到的呀！我这次竟然梦见他，实在是天赐的机会，我很想以此为契机，实现自己的理想，完成一项重大的事业。"

僧祐觉得奇怪。他听刘勰说过，七岁时曾梦见天上有一片彩云，自己上天想去把彩云摘下来。三十岁又梦见了孔夫子，自己执着红漆礼器随孔子南行……这是怎么回事呢？他问刘勰："你三十岁做的这个梦很有意思，你从这个梦里得到什么启发呀？"

刘勰颇有兴致地答道："我觉得这个梦是一个很重要的征兆。我从小就崇拜孔夫子，读了许多孔夫子的书，学习了博大精深的儒家学说，我很想为孔子的儒教做一点儿事情。可是现在有点儿晚了。要阐明圣人的意旨，最好是注解儒家经典，但是汉代的马融郑玄各家大儒，都把儒教发挥解释得很精确了，即使我有进一步的解说，也不能成为一家之言了。"（"敷赞圣旨，莫若注经，而马郑诸儒，弘之已精，就有深解，未足立家。"）

僧祐又追问一句："那你准备做什么呢？"

刘勰似乎胸有成竹，随即回答说："我不注经，还可以写文章。我可以写些文章来阐述儒家学说。文章也有很大作用，可以说它是经典的分枝，古代五种礼制靠文字来制定，六种法典靠它来实施，君臣的大道理靠它来发扬，军国的大事靠它来说明。探讨一下这些礼制、法典、君臣之道、军国大事的本源，无不来自经典。可是现在离圣人的时代太遥远了，文章的体制遭到破坏，辞赋家爱好新奇，力求浮华诡异，似乎要在色彩鲜明的羽毛上再涂上颜色，在华丽的佩巾上绣上花纹，离开根本越来越远，文风日趋诡异浮泛。《尚书》讲到文辞，贵在得体扼要。孔子陈述教训，厌恶各种异端。两者说法虽有不同，但它们的主旨是相近的。因此，我想写一本书，专门阐明儒家学说在写文章时的作用。"

僧祐听到刘勰这样表露心迹，十分高兴，鼓励他说："好啊，现在定林寺各种佛教经典已经整理编写完了，而且已写下了篇目，后人有依靠了。从现在开始你可写自己想写的书了。"

刘勰为难地说："写本书不是三天两天的事，需要很长时间的呀。我去哪里吃住，生活怎么过呀！"

僧祐安慰说："这个好办，你还可以继续住在定林寺，完成你的著作事业！"

刘勰听到僧祐对他的鼓励，又应承他还可以留在定林寺居住，从心底里高兴，情不自禁地说："太好了，太好了。这样，我可以衣食无忧，集中全力写自己的著作了。"

和僧祐这次谈话之后，刘勰深受鼓舞。他深深感到师父对他的帮助是无私的。这种真诚的相助让他对僧祐倍感崇敬。

刘勰此后便继续住在定林寺，沉下心思来准备写自己的文学理论著作，实现自己"梦摘彩云"的理想。这时，刘勰三十一岁，也就是中国传统说法："逾立之年"。

## 二、读经典积学储宝

刘勰深知，要写一部有独立见解的文学理论著作是十分艰难的。他考虑，理论著作是一种综合的思维。论述一篇文章比较容易，综论历代文章就比较困难了。在文论中谈到一些枝节的问题，但它却牵涉到许多深层的问题。评论一篇作品，有的说得跟前人相同，不是随声附和，而是问题本身所必然；有的说得与前人不同，却不是故意"标新立异"，而是道理上不可相同。刘勰的这些苦衷，在他写的《文心雕龙》"序志"篇里，说得非常明白。"夫铨序一文为易，弥纶群言为难，虽复轻采毛发，深极骨髓，或有曲意密源，似近而远，辞所不载，亦不胜数矣。及其品列成文，有同乎旧谈者，非雷同也，势自不可异也。有异乎前论者，非苟异也，理自不可同也。"刘勰深感写理论著作的艰难。

刘勰为了写好自己的理论著作，很认真地研究过他以前名家的理论著作。他都不太满意。他认为，曹丕的《典论·论文》、曹植的《与杨德祖书》、应场的《文论》、陆机的《文赋》、挚虞的《文章流别论》、李充的《翰林论》都只看到问题的某些方面，忽略了整体的考虑，各有各的优点，都不够周全。刘勰在《序志》篇里对他们进行了批评。在他看来，他之前的文论家的著作，虽各有优点，但缺点也很明显。因此，他立志要写一部大书，超过他的前人，在"建德树言"方面，有自己的独创性。

但这也不是件容易的事。如何做？他还是去请教他的师父僧祐。因为他知道，他师父僧祐不仅是个佛徒，而且还是一个懂得文学甚至懂得音乐、建筑的艺术理论家，一个大学问家。

有一天，刘勰到僧祐的禅房里向他请教："师父，我要写这部文艺理论书需要做哪些方面的准备呢？"

僧祐知道，刘勰是不讲空话的，他要做充分准备。于是便对他说："要写书，首先要多读书。事业有成必须积学储宝，要多读书啊！"

刘勰遵照师父多读书的教导，每天都走进定林寺的藏经楼。前些年为帮助僧祐整理经典，他十次百次甚至千次来过这藏经楼。这些日子是带着新的期望再次进入藏经楼。他再一次发现，这藏经楼犹如一个书的海洋。这里不仅有各种佛教经典，而且有自汉以来各种"经、史、子、集"的手抄本，堆满了书库。这些图书在刘勰面前重新打开了一个新的世界。他可以像海绵吸水那样在这些藏书中吸收丰富的知识。

刘勰在定林寺藏经楼读过哪些书？没有留下文字记载。我们仅从他在《文心雕龙》中征引的典故、论及的作家作品的数量就足以令人感叹不已。笔者过去用很笨的方法做过统计，现在看来很不精确。今人用现代数据信息手段统计：《文心雕龙》全书征引书文典故共有一千四百六十六处；全书论及作家九百一十八人；论及作品一千〇三十五篇（部）。共涉及到八十六个帝王，十七个朝代。从全书的体裁论（即"论文叙笔"）二十一篇论文叙笔的论述情况看，共论及三十五类文体，如骚、诗、乐府、史、传、对、书、记等；其他九篇论文，即《宗经》《杂文》《论说》等篇所论及作品，共有一百〇八类。全书论及的体裁实际上有九十类。论及齐梁文风弊端的，共有十八处；论及文学社会功能的有六十六处；论及文风问题的有七十一处，等等。从上述论及问题、征引史料来看，刘勰读书涉猎的范围是非常广泛的。那时还没有"出版业"，全靠手抄本。可见定林寺的藏书也是非常可观的。

刘勰读书是为了"积学以储宝"。他每天一早就到藏经楼去读书并有意识地对从古到他所处时代的代表性著作做了札记。

刘勰重新阅读了各类经书。他以前读过后汉大儒马融注释的经书，为了写自己的著作，这次到藏经楼又重新阅读了马融注释的《孝经》《论语》《诗》《易》《三礼》。他爱不释手，反复阅读，读了原文，又看注解，还做了批注。

刘勰还读了马融学生郑玄注的《易》《诗》《书》《礼》《礼仪》《论语》《孝经》等书，越看越入神。他读马融、郑玄注释的儒家经典，受到很大启发，特别是对儒家学说理解更深了。他在重读马融、郑玄注释的各种经书之后，感叹地说："马融、郑玄，大儒也，他们的注释精彩极了，我赶不上他们了。"

刘勰在藏经楼也认真阅读了董仲舒的书。刘勰从中了解到：孔子死后，儒家的地位没有衰微，反而上升了。汉武帝即位后召集全国文士会考，他亲自出题，亲自阅卷，选中了公羊学大师董仲舒和公孙弘两位名儒，其余百家一概罢黜。儒学从此取得了独尊的地位，也就是历史上的所谓："罢黜百家，独尊儒术"。董仲舒的书基本上是《易经》阴阳学说的引申，认为任何事物都是由相反的事物合成的。刘勰读了董仲舒的书，认为董的"阴阳相合"学说很有参考价值。这也为刘勰在后来所著的《文心雕龙》具有某种辩证法思想打下了基础。

刘勰在藏经楼还读了大量史学著作。经书也是史书。刘勰所读的《六经》，原来都是周朝史官所藏的各种历史记录，经孔子删订解释以后，代代相传，成为与史学并存的另一种经学。

刘勰读史书，先是读左丘明的《左传》，十分赞赏。接着读了汉代司马谈司马迁父子的历史著作。司马谈是汉武帝的太史，非常博学，精通天文、易学、黄老学。他以黄老学为主，批判儒、墨、名、法、阴阳各家学说。司马谈的儿子司马迁十岁能读古文书籍，二十岁游历全国名都大邑，采访遗文佚事。司马谈死后，司马迁继承父亲做太史。司马迁四十八岁时因李陵案牵连遭受汉武帝残暴的宫刑。司马迁受刑之后没有悲观，反而发愤著《史记》。刘勰对司马迁《史记》里面的十二本纪、十表、八书、三十世家、七十列传都读了多次，并熟记于心。这一百三十篇文章，把上自黄帝下至汉武帝三千年的史实，都综合在《史记》一部书里。刘勰连声称赞："《史记》太伟大了。"

刘勰读史书，除了司马迁的《史记》，还读了班固的《汉书》。读了汉代大学问家刘歆、刘向父子著的《七略》。刘向最后完成的《七略》，包括《辑略》《六艺略》《诸子略》《诗赋略》《兵书略》《术数略》《方技略》。这《七略》是中国古代珍贵的文化史。刘勰对刘向父子的书也很赞赏，从中吸收了大量的知识宝藏，为他写《文心雕龙》打下了深厚的知识基础。


## 三、读文学汲取资源

刘勰懂得，要写一部文学理论著作必须熟悉中国文学。所以他读完古代大儒的经书以后，便把目光转向古代的文学作品。

中国的文学是一座丰富的宝库。古代歌谣是早期的中国文学。自有文字以来，三皇——燧人氏、伏羲氏、神农氏是中国文化的创造者。古代的神话和歌谣把古人的活动粗粗地记录下来。

宗教和神话都是早期文学的起源。刘勰读了许多古代歌谣和神话故事。

到了春秋战国时期，文学就开始成为独立的文体了。《诗经》《楚辞》是早期文学的典范，因此，他认真阅读了《诗经》和《楚辞》。

刘勰还从《史记》中读了刘邦的《大风歌》："大风起兮云飞扬，威加海内兮归故乡，安得猛士兮守四方。"刘勰感叹说："刘邦做了皇帝，踌躇满志啊！"

刘勰从《史记》中读到项羽的《垓下歌》："力拔山兮气盖世，时不利兮骓不逝，骓不逝兮可奈何，虞兮虞兮奈若何！"刘勰深叹项羽之不逢时："项羽，亦英雄也，但天不助他又奈可何？"

刘勰顺着文学史的发展，开始读三国时期的文学作品。对曹氏父子的诗歌尤为欣赏。

刘勰捧着曹操的诗，读着读着，被曹操的《蒿里行》所吸引。为他的慷慨悲凉、气韵沉雄所感动，刘勰摇着头，哼唱着《蒿里行》中的名句："关东有义士，兴兵讨群凶。初期会盟津，乃心在咸阳。军合力不齐，踌躇而雁行。势利使人争，嗣还自相戕。淮南弟称号，刻玺于北方。铠甲生虮虱，万姓以死亡。白骨露于野，千里无鸡鸣。生民百遗一，念之断人肠。"刘勰一边读曹操的诗一边摇头说："灾难！当初，关东各州郡起兵讨伐董卓，共推渤海太守袁绍为盟主，但兵合力不齐，各怀异心，坐观时变，甚至互相争战。"刘勰对曹操在这里流露出伤时悯乱的沉痛感情，似有同感，读时不断点头以表赞同。

刘勰读曹操的《苦寒行》："北上太行山，艰哉何巍巍！羊肠坂诘屈，车轮为之摧。树木何萧瑟，北风声正悲。熊罴对我蹲，虎豹夹路啼。溪谷少人民，雪落何霏霏！延颈长叹息，远行多所怀。我心何怫郁，思欲一东归。水深桥梁绝，中路正徘徊。迷惑失故路，薄暮无宿栖。行行日已远，人马同时饥。担囊行取薪，斧冰持作糜。悲彼《东山》诗，悠悠使我哀。"边读边掉眼泪。刘勰心里想：曹操，你也经历过那么多的苦难，诗里写到的那萦曲羊肠的坂道，风雪交加的征途，水深无桥的徘徊，留宿无依的困境，写得多真切啊！

刘勰对曹丕的诗文也很赞赏。刘勰早年读曹丕的《典论·论文》，从中得到很多启发。但刘勰对曹丕的论文不满意，认为"魏典密而不周"，理论上不完备。不过对曹丕的诗，刘勰还是欣赏的。刘勰读到曹丕的《燕歌行》："秋风萧瑟天气凉，草木摇落露为霜，群燕辞归鹄南翔。念君客游思断肠，慊慊思归恋故乡，君何淹留寄他方？贱妾茕茕守空房，忧来思君不敢忘，不觉泪下沾衣裳。援琴鸣弦发清商，短歌微吟不能长，明月皎皎照我床。星汉西流夜未央，牵牛织女遥相望，尔独何辜限河梁？"刘勰读后赞美说道："好诗！这首诗假托一个嫂子怀念在他乡做客的丈夫，以鸟之知时序，反兴君之客游不归，此诗很动人！"刘勰还对曹丕的《杂诗》，如"漫漫秋夜长，烈烈北风凉。展转不能寐，披衣起彷徨。彷徨忽已久，白露沾我裳。……"也很欣赏很激动，不停地称赞。

刘勰同情曹植的遭遇，更加称赞他的诗。曹植是"建安文学"的代表人物，是曹丕的异母弟弟。他非常有才华，本有立嗣之望。但由于行为放任，触怒父亲，而遭遇贬抑。他的兄长曹丕即位后，对他倍加打击，贬爵削邑，流徙播迁。刘勰聚精会神地细细品味曹植的《薤露行》："天地无穷极，阴阳转相因。人居一世间，忽若风吹尘。愿得展功勤，输力于明君。怀此王佐才，慷慨独不群。鳞介尊神龙，走兽宗麒麟。虫兽犹知德，何况于士人？孔氏删诗书，王业粲已分。骋我径寸翰，流藻垂华芬。"刘勰读后说："曹植在此诗中，抒发自己有辅佐帝王之才（王佐才），有输力明君的强烈愿望，希望在转瞬即逝的一生中建立不朽的事业。诗写得好！"刘勰赞扬曹植的诗是因为与曹植有同感。

刘勰还重新读了"建安七子"：孔融、王粲、陈琳、刘桢、徐幹、阮瑀、应玚等人的诗歌；又读了嵇康、阮籍、潘岳、张华、张协、刘琨、郭璞等人的作品。刘勰对他们都有评价，这在后来写的《文心雕龙》里都体现出来了。

刘勰喜欢读嵇康的诗，称赞道："嵇康诗写得好啊，自放清峻。"嵇康是魏晋时期所谓"竹林七贤"之一。嵇康早年丧父，家境贫困，但仍励志勤学，在文学、玄学、音乐方面造诣颇高，其妻长乐亭主是曹操的曾孙女。嵇康官至中散大夫，史称"嵇中散"，在魏末司马氏专权时代，与司马氏不合作，被司马昭借故杀害。刘勰对嵇康的遭遇甚表同情。嵇康写的《赠兄秀才入军》十八首及《幽愤诗》，在当时都很有影响。特别是他在狱中写的《幽愤诗》"嗟余薄祜，少遭不造。哀茕靡识，越在褓褓。母兄鞠育，有慈无威。恃爱肆姐，不训不师。爰及冠带，凭宠自放……"刘勰对嵇康在诗中描写自己的成长，人生际遇、复杂身世、性格爱好，及罹祸缘由、狱中生活等等，都觉得写得真实，高于潘岳之流。刘勰说"嵇志清峻"的评价说得很贴切！

刘勰读"竹林七贤"的诗文，除嵇康之外，最关注的是阮籍了。他怀着深情读了阮籍的诗。阮籍从小就有济世之志，但他所处的魏晋之际，环境险恶，司马氏的高压政策，不少名士被杀。阮籍则走了另一条路，他纵酒说玄，不与世事，远祸自全，不臧否人物。刘勰认为阮籍的《咏怀诗》是有深刻内容的。《咏怀诗》八十二首中的："夜中不能寐，起坐弹鸣琴。薄帷鉴明月，清风吹我襟。孤鸿号外野，翔鸟鸣北林。徘徊将何见？忧思独伤心。""平生少年时，轻薄好弦歌。西游咸阳中，赵李相经过。娱乐未终极，白日忽蹉跎。驱马复来归，反顾望三河。黄金百镒尽，资用常苦多。北临太行道，失路将如何？"以及"湛湛长江水，上有枫树林。皋兰被径路，青骊逝骎骎。远望令人悲，春气感我心。三楚多秀士，朝云进荒淫。朱华振芬芳，高蔡相追寻。一为黄雀哀，泪下谁能禁"。刘勰边读边体味，觉得很有深意。所以他在《文心雕龙》中，评价阮籍的诗为"阮旨遥深"，这些见地都是早年读阮诗得出的印象。

刘勰还读了刘琨、郭璞的作品。他喜欢刘琨的诗。刘琨字越石，很有文才，二十六岁步入仕途，官至尚书左丞，司徒左长史。后任并州刺史，被幽州刺史段匹磾所害。他的诗很有特色。例如:《扶风歌》《重赠卢谌》等，诗评家钟嵘说他"善为凄戾之词，自有清拔之气"。刘勰读了刘琨的诗也很有感慨，后来在《文心雕龙》中称其诗"雅壮而多风"。

刘勰还喜读郭璞的诗。郭璞，字景纯，博学多才，注释过《尔雅》《山海经》《方言》《楚辞》等，又善五行、天文、卜筮之术。官至尚书郎，大将等。他任王敦的记室参军，因阻王敦谋逆而被杀。郭璞因其作的《游仙诗》而名于世。郭璞的《游仙诗》十八首，并非真求仙，而是写隐逸，如其一:"京华游侠窟，山林隐遁栖。朱门何足荣？未若托蓬莱……高蹈风尘外，长揖谢夷齐。"他的诗受到钟嵘的好评，说这些诗

"乃是坎壈咏怀，非列仙之趣也"。刘勰对他的诗也很欣赏。

刘勰是否读过陶渊明的诗，史无记载，但在隐逸诗中，陶渊明是有代表性的。陶渊明比刘琨、郭璞要晚一百年左右。陶氏的曾祖陶侃做过东晋的大司马，但后来因父亲死得早，家道中落，陶渊明只做过江州祭酒、镇军参军、彭泽令等一类小官，而且时官时隐。但在诗歌上有很大贡献，被称为"隐逸诗人之宗"。可惜刘勰在《文心雕龙》中谈了八九百位作家，陶渊明的名字却从未提到。有人说，刘勰未涉陶氏，是因为瞧不起陶渊明的田园诗。这种说法未必符合实际。刘勰看不顺眼的作品他提到过很多，而且进行尖锐的批评，为什么唯独不提陶渊明呢？很大的可能是刘勰根本没有见过陶渊明的作品，非"视而不见"也。这在当时没有出版业、专靠手抄书本的时代，定林寺没有陶诗，一个县令的作品被忽视是完全可能的。刘勰不提陶渊明的诗文，不能不说是一种疏忽。

刘勰广泛阅读了中国历代的文学作品。他发现齐梁时期的文学出现了不少淫靡猎艳的作品，特别是后来做了皇帝的某些人的诗歌中艳曲连篇。刘勰读到萧衍的《子夜四时歌》中的词句："江南莲花开，红花覆碧水。色同心复同，藕异心无异"；读到萧纲的《秋闺照镜》中的"别来憔悴久，他人怪容色。只有匣中镜，还持自相识"和《金闺思》中的"游子久不返，妾身当何依。日移孤影动，羞睹燕双飞"；读到萧绎的《春别应令》"昆明夜月光如练，上林朝花色如霰。花朝月夜动春心，谁忍相思不相见"。这些都是他们早期作品，他们当了皇帝之后，更是专写艳体，在当时文坛掀起了宫体文学的狂潮。刘勰对这些帝王的诗不感兴趣。

刘勰对当时某些御用文人的诗更为反感。例如：作家江总写的"步步香飞金薄履，盈盈扇掩珊瑚唇"（《宛转歌》），"未眠解着同心结，欲醉那堪连理杯"（《杂曲》）；陈叔宝写的"含态眼语悬相解，翠带罗裙入为解"（《鸟栖曲》），"妖姬脸似花含露，玉树流光照后庭"（《玉树后庭花》）。刘勰读了这些诗，连连说了几声："可悲，可悲！"他心里愤怒极了。

刘勰发现当时文学的许多不良倾向都来自当朝帝王贵胄。南朝时期尤其到了齐梁时代，荒淫的君主贵族掌握了文学的命脉。南朝四代皇帝都爱好文学。宋文帝立儒玄文史四馆，宋明帝分儒道文史阴阳五科；齐高帝及其诸子，都是南朝文人。他们中的某些人竞艳争奇，图名夺宠，使文学一步步地走上形式主义的道路。君主的荒淫腐化是文学走向淫靡之根源。《南史》中就有这样的记载："后主荒于酒色，不恤政事。……江总、孔范等十人预宴，号曰'狎客'，先令八妇人襞采笺，制五言诗，十客一时继和，迟则罚酒。君臣酣饮，从夕达旦，以此为常。"许多士族子弟也过着荒淫腐朽的生活，依附宫廷，附庸风雅，夸辞耀藻，无病呻吟，使形式主义一步步成为一种时尚。刘勰对此切齿痛恨，无以复加，在《文心雕龙》中，或明或隐地做了尖锐的批评。

## 四、识名流"竟陵八友"

文学评论重要的一点是"知人论世"。

僧祐为了帮助刘勰写好这部文学理论的书做到"知人论世"，常常有意识地带他去接触当时一些文学巨擘，增长见识。最值得提到的是僧祐带刘勰去见"竟陵八友"，让他大开眼界，大长见识。

有一天，僧祐对刘勰说："今天'竟陵八友'在西邸聚会，你陪我一起去吧！可以见识一些文学前辈。"刘勰当即答立，并随僧祐赴会。

说到"竟陵八友"，首先必须提到聚会组织者萧子良。萧子良不仅在当时政坛很有势力，还是文学界的一个领袖人物。萧子良建立"西邸"之后，齐高帝萧道成的族弟、后来当了皇帝的萧衍，常来"西邸"会见当时文坛的名流，与著名文士沈约等八人结为好友，后来称为"竟陵八友"。这个以竟陵王萧子良为中心所形成的"文学集团"，史书中有记载。《南齐书·竟陵王萧子良传》说："子良少有清尚，礼才好士。居不疑之地，倾意宾客，天下才学皆游集焉。……（永明）五年，正位司徒，给班剑二十人，侍中如故，移居鸡笼山邸，集学之士抄《五经》、百家，依《皇览》例为《四部要略》千卷。招致名僧，讲纶佛法，造经呗新声。道俗之盛，江左未有也。"《梁书·武帝纪上》也记载："竟陵王子良开西邸，招文学，高祖（指萧衍）与沈约等并游焉，号曰'八友'。""八友"之外，还有法曹参军柳恽、太学博士王僧儒、南徐州秀才江革、尚殿中郎范缜、会稽孔休源，也都常参与活动。

"竟陵八友"除了文学活动之外，还雅爱佛教，他们常联帮结伙参加定林寺的佛事活动。作为定林寺东道主的僧祐同他们结成了很深的友谊。刘勰是僧祐最赏识的"得意门生"，因而经常随他去参加"竟陵八友"的活动。

在鸡笼山的西邸公馆里，刘勰见过萧衍和沈约，同他们有一面之缘。萧衍在做皇帝之前既是王公贵族，又是有影响的军事家和学问家，与沈约、谢朓等文士交游，辩论儒道，研讨佛义，议定"五礼"。萧衍本人又善音乐诗赋，在学术文学方面均有很大成就。不过他是大人物，刘勰对他不敢高攀。

沈约是南朝宋齐梁的三朝元老，也是当时有名的诗人、史学家、文学家，官至侍中、中书令、尚书令，是宰相级的人物。他也是当时文坛领袖，首创"四声"之说，著有《四声谱》。在诗歌创作上，他与谢朓等人开创"永明体"，讲求声律对仗，推动诗歌走向格律化。他还是个史学家，永明年间撰成《宋书》一百卷，创作体例齐备。沈约比刘勰大二十多岁。在沈约面前，刘勰是个晚辈，更不敢称兄道弟高攀。

刘勰与"八友"中的任昉、谢朓、王融、范云等人都相识且有交往。

先说任昉。他是南朝大臣，也是大学者，字彦升，安乐博昌（今山东寿光）人，历仕宋、齐、梁三朝。任昉以善作表、奏、书、记著称，当世王公表奏、朝廷文诰多出自任昉之手。他才思敏捷，起草文书往往不加点改，挥笔立成。其所著《王文宪集序》《吊列文范》等，笔中有情，不失雅逸，甚见渊博。今存诸诗，或直抒胸臆，或写景抒怀，文笔清丽，情辞婉转。当时任昉同沈约齐名，故有"沈诗任笔"之誉。刘勰同他有过较好的友谊。

刘勰与谢朓也有交往。谢朓是南朝诗人，以文辞清丽著称，以有别于谢灵运，世称为"小谢"。所著诗文甚多，其诗平仄协调，音韵铿锵，词采华丽，对仗工整。他的作品对刘勰影响很大。

刘勰同王融也很友善。王融，字元长，琅琊临沂（今山东临沂）人，他曾奉梁武帝之命作《〈曲水诗〉序》，文藻富丽，为当世称颂。因参与扶持萧子良继位之"政变"，郁林王萧昭业即位后将其下狱，王融死于狱中。

与刘勰友好的还有文人陆倕。陆少好学，善属文。他性格有些怪僻，多年杜绝与外界来往，闭门读书，昼夜不息。他聪慧过人，读书一遍能诵于口，博闻强记，好学不倦。梁武帝萧衍因与陆倕有"西邸"旧游之谊，雅爱其才，乃命撰《新漏刻铭》，其文甚美。后又受敕撰《石阙铭》。梁武帝盛赞其"辞义典雅，足为佳作"。

刘勰同"竟陵八友"都有些接触，有的还成为好友。刘勰与这些人的交往，对他写《文心雕龙》有许多帮助和影响。

刘勰为了完成他的文艺理论著作，遍读经、史、子、集，遍访诗人文友，对当时文坛的风气得出这样的印象：

一是玄言诗盛行。文人们在诗歌中常常掺杂着游道述仙的思想，肤浅乏味。当时，玄言诗达到登峰造极，许多诗人完全沉溺于神秘的内心世界的玄想，而轻视现实世界的时务，诗歌变成的玄言哲学的讲义。刘勰认为，"江左篇制，溺乎玄风，嗤笑徇务之志，崇盛亡机之谈。"

二是形式主义盛行。许多作品流于繁缛柔靡，追求词藻的华美，意在炼字析句，失去建安风力。刘勰指出："晋世群才，稍入轻绮，张潘左陆，比肩诗衢，采缛于正始，力柔于建安，或析文以为妙，或流靡以自妍，此其大略也。""至魏晋群才，析句弥密，联字合趣，剖毫析厘。……宋初文咏，体有因革，庄老告退，而山水方滋，俪采百字之偶，争价一句之奇；情必极貌以写物，辞必穷力而追新。"他认为一些出身豪门贵族的文人，尽力在形式和辞藻上下功夫，走上了形式主义的道路。

三是宫体诗盛行。当时文坛出现了香艳绮靡彩丽轻曼的"宫体诗"。这种宫体诗早在南朝宋齐时代已有苗头，它以宫廷内苑的荒淫放荡、奢侈糜烂生活为基础。诗歌内容多是描写妇女的娇媚情态和宫闱之中轻薄挑逗的行为。从萧衍、萧纲、萧宝卷到陈叔宝，都有这样的诗作。刘勰尖锐批评他们"怜风月，狎池苑，述恩荣，叙酣宴"的不正之风。

刘勰对于上述这些文学上的歪风邪气、不良倾向，深恶痛绝，所以他在《文心雕龙》中对这些倾向都进行了批评。刘勰有些评论虽然说得含蓄，却不失为一位文学斗士。

# 五、究根源朝廷腐败

刘勰撰写《文心雕龙》的年代正是当时最腐败的东昏侯萧宝卷及齐和帝萧宝融兄弟统治时期。刘勰认识到，南北朝时期文坛出现的奢靡浮艳的文风，完全是由于当时政治腐败、社会黑暗所造成的。

宋齐梁三代，统治阶级内部矛盾极其尖锐，杀伐之残忍为历代王朝之最。以帝王之间杀伐为例，每个帝王的登基都充满着血腥罪恶。南朝宋代开国皇帝刘裕，掌握军权之后就翦除异己，他指使中书侍郎害死晋朝皇帝司马德宗，立了司马德文为傀儡皇帝，并暗示其禅位，自己登上了皇帝的宝座。

刘裕当了南朝宋代的开国皇帝不久便病逝，由十七岁的太子刘义符继位。不到两年，刘义符被其兄弟活活打死，由刘裕第三子刘义隆继位。他当了几年皇帝，又被太子刘骏的心腹张超杀死，夺了皇位。刘骏做了皇帝，对朝中的正人君子严加迫害，对一部分出身微贱的心腹耳目都极其信任。刘骏特别贪财，又喜酒色，终日酣饮，不务正事，三十五岁就病死于玉烛殿。十六岁的太子刘子业继承皇位。他生性急躁，动辄杀人。年纪轻轻就杀了几位顾命大臣，从此大动杀机，肆无忌惮地施行暴政，过着醉生梦死、荒淫无道的生活。刘子业也不得好死，终被宫中臣僚弑杀，被称为"前废帝"。刘义隆的第十一子刘彧继承帝位，当了几年皇帝，贪图享乐，迷信鬼神，不断猜忌杀戮大臣，过着花天酒地的生活，致国库空竭，百姓苦不堪言。这位宋明帝三十四岁就逝世，由十岁的儿子刘昱继位，他是宋代的第八位皇帝，小小年纪性喜杀人，如有人敢对他皱一皱眉头，就遭杀身之祸。不过，他终于遭到恶报，当了几年皇帝，十六岁就成了刀下鬼，史称这位短命皇帝为"后废帝"。他的弟弟刘准继承皇位。但刘准当了不到两年皇帝，又被潜入宫中的乱贼杀死，死时年仅十三岁。因此，早已掌握军权的大将萧道成乘机禅代，建立了萧齐王朝。

萧齐王朝也是充满杀伐的血腥时代。据说，萧道成是汉代萧何的第二十四代孙。由于宋武帝刘裕的继母为萧氏，故萧道成父亲得以为官，又使萧道成走上了通往帝位之路。萧道成有十九个儿子，有六个早夭，其余十三个都为他开创帝业立下了功劳。萧道成在位四年即病逝，由他的长子萧赜继位。赜在位十二年，五十四岁病逝。萧赜病逝后，由萧昭业继承帝位。他当了不到一年皇帝，被下臣萧谌杀死，他的弟弟萧昭文继位。昭文当了几个月皇帝又被迫退位，由萧道成的侄子萧鸾继位。萧鸾当了几年皇帝，由于内部杀伐，威胁不断，萧鸾四十七岁病死于宫中，由太子萧宝卷即位。这种杀伐使皇室宗族之间充满猜忌与恐怖，群臣之间互不信任，弄权夺宠。这种政治状态，必然在文学上有所反映。

南朝各代帝王都极其奢靡，过着腐朽的生活。这里以齐代最末一位皇帝萧宝卷为例。萧宝卷是位极端腐朽、残酷得令人发指的昏君。他即位时只有十六岁。按其父亲萧鸾的遗诏，由顾命大臣辅佐朝政。但这个萧宝卷自幼厌学贪玩，嬉戏无度，性情重涩，少言寡欢。萧宝卷原来由他母亲的亲戚右仆射江祐、侍中江祀管束，但朝内大臣争权，诬告"二江"谋反，萧宝卷生性残忍，便将恩师"二江"杀掉。江氏兄弟一死，从此就没有人敢管这个小皇帝了。萧宝卷此后愈发骄纵不羁，京师百姓深受其害。这里举两个例子可以充分说明他的罪恶行径。

一是他迷上了出游。他不务政事，一个月要出游二十余次，每次出游都兴师动众，扰乱百姓。他出游时，沿途百姓皆要回避，他所到之处的百姓都要离开家庭，留下一座座空宅。京城百姓一闻萧宝卷出游的鼓声，便顾不上穿衣戴帽，立刻呼儿唤女逃往他处，一旦行动迟缓，被萧宝卷知道了即刻丧命。京师百姓遭其骚扰，苦不堪言。他爱好骑马，专门由东冶营兵教他骑马，郊外置射雉场多处，经常奔走往来于各场，毫无倦意。萧宝卷扰民、害民之罪恶《南齐书·东昏侯本纪》曾有明确记载："帝在东宫便好弄，不喜书学。高宗亦不以为非，但勖以家人之行。令太子求一日再入朝，朝绍不许，使三日一朝。尝夜捕鼠达旦，以为笑乐。高宗临崩，属以后事，以隆昌为戒，曰：'作事不可在人后'。故委任群小，诛诸宰臣，无不如意。性重涩少言，不与朝士接，唯亲信阉人及左右御刀应敕等。自江祐、始安王遥光诛后，渐便骑马。日夜于后堂戏马，与亲近阉人倡伎鼓叫。常以五更就卧，至晡乃起。王侯节朔朝见，晡后方前，或际暗遣出。台阁案奏，月数十日乃报，或不知所在。""陈显达事平，渐出游走，所经道路，屏逐居民，从万春门由东宫以东至于郊外，数十百里，皆空家尽室。巷陌悬幔为高幛，置仗人防守，谓之'屏除'。或于市肆左侧过亲幸家，环回宛转，周遍京邑。每三四更中，鼓声四出，幡载横路，百姓喧走相随，士庶莫辨。出辄不言定所……皆奏鼓吹羌胡伎，鼓角横吹。夜出昼反，火光照天……"

二是嗜血成性，杀人如麻。有一次，东昏侯萧宝卷骑着一匹高头大马走出万春门，数百名骑手举着火把紧跟其后，在沈公城附近发现有一个家庭还点着灯没有回避，他便派卫兵前去查问，卫兵前来报告说："里面有位民妇正在临产，其丈夫不肯让她离家。"宝卷听后说："进去看看。"萧宝卷便翻身下马，径直走进民宅，见炕上果然躺着一赤身裸体等待分娩的产妇。此产妇的丈夫立即跪下，忙不迭叩头喊道："陛下饶命！陛下饶命，贱民罪该万死！"产妇的丈夫又向清户的卫兵们解释，他的妻子连生三胎都是女儿，此次妻子怀孕，听有经验的人说此次必生男孩，所以留在家里让她顺利产下男孩。清户的卫兵硬要将这位民户的临产妇人拖走，民户正苦苦哀求，不料萧宝卷亲自闯了进来，命令士兵跳上炕去，按住产妇的手脚，他随即从腰间拔出宝剑在产妇隆起的肚皮上划了一尺多长的口子，产妇随即身亡。宝卷让卫兵将婴儿取出，当场验视，结果是个女孩。萧宝卷又怒气冲天地对这个产妇的丈夫说："你敢欺君罔上！"说罢便用宝剑朝这个男子砍去，瞬间，人头落地。就是这样胡作非为，草菅人命。可见这位"东昏侯"，是多么的"昏"，多么的"浑"。

萧宝卷的奢靡也是很典型的。他生活糜烂，挥金如土。据《南齐书·东昏侯本纪》里记载：萧宝卷自登基以后，宫内的嫔妃宫女轮流侍寝。但萧宝卷都不满意，因此命宫内佞臣茹法珍、梅虫儿派人四处选美女。虽选了几批入宫都没有使他满足。他动辄发脾气，无端殴打宫女，处死随从。由于心绪不佳，经常出游、围猎，以排遣内心的焦躁与烦闷。有一次，终于如愿以偿了。梅虫儿挑了一批美女供萧宝卷享用，梅虫儿献媚说："陛下，我又选了一批美女进宫。"萧宝卷问："选了多少？"梅虫儿答曰："为讨个吉利数，这回选了九九八十一个。"萧宝卷迫不及待，问："在哪里？"梅答曰："在邃房。""邃房"是萧宝卷登基后耗资上万两黄金在后宫畅春园建造的一座宫殿，专供皇帝荒淫无度的腐朽场所。在这个"邃房"里，将宫中上百名嫔妃、姬妾、美人宫女带到这里，令其全部裸着身子，陪皇上猜拳饮酒，或且歌且舞，互相追逐狎戏。有时便席地交媾。

这里有个故事更说明问题：有次萧宝卷被茹法珍、梅虫儿领着进了"邃房"，看见有个美女正裸着身子等待皇帝临幸。此女秋波闪动，眉目传情，令萧宝卷心旌摇动。此女姓潘，年方二十，出身市井。因姿色过人，十七岁时被大司马王敬则重金买去，作为随军营妓。萧宝卷一进门，看见潘氏如花似玉，千姿百态，便为她的脉脉含情所倾倒，立时骨酥肉软。从此以后，萧宝卷与潘氏日夜交欢，形影不离。不到半月，萧宝卷便晋封潘氏为贵妃。潘氏得宠挥霍无度，她要披珍珠衫，盖金丝被，宫内器皿一律换成金银，宫殿庭院统盖锦毡。每日食用山珍海味。萧宝卷都慨然应允。过生日时，萧宝卷为送给潘妃一副琥珀手镯，竟耗银一百七十万两。每逢出游，因潘妃喜欢路旁绿树成荫，萧宝卷便命百姓于出游前，沿路植树种草。更有甚者，潘贵妃过生日，说这殿里殿外都是青砖青瓦，很不吉利，萧宝卷立即下令三个月内换成琉璃瓦顶，金碧辉煌的楠木柱廊。当时国库空虚，而这些挥霍都是从老百姓身上搜刮来的。潘贵妃说殿内平淡，萧宝卷便让朝廷招来工匠用黄金凿成莲花，铺满地面，让潘贵妃在生日时，一步步在莲花上行走，花随步移，步逐花娇，显示其三寸金莲，步步金莲。由此可见，当时朝廷生活是多么腐朽至极。

刘勰正是在这个天昏地暗的时代撰写《文心雕龙》的。他当时虽然不敢正面批评皇帝和朝廷官宦的恶行，但他的是非观相当分明，所以他在《文心雕龙》的《时序》篇里，对齐朝的朝廷表面吹捧，但只字不提东昏侯。由此可见，他对这位"昏君"是深恶痛绝的。

# 六、卫儒教以正文风

刘勰虽然看到，南朝文风之不正，是由南朝腐朽的政治社会造成的，但刘勰不敢作为斗士去直接反抗当时的黑暗社会。因为他从历史上得到了深刻的教训。历史上许多文人怀着正义的良心，同统治阶级直接或间接进行斗争，哪一个文人有好下场的呢？他饱读经史，洞悉文坛，看到一个个文人反抗的下场。

曹植，被他做了皇帝的哥哥曹丕迫害，郁郁而死，终年四十岁。

孔融，刚正不阿，恃才负气，因忤怒曹操，被杀。终年五十五岁。

杨修与上不合，被曹操杀害，终年四十四岁。

何晏，因与皇上不合，被诛，终年不到五十岁。

嵇康，为人高傲，被司马昭借故杀害，终年三十九岁。

潘岳，被陷害而死，终年五十三岁。

刘琨，忠于王朝，被权臣害死，终年四十八岁。

吕安，被当朝皇帝借故杀害，终年不到五十岁。

张华，因拒绝参与篡夺阴谋而被杀害，终年六十八岁。

陆机，受谗言诬陷，被杀害，终年四十二岁。

谢灵运，因事被杀，终年四十八岁。

鲍照，在军中被杀害，终年五十二岁。

谢朓，被诬下狱，死于狱中，终年三十六岁。

王融，因参与东宫废立议论被杀，终年二十七岁。

吴均，因撰书获罪，被免官，郁死，终年五十二岁。

刘勰作为一个正直的知识分子，只能力图挽救当时的社会风气和文风。但他没有范缜那样公开写文章同皇帝及皇室重臣们论战的勇气；他没有朝臣贺琛那样敢于犯颜直谏，上书给梁武帝，直指朝廷及官吏们的腐败。刘勰想用合法的武器同这种腐败做斗争，以力挽狂澜。因此，刘勰写这部书前，重新研究各家学说，力图从中找到战斗的武器。

刘勰认真地研究了佛家学说。他清楚地认识到，佛教在中国源远流长，在当时有了强大的社会基础。佛教早在秦时便在中国传播。天竺阿育王大弘佛法，派遣僧徒四出传教。西汉时西域某些国家信奉佛教，汉武帝派人通西域后，许多佛教徒来东土传教。汉哀帝时，西域佛教国大月氏使臣伊存来朝，佛教得到合法地位，佛教作为谶纬的辅助观念开始流传开来。东汉后期，佛教逐渐流行。到了魏晋，佛教流传很快，开始兴盛，虽然不能夺取儒学的传统地位，但对社会影响很大。开始流行的佛教主要是小乘教，重点是讲人死精神不灭，因果报应和轮回布施等等。由于统治阶级提倡，南北朝时期佛教开始盛行，各地大建佛寺，造铜佛像，诵读佛经，佛堂周围经常住着几千教徒，每开佛会，路旁设席长数十里，置酒饭任人饮食，用钱多至万万。佛教大行其道。但是刘勰没有也不可能用什么教派思想来解救社会，挽颓废文风之狂澜。

刘勰也研究了当时流行的道教。道教的盛行开始与老子有关。东汉后期，妖人们把方士所有的神仙术与《老子》书中的"谷神不死""玄牝之门"等等神秘说法结合起来，于是有人把神仙术改称为道教，方士改称为道士，哲学家的老子也被改造成为道教的教主。汉桓帝派亲信到苦县祭老子，在宫中建立黄老浮屠祠。以方士仙术为本质的学说，经汉帝承认，成为公开的道教了。道教有位名人到宫门献其著作《太平青领书》一百七十卷，成为"神书"。道教徒烧香请道书，用符水为人治病。太平青领道教徒在蜀郡山造道书，创造所谓"五斗米道"。道教的宗旨无非是长生不死做神仙。张角创建的太平道开始"以善道教化，为民所归"，后来发展为"黄巾起义"。五斗米道在统治阶级中流传，被看成中国的正统。太平道在民间秘密流传，被农民运动发动者利用。

刘勰也研究过玄学。玄学的盛行与魏晋以来的清谈之风有关。玄学崇尚庄老，是战国时期道家学派的支流。清谈家一般是无神论者，例如清谈家阮瞻的《杨朱篇》是"无鬼论"的代表作。道教奉老子为主教，玄学家实际上是战国以来阴阳五行学和方士妖术的宣传者。西晋丧乱，以王导为首的一群名士（玄学家）到南方避乱。佛徒也开始谈玄。有位名僧支遁，他注解《庄子·逍遥游》（又作《逍遥论》），成了一个著名的玄学家。还有个佛教徒慧远，深通玄学并擅长儒学，尤擅长《三礼》《毛诗》。慧远主张"内（佛）外（儒学）之道，可合而明""百家（儒玄）同致"。慧远住在庐山三十余年，聚集僧徒讲授佛学。但他并不能取当时的玄学而代之。刘勰认为，玄学逃避现实，不想也不能解决现实问题。

刘勰注意到，南北朝时期，儒、墨、道、玄四家的矛盾斗争发展到了白热化的地步，各自积蓄自己的力量，准备发动一场"你死我活"的战斗。刘勰应该站在什么立场，捍卫哪一种学说呢？这成了他"著书立说"的理论取向的难题。

刘勰当时站在儒、墨、道、玄斗争的十字路口。他采取什么取向作为他的理论之基，立文之本？在当时发生的争论中，儒佛之间的斗争尤为尖锐。刘勰虽然身处佛境，但骨子里是崇信儒学的。刘勰反复思考和对比，认为儒家学说最接近社会，最能直面百姓的现实问题。所以他用论文的方式，弘扬儒教，同当时的歪风做斗争。他在著述中，以儒家思想为立论之本，写下了那千古流传的《文心雕龙》。

# 第五章 定林寺师徒论道

　　盖《文心》之作也，本乎道，师乎圣，体乎经，酌乎纬，变乎骚，文之枢纽，亦云极矣。若乃论文叙笔，则囿别区分，原始以表末，释名以章义，选文以定篇，敷理以举统，上篇以上，纲领明矣。至于剖情析采，笼圈条贯，摛神性，图风势，苞会通，阅声字，崇替于《时序》，褒贬于《才略》，怊怅于《知音》，耿介于《程器》，长怀《序志》，以驭群篇，下篇以下，毛目显矣。位理定名，彰乎大易之数，其为文用，四十九篇而已。

——《文心雕龙·序志》

## 一、心哉美矣说雕龙

僧祐为了使刘勰有一个安静的写作环境，在定林寺的西北角找了一间闲置的僧房给刘勰单独居住。

这间房子以前是从句容县招来的一位"白衣"住的。他主要负责为寺庙收租。现在那位"白衣"已经离开定林寺回句容乡下去了。僧祐找人收拾干净这间房子让刘勰住了进去。有僧祐保护和支持，刘勰的一切费用还在定林寺开销，衣食无忧，自己单独住一间房子，有了较好的写作环境。

刘勰住的这间房子有两丈见方，一人居住也算宽余。入住以后，刘勰请人帮忙做了几个简单的书柜摆放他抄录的一些图书资料。还弄来一张长桌子作为写字台。刘勰就在一盏豆苗大的油灯下开始了一字一句的写作。

晨钟敲响。善男信女们开始进入寺内敬香拜佛之时，刘勰在小小的豆油灯下已经熬了一夜。

天一亮，刘勰总是穿着右开扣的长衫在定林寺的小山坡上走动，呼吸新鲜空气。

刘勰开笔写作已经半年了。僧祐虽然关怀他写作的进展，但每天忙于寺内的各种佛事和公务，没有时间来过问刘勰写作进展情况。

僧祐放心不下。忽一天，僧祐特意来到刘勰居住的房子，见刘勰还伏在桌上书写，关切地问道："彦和，你的书写得怎样了？"

刘勰从容地答道："开始写了，前面五篇已写出了初稿，我正想向师父讨教呢！"

僧祐不仅是个僧徒，而且是位学者，一个素养很高的大学问家。他从十五六岁来到定林寺师从法颖大师学律，不仅精通佛律，精通建筑，在文学艺术理论方面也有很高素养。他同"竟陵八友"那些大文学家很谈得来。刘勰说要向他请教文学方面的问题，他也就不谦虚地应承下来。

刘勰把写好的前五篇书稿敬奉给僧祐。

僧祐接过书稿，首先问道："彦和，这本书你准备叫什么书名呀？"

刘勰把书稿的封面展示给僧祐看。僧祐看到刘勰那苍劲有力的几个大字，有点儿惊奇，便问道："这是书名吗？你为什么把你写的这本书叫《文心雕龙》呀？"

刘勰本想口头向师父解释一下这个书名，但觉得一下子也说不清楚，便说："我在《序志》篇里已经把它解释清楚了。"

僧祐拿出《序志》手稿，看到刘勰这样写道："夫文心者，言为文之用心也。昔涓子《琴心》，王孙《巧心》，心哉美矣，故用之焉。古来文章，以雕缛成体，岂取驺奭之群言雕龙也。"

然后刘勰解释说："我这里说的意思是：这本书名称之为'文心'，是因为它讲的是作文的用心之道。战国时期楚人涓子著有《琴心》，儒家学者王孙子著有《巧心》。'心'这个字太美了，所以用'心'字做书名。至于说到雕龙，则是因为自古以来的文章都是精心雕镂而成，是采取大家都称其为'雕龙奭'的驺奭所讲的'雕龙'的意义。换句话说，'文心'是专指'为文之用心'，也就是为文过程中的心理活动。'雕龙'是指对龙文的雕刻，也就是美的制作。"

僧祐听到刘勰这个解释，点头称道："好，你这个书名取得好。书名含义很深，很有见地。'心哉美矣'说得好，凭书名，就可以千古流传啊！"

刘勰谦恭地说："师父过奖了，过奖了！这个书名虽美，但人家未必懂呢！"

僧祐觉得刘勰起的这个书名很有意思。他知道书名以后，想进一步了解整本书的内容。僧祐问道："你说说《文心雕龙》全书写些什么内容？"

刘勰说："师父，我写这本书时确实有一个整体的打算。"

僧祐说:"你把整体打算说给我听听。"

刘勰答道:"我的整体打算都写在《序志》篇里了。"于是他又把《序志》初稿念给僧祐听:"盖文心之作也,本乎道,师乎圣,体乎经,酌乎纬,变乎骚,文之枢纽,亦云极矣。若乃论文叙笔,则囿别区分,原始以表末,释名以章义,选文以定篇,敷理以举统,上篇以上,纲领明矣。至于剖情析采,笼圈条贯,摛神性,图风势,苞会通,阅声字,崇替于《时序》,褒贬于《才略》,怊怅于《知音》,耿介于《程器》,长怀《序志》,以驭群篇,下篇以下,毛目显矣。位理定名,彰乎大易之数,其为文用,四十九篇而已。"刘勰停了停,接着说,"这就是我的整体打算。"

僧祐听了刘勰在《序志》里介绍写书的打算,很高兴地说:"你准备写四十九篇呀,那就等着看你的这些文章吧!你先把提纲具体说说。"

刘勰接着说:"我这本书是想按大易之数,写四十九篇。大致是这样考虑的。我把全书分成了四个大部分,每篇都想好了一个题目。第一部分写《原道》《征圣》《宗经》《正纬》《辨骚》五篇,阐明我对文学的总体认识。这是'文之枢纽'。第二部分计划写二十篇。有《明诗》《乐府》《诠赋》《颂赞》《祝盟》《铭箴》《诔碑》《哀吊》《杂文》《谐隐》《史传》《诸子》《论说》《诏策》《檄移》《封禅》《章表》《奏启》《议对》《书记》共有二十篇,是分析每种文体的来源和特点,这是'论文叙笔'。第三部分计划写《神思》《体性》《风骨》《通变》《定势》《情采》《镕裁》《声律》《章句》《丽辞》《比兴》《夸饰》《事类》《练字》《隐秀》,这部分主要是阐述写作经验,是为'剖情析采'。第四部分计划写《指瑕》《养气》《附会》《总术》《时序》《物色》《才略》《知音》《程器》。主要是谈文学鉴赏方面的问题。《序志》可以说是一篇总序,叙述自己著书论文的志愿。"

僧祐听了后,很高兴地说:"写吧,写吧。有了这一个'体大虑周'的设想,一定能把这部书写好。这几年你帮助我编了八部佛书,还替我写了那么好的序言,有经验了嘛!写作也就轻车熟路了。"说完之后,僧祐又补充了句,"写作过程中有什么困难再同我说,保证你衣食住行没有问题。"

刘勰听了以后，很高兴，觉得师父真是他的坚强后盾，感激地点头说："谢谢师父！"

## 二、原道并非原佛道

僧祐成了刘勰写作的指导。

几天以后，僧祐得暇，又到刘勰的房里来，说道："我看了你的写作提纲，可谓'体大虑周'。今天有时间，我可以同你一篇一篇地进行讨论。"

刘勰说："我这还是初稿，师父提出指导意见，我还可以修改。"

僧祐便很风趣地说："我见你的第一篇文章就叫《原道》，我们今天就坐下来讨论讨论你这个道。佛家有句禅语'坐而论道'，我们师徒俩在一起'坐而论道'好不好？"

刘勰说："好，好，我们今天就'坐而论道'，请师父对我的文章加以指教。"

僧祐问道："彦和，我想问你，为什么全书开篇就写《原道》，这样安排有什么讲究吗？"

"我这样安排确实是有考虑的。我在《序志》篇里开宗明义就讲道：'盖文心之作也，本乎道，师乎圣，体乎经，酌乎纬，变乎骚，文之枢纽，亦云极矣。'我把前五篇作为'文之枢纽'，也就是把它作为纲领来论述的。"

僧祐点点头，说："呵，《原道》，《原道》是枢纽。那你讲一讲你是怎样理解原道是'文之枢纽'的？"

刘勰从僧祐手中接过他的《原道》篇，边看边说："好吧，我来谈谈我的看法。我在文章开头是这样写的，'文之为德也大矣，与天地并生者何哉！夫玄黄色杂，方圆体分，日月叠璧，以垂丽天之象；山川焕绮，以铺理地之形；此盖道之文也。仰观吐曜，俯察含章，高卑定位，故两仪既生矣。惟人参之，性灵所钟，是谓三才。（人）为五行之秀，实天地之心，心生而言立，言立而文明，自然之道也。傍及万品，动植皆文：龙凤以藻绘呈瑞，虎豹以炳蔚凝姿；云霞雕色，有逾画工之妙；草木贲华，无待锦匠之奇；夫岂外饰，盖自然耳。至于林籁结响，调如竽瑟；泉石激韵，和若球锽；故形立则章成矣，声发则文生矣。夫以无识之物，郁然有彩，有心之器，其无文欤！'"

刘勰念完这段之后，解释说："我在这里把文学的来历讲了讲，目的是为了说明我为什么'本乎道，师乎圣，体乎经，酌乎纬，变乎骚'的道理，不知道这几句把'文之枢纽'说清楚了没有？"

僧祐听了刘勰的解释，问道："你这段话说万事万物是道所生的。那么我问你，这个'道'究竟包含着哪些内容呢？"

刘勰听了僧祐的问话，用专注的眼神望了望师父。稍停了一下，便解释说："我在《文心雕龙》中把'原道'作为为文之纲领，意思是说，'文'的意义是很重大的，是和天地一起生存着的。因为有了天地就有黑色和黄色的不同，有了圆形和方形的分别，日月像重叠的璧玉显示天上的壮丽景象，山川像锦绣展示出地上的形象。这是'道'所显示出来的文采。"

刘勰接着解释说："从自然现象来说，'道'是一种'自然之道'。我在《原道》篇里进一步说到向上看到日月的光耀，向下看到山河的文采，天地确定了高低的位置，便构成了天地宇宙。后来出现了人类，有了性灵，是天地之核心。人有了思想活动就产生语言，语言之运用就出现了文章，这是自然的道理。旁及到万事万物，动物植物皆有文采。龙和凤以其美观的鳞羽而显现出瑞气，虎和豹以其闪光的皮毛而现出特殊的姿态。云霞的色彩胜过画工点染，草木的花卉无需花匠去加工修饰，这是自然而然形成的。风吹林木发出的响声就像竽瑟的音调，滴泉于石上发出的音节就像击磬打钟。所以有形体就会有文采，发出声音就有节奏。这些没有意识的事物都有浓郁的文采，那些有思想的人哪能没有文章呢？"

僧祐用心在听刘勰，不断地点头。他进一步问道："彦和，这个原道的思想出自哪里？与我们佛家所讲的'道'有联系吗？"

"我这里所讲的'道'与道家之'道'有些关系。道的说法我是从古书上借用过来的。《淮南子》里有《原道训》：'原，本也。本道根真，包裹天地，以历万物，故曰原道。'我就把它发挥成这样的看法：'心生而言立，言立而文明，自然之道也''夫岂外饰，盖自然耳''故知道沿圣以垂文，圣因文而明道'。我说的'道'就是'自然之道'的意思。"

刘勰补充说："我这个'道'和老子《道德经》里'有物混成，先天地生……吾不知其名，字之曰道'那个'道'含义相似。老子的'道'是无限大的混茫之物，天地万物是由这个'道'派生的，人也是由'道'这个物派生的。我根据老子的说法，做了一些发挥，认为在天地万物之先存在着一个混茫之物，天地间的万物，无论那像圆玉般的日月，或者那像锦绣般的山川，都是'道'的文采。而'文'也是和天地并生的。因此，我的'道'是天地万物之先的一种'混茫之物'。"

僧祐听了刘勰的解释，又反问道："彦和，你这篇'原道'与佛道有关系吗？"

刘勰直截了当地回答说："我这里说的'道'，不是佛家之道，与佛家的'道'没有多大关系。当然儒道与佛道有联系，只是说法不同而已。我在一篇文章中说过，'至道宗极，理归乎一。妙法真境，本固无二。佛之至也，则空玄无形，而万象并应；寂灭无心，而玄智弥照。幽数潜会，莫见其极。冥功日用，靡识其然。但言万象既生，假名遂立。梵言菩提，汉语曰道。'汉语中的'道'与佛语中的'菩提'是一个内容。我在《文心雕龙》中阐述的是儒家思想，而不是佛家思想。所以我的原道是原儒家之道，而不是原佛家之道。"

刘勰唯恐自己没有说清楚，又做了一些解释："我在这篇文章里，再三说到'道'，不外乎有两个原因：一是说明'道'是至高无上的，儒家圣人都要按照'道'去行事。所以我强调从伏羲氏到孔夫子'莫不原道心以敷章，研神理而设教'，圣人只有本于'自然之道'，才能写成文章，完成教化作用。圣人的著作也是一种'道之文'。二是说明'道'与'圣'有密切的关系。'道沿圣以垂文，圣因文而明道，旁通而无滞，日用而不匮'。'道'要依靠圣人来表达在文章里，圣人通过文章来阐明'道'，这样就可以通行无阻，天天都用不完。圣人的文辞之所以能鼓动天下，就是因符合'自然之道'。所以'道'与'圣'也是分不开的。"

僧祐听了刘勰反复的解释，点点头，表示赞同他的说法。

## 三、《征圣》《宗经》与《正纬》

僧祐和刘勰"坐而论道"，兴致越来越浓。刘勰再三解释他讲的道不是佛道而是儒道。于是他们又把话题转到了"儒道"上来。

僧祐问道："根据你的解释，你在《文心雕龙》里说的'道'，与佛教的'道'是没有多大关系的哟！"

"是的，我这里讲的是自然之道，与佛道没有多大关系。但与儒家之道有许多联系。我在《征圣》《宗经》两篇文章里写过：'爰自风姓，暨于孔氏，玄圣创典，素王述训，莫不原道心以敷章，研神理而设教……故知道沿圣以垂文，圣因文而明道，旁通而无滞，日用而不匮。易曰：鼓天下之动者存乎辞。辞之所以能鼓天下者，乃道之文也。'这就是说，道要靠圣人写成文章。圣人要靠这个文章来明道。道只有与圣人联系起来才有意义。"

僧祐听后不太明白，便问刘勰："你在写完《原道》之后，接着写一篇《征圣》，是为了说明你所说的'道'与儒家之道的联系吗？"

"是的。我在写了《原道》之后，接着写《征圣》《宗经》，是为了贯彻我的《原道》的主张，进一步把'文之枢纽'讲清楚。我在这篇文章中是这样写的：'夫作者曰圣，述者曰明。陶铸性情，功在上哲。夫子文章，可得而闻，则圣人之情，见乎（文）辞矣。先王圣化，布在方册，夫子风采，溢于格言；是以远称唐世，则焕乎为盛；近褒周代，则郁哉可从：此政化贵文之征也。郑伯入陈，以文辞为功；宋置折俎，以多文举礼：此事绩贵文之征也。褒美子产，则云'言以足志，文以足言'；泛论君子，则云'情欲信，辞欲巧'：此修身贵文之征也。然则志足而言文，情信而辞巧，乃含章之玉牒，秉文之金科矣。'道与圣、与经是不可分的，我觉得要写出好文章就必须要征圣、宗经。"

僧祐听后追问一句："你说征圣、宗经很重要，我想问：你征的是什么圣，宗的是什么经？"

刘勰明确地回答说："师父您是知道的，我从小研习儒学，受儒家思想教育很深，周公孔子是我心中的圣人，我征的当然是周公孔子这样的'圣'，宗的是儒家孔门学派经学家们的儒经啰！"

僧祐同刘勰"坐而论道"谈得很深入，对"道"，对"圣"和"经"都谈得很深入。为了更准确地理解《文心雕龙》的内涵，我们可以做这样的解读吗？

春秋战国时期，儒、墨、道三大学派都公开发表自己不同的政治思想主张。道家和法家的所谓"黄老刑名之学"，主张对人民实行绝对的压迫。墨家主张实行"兼爱非攻"。而儒家则主张用"礼"来教导人们，用"仁"来节制对人民的剥削，借以缓和社会矛盾。儒家学说比道、墨两家较为接近社会的实际，因之它成为汉以后长期封建社会的指导思想。

儒家学说从它的总目标上说是为封建统治阶级服务的。但一些忠实于儒家学说的儒者，常为人民发出诉疾苦申冤抑的呼声，也常为人民做一些去祸消灾的事情，有时甚至不惜以破家杀身对君主犯颜直谏要求改善政治。他们深知"民惟邦本，本固邦宁"的意义，为爱邦而爱及邦本，有的也就真诚地成为人民的同情者和代言人。儒学在汉代盛极一时，但到了魏晋则明显呈现出衰微的状态。特别是后来加进阴阳五行学说和谶纬符命的怪论，儒家学说逐渐失去它的威信。汉代有些头脑清醒的知识分子，如桓谭、张衡、王充等人都起来反对当时流行的充满迷信的谶纬学说。魏晋南北朝时期政治动乱,大批知名文士如孔融、祢衡、杨修、丁仪、丁廙、何晏、嵇康、张华、石崇、陆机、陆云、潘岳、刘琨、郭璞等被统治者杀害,因此,知识分子多转向逃避现实,或寄情酒色山水,或空谈佛道,或隐逸田园。在这种政治气氛下,老庄哲学开始复活。老庄哲学适应那种要求清净、逍遥、自由、平等的思想。这些思想适应那种回到原始无争的自然状态和逍遥自在的生活的追求。于是社会上谈玄之风日盛,逃避现实的倾向也越来越严重。许多文士开始反对儒家的传统道德和礼教,追求那种反制度、反束缚的自由旷达的生活。

儒道的衰微和庄老哲学的盛行,谈玄之风日炽,对于魏晋以后的文学倾向也产生很大的影响。这一时期的文学大都具有玄虚的倾向,某些作品具有神秘虚无的色彩和极端消极的情绪。当时文学发展的突出特点是形式主义的盛行,诗歌、骈文和辞赋都向形式主义方向发展,特别是南朝文学,华艳淫靡的文风盛行起来。由于荒淫的君主贵族掌握了文学的领导权,他们极力提倡靡艳之风,再加上一些舞文弄墨的士族子弟的推波助澜,因而那些夸辞艳藻无病呻吟的形式主义作品也就泛滥起来。

刘勰敢于在著作中明确反对魏晋六朝的玄风和形式主义的文风,最根本最深刻的原因,还是儒家思想对他的影响。所以刘勰对六朝以后儒家思想影响的减弱甚至走向衰微很不满意,认为世风日下与儒学的衰微有直接关系。所以他首标"原道"就是要高举儒家的思想旗帜,为儒道而呐喊。

刘勰认为,只有儒家思想才能挽狂澜于即倒,因而要从儒家学说中寻找思想武器同当时腐败的社会歪风和不正的文风做斗争。

刘勰精通佛理,但不宣传佛教。他认为只有儒家的思想才能作为他的武器,很有必要重申儒学的地位,加强儒学对文学的思想指导。于是他在《文心雕龙》的《征圣》篇里提出了"政化贵文"、"事绩贵文"、"修身贵文"的观点。他认为,这是他纠正世风和文风的三个有力的武器。

刘勰说的"政化贵文",是说古代圣王教导人们要重视人文教化的重要性。孔子称赞过遥远的唐尧盛世的文化兴旺发达,表扬过周代文化丰富多彩说值得学习。刘勰认为这都是"政化贵文"的结果。

刘勰说的"事绩贵文",是说春秋时期许多士大夫在外交场合通过朗诵诗章来表达自己的观感和愿望。他们用这种形式来酬谢宾客表示敬意,都显示出他们能说会道的才华,都是通过写文章来建立功业的。从春秋时候起,许多知识分子都用文采辞令在政治、外交、文化各方面建立了功业。他认为,这是"事绩贵文"的表现。

至于说"修身贵文",刘勰认为文章作者不仅用语言来表达自己的思想,而且要把语言修饰得很富有文采。情感应该真挚,文辞应该巧妙。可以说文章对一个人的品德修行非常重要。就是说,内容与形式统一起来才能达到预期的效果。

刘勰在《文心雕龙》中强调,写文章一定要"体乎经",就是以孔夫子的"经"为立文之本,要树立德行声誉都要效法圣人。他说,"故文能宗经,体有六义:一则情深而不诡,二则风清而不杂,三则事信而不诞,四则义直而不回,五则体约而不芜,六则文丽而不淫,扬子比雕玉以作器,谓《五经》之含文也。""夫文以行立,行以文传,四教所先,符采相济,励德树声,莫不师圣,而建言修辞,鲜克宗经。"就是强调"宗经"的重要性。刘勰的"征圣"和"宗经"都是贯彻儒家之道的最基本的要求。

刘勰还强调,写文章原儒家之道,行征圣、宗经之实,还有一个重要环节就是需要"正纬"。刘勰在《正纬》篇里写道:"夫神道阐幽,天命微显,马龙出而大《易》兴,神龟见而《洪范》耀。故《系辞》称:'河出图,洛出书,圣人则之',斯之谓也。但世夐文隐,好生矫诞,真虽存矣,伪亦凭焉。夫六经彪炳,而纬候稠叠;《孝》《论》昭晰,而钩谶葳蕤。按经验纬,其伪有四:盖纬之成经,其犹织综,丝麻不杂,布帛乃成;今经正纬奇,倍摘千里,其伪一矣。经显,圣训也;纬隐,神教也。圣训宜广,神教宜约,而今纬多于经,神理更繁,其伪二矣。有命自天,乃称符谶,而八十一篇皆托于孔子,则是尧造绿图,昌制丹书,其伪三矣。商周以前,图箓频见,春秋之末,群经方备,先纬后经,体乖织综，其伪四矣。伪既倍摘，则义异自明，经足训矣，纬何豫焉？"在这里刘勰分析了"纬"与"经"的四点不同，从而强调"正纬"的必要性。

刘勰还强调，文要"原道"，要"宗经"，要"征圣"，就必须"正纬"。因为社会上流传的"纬书"是假托经义来讲瑞应的书，它宣传"天人感应"的神学迷信思想，把经学神秘化了。如把有关《诗》《书》《礼》《乐》《易》《春秋》《孝经》的纬书，总称"七纬"。他认为，这种专讲瑞应的纬书是经书的发展，但不是儒学的正统。

刘勰写《正纬》的初衷是谶纬学说复杂化以后，他要把"纬书"与"谶纬"学说加以甄别、澄清。他认为儒家的六经充满着光彩，而纬书却十分烦琐。比如，《孝经》《论语》这些儒书非常清晰，而解说《孝经》《论语》的纬书却十分杂乱。刘勰根据经书来检验纬书，从四个方面证明纬书是伪托的，加以批判，但他对于儒家经典中讲过的《河图》《洛书》之类却没有加以指责。刘勰要"正纬"，目的还是为了"宗经"。

## 四、文之枢纽要"辨骚"

僧祐同刘勰还专门讨论了"辨骚"这篇文章。

刘勰在写了《原道》《征圣》《宗经》《正纬》之后，还要专门写一篇《辨骚》，而且还把它看作是"文之枢纽"。

僧祐问道："彦和，你为什么还专门写了'辨骚'而且作为'文之枢纽'呢？"

刘勰解释说："我不得不写一篇《辨骚》，还是为了宗经。"

刘勰怎么"辨"呢？他以屈原的作品为例，辨别屈原的作品哪些是同乎经典的，哪些是异乎经典的。

刘勰在《辨骚》中是这样写的："自《风》《雅》寝声，莫或抽绪，奇文郁起，其《离骚》哉！固已轩翥诗人之后，奋飞辞家之前，岂去圣之未远，而楚人之多才乎！昔汉武爱《骚》，而淮南作传，以为：'《国风》好色而不淫，《小雅》怨诽而不乱，若《离骚》者，可谓兼之。'"刘勰认为屈原的《骚》赋，同儒家的经典相比，有四同四不同。"故其陈尧舜之耿介，称汤武之祗敬，典诰之体也；讥桀纣之猖披，伤羿浇之颠陨，规讽之旨也；虬龙以喻君子，云蜺以譬谗邪，比兴之义也；每一顾而掩涕，叹君门之九重，忠怨之辞也；观兹四事，同于《风》《雅》者也。至于托云龙，说迂怪，丰隆求宓妃，鸩鸟媒娀女，诡异之辞也；康回倾地，夷羿彃日，木夫九首，土伯三目，谲怪之谈也；依彭咸之遗则，从子胥以自适，狷狭之志也；士女杂坐，乱而不分，指以为乐，娱酒不废，沉湎日夜，举以为欢，荒淫之意也：摘此四事，异乎经典者也。故论其典诰则如彼，语其夸诞则如此。固知《楚辞》者，体慢于三代，而风雅于战国，乃《雅》《颂》之博徒，而词赋之英杰也。……故能气往轹古，辞来切今，惊采绝艳，难与并能矣。"

僧祐听了刘勰的阐述，赞扬说："你辨得好，把屈原的骚赋同儒家经典比较，分为四同四不同，对端正文风非常重要。"

刘勰回答道："是的，我指出屈原辞赋与经典风雅作品的四同四不同，不只评论屈原，实际上是批评齐梁文风的。"是的，刘勰批评屈原与风雅之不同，不正是批评齐梁以来的文学现状吗？

经刘勰的解释，僧祐理解了，刘勰之所以要把《辨骚》放在《文心雕龙》"文之枢纽"里来论述，是因为骚体文学具有承前启后的作用，许多文体都是从《骚》体中发展变化而来的。屈原的《离骚》是"轩翥诗人之后，奋飞辞家之前"的优秀作品，它"取熔经意，自铸伟辞"，有同于风雅的一面。但他的赋里的诡异之辞、谲怪之谈、狷狭之志、荒淫之意，这是它有异乎经典的一面。刘勰提倡文要"宗经""征圣"，而"骚"体文学具备了"宗经""征圣"的一面，又有违背这一主张的一面，他要通过"辨"来进一步阐明自己的文学宗旨。

今天看来，刘勰对屈原的批判是有偏颇的，他否定屈原的"诡异之辞"、"谲怪之谈"、"狷狭之志"等等，正表现出刘勰理论的局限性。

僧祐和刘勰这次"坐而论道"，讨论了《文心雕龙》的前五篇，又听了刘勰的解释，觉得写得很好。僧祐在告别时对刘勰说："等你写出后面一些篇章我再来，我们继续'坐而论道'。"

刘勰感激地向僧祐作揖："谢谢师父指教，我等着您哩！"

## 五、诗词歌赋具特色

秋来暑往，时间过得很快。刘勰在灰暗的灯光下又忙碌了一年，写出了"论文叙笔"的二十篇文章。刘勰很想得到师父的指教，把这些新写的文章送到僧祐手上。

僧祐说："等我看完以后，我们专门约个时间继续坐而论道。"

刘勰说："我恭候师父来指教。"

僧祐得闲，又到了刘勰的居所里。

僧祐一进刘勰的房门，看见四处墙壁上挂满了写得密密麻麻的小布条，就像定林寺大殿前挂着的经幡那样。

僧祐发现这个怪现象，便问道："彦和，你墙上挂的那些布条是干什么用的？"

刘勰赶忙解释道："呵，师父，我这些布条是为写《文心雕龙》的'论文叙笔'做的一些笔记。我分门别类地把同一类内容的字布条编串成一组挂在墙上，以便写文章时查找。"

这里需要解释一下，古时候的人写文章没有"卡片"，挂在墙上的带字布条，大概就是刘勰的"卡片"吧。

刘勰是做大学问的，他知道要综合评论某一类文体就需要做大量的排列组合工作，也就是做各种整合。正如他在《序志》篇里所说的"夫铨序一文为易，弥纶群言为难，虽复轻采毛发，深极骨髓；或有曲意密源，似近而远，辞所不载，亦不胜数矣"。刘勰写这些内容布条就是把自己准备的材料，进行梳理。

刘勰为了写好他的"论文叙笔"这组文章，把历史上出现的各种文体分为两大类：一类是"有韵之文"；一类是"无韵之笔"。刘勰所谓的"有韵之文"，指的是诗歌、乐府、辞赋、颂赞、祝盟、铭箴、诔碑、哀吊、杂文、谐隐；他所说的"无韵之笔"，指的是史传、诸子、论说、诏策、檄移、封禅、章表、奏启、议对和书记。刘勰所论及的范围，过去总称"文章"。但用今天的观念来分类，他所说的"有韵之文"或"无韵之笔"，有的是今天所说的"文学"，有的则与"文学"没有多大关系，如诔碑、章表、奏启等，今天的读者不必过细地去考察了。

这一天，僧祐和刘勰开始讨论"论文叙笔"的文体。他们首先讨论了"诗"。

僧祐先提出问题。他说："彦和，我想问，你写'论文叙笔'的第一篇文章是《明诗》，你如何看待中国的'诗'呢？"

刘勰对中国的诗歌甚有研究，听到师父的提问，立即回答说："我觉得诗是中国最早出现的文体，所以谈文体要先论诗。我的《明诗》想把诗歌的起源和特点说清楚，因而文章开头就这样写：'大舜云：诗言志，歌咏言，圣谟所析，义已明矣。是以在心为志，发言为诗，舒文载实，其在兹乎？诗者，持也，持人情性；三百之蔽，义归无邪，持之为训，有符焉尔。人禀七情，应物斯感，感物吟志，莫非自然。'我认为，诗的最大特色是'持人情性'，也就是表现人的感情。不知道说清楚了没有？"

僧祐点点头，说："说清楚了，说清楚了。我赞成你的说法。你提到《尚书》里说'诗言志，歌咏言'。《诗大序》里说'诗者，志之所之也。在心为志，发言为诗'。这些都说明诗歌是人的情志和感情的表达，你所说的就是这个意思吧！"

刘勰回答说："是的。所以我在《明诗》里举了些例子来说明。过去葛天氏的《玄鸟》中就有'理不空绮'的说法。后来黄帝的《云门》，尧帝的《大章》，舜帝的《南风》，大禹的《九序》，太康氏的《五子之歌》，商周的《雅》《颂》，春秋时的酬酢宾客之辞，直到楚国的《骚》赋，秦始皇的《仙诗》，汉时韦孟的四言，李陵的《与苏武诗》，班婕妤的《怨歌行》，汉代《古诗十九首》《孤竹》，张衡的《怨诗》，曹丕、曹植、王粲、徐幹、应场、刘桢、何晏等的'五言诗'，嵇康、阮籍的诗，从当时诗坛的'三张、两潘、二陆、一左'到郭璞的《游仙诗》，这些诗'顺美匡恶''匡谏之义''慷慨任气''磊落使才'对后世的诗歌都有很好的影响。我举这些例子是为了说明诗歌的起源和发展。"

僧祐说："你说得对，你举的这些古时候的诗，都有顺美匡恶的匡谏之义，但到了后来就变了。你对魏晋六朝以至当今的诗歌怎么看？"

刘勰颇为激动地说："在《明诗》篇里，我对魏晋六朝以至当今的诗歌是区别对待的。我肯定了一些好的诗歌，但对那些不表现真情实感专讲形式的东西是不赞成的。我对那些'俪采百字之偶，争价一句之奇'只讲形式的诗歌是批评的。"

僧祐说："我已读过你的《明诗》篇了，很赞同你所表述的观点。你的诗论很精辟！"

刘勰点点头，对师父的指教表示感谢。


接下来，僧祐与刘勰对乐府和辞赋这两种文体进行了交谈。

僧祐从刘勰给他的一摞书稿中捡出两篇，说："我看了你的《乐府》和《诠赋》，觉得这两篇也写得很好。看来你对乐府和赋都有很深的研究！"

刘勰谦恭地说："师父过奖了。其实，我说不上有很深的研究。我的很多看法也是读了古今名人的文章，从中得到启发的。我最近读了沈约的《谢灵运传论》，沈大人对诗歌的分析就很深刻。他说：'民禀天地之灵，含五常之德，刚柔迭用，喜愠分情，夫志动于中，则歌咏外发，六义所因，四始攸系，升降讴谣，纷披风什，虽虞夏以前，遗文不睹，禀气怀灵，理或无异，然则歌咏所兴，宜自生民始也。周室既衰，风流弥著，屈平宋玉导清源于前，贾谊相如振芳尘于后，英辞润金石，高义薄云天。自兹以降，情志愈广，王褒、刘向、扬、班、崔、蔡之徒，异轨同奔，递相师祖，虽清辞丽曲，时发乎篇，而芜音累气，固亦多矣。'"

刘勰说："沈大人的这些叙述，可以看作是一部简要的诗歌史。沈大人在《答陆厥书》里所说的，'宫商之声有五，文字之别累万，以累万之繁，配五声之约，高下低昂，非思力所学，又非止若斯而已也。十字之文，颠倒相配，字不过十，巧历已不能尽，何况复过于此者乎。'他的这些文字，虽是给朋友的书信，其实也是一篇很好的诗歌评论。"

僧祐听刘勰背诵这两段文字，几乎一字不漏，一句不错，便赞美道："彦和你记性真好！"

刘勰解释说："沈大人在这篇文章中，对曹氏父子、仲宣、潘陆诸诗人的评价我都很赞同，所以我在《文心雕龙》中吸收了沈大人的很多看法，这部书的写成也要感谢沈大人理论的启发呀！"

僧祐觉得刘勰《明诗》中对诗的评论已经很周全了，便着重谈《乐府》和《诠赋》两篇文章。说道："彦和，说说你对乐府和赋的看法吧！"

刘勰对"乐府"和"赋"都很有研究。首先说起他对乐府的看法。

刘勰说："我认为乐府与诗是相近的文体，乐府是配了音乐的诗。所以，我在《乐府》篇里，开头就写道：'乐府者，声依永，律和声也。钧天九奏，暨其上帝；葛天八阕，爰乃皇时。自咸英以降，亦无得而论矣。……匹夫庶妇，讴吟土风，诗官采言，乐盲被律，志感丝篁，气变金石。是以师旷觇风于盛衰，季札鉴微于兴废，精之至也。'接着我还写了：'故知诗为乐心，声为乐体；乐体在声，瞽师务调其器；乐心在诗，君子宜正其文。好乐无荒，晋风所以称远；伊其相谑，郑国所以云亡。故知季札观辞，不直听声而已。'我认为乐府就是配上管弦的诗歌。"

僧祐赞扬说："你谈乐府这两段文字都写得很好，很值得细细阅读啊！"

刘勰对僧祐还谈了他对乐府文体的看法。刘勰的见解很精辟。为了进一步了解他的观点，我们可以做这样的解读：

第一，刘勰论述诗歌音乐的起源时强调诗和乐都起源于古代人的劳动。刘勰在《乐府》中引用了《尚书·尧典》中的观点。《尧典》说：

"帝曰:'夔'！命汝典乐教胄子，直而温，宽而栗，刚而无虐，简而无傲。诗言志，歌咏言，声依永，律和声，八音克谐，无相夺伦，神人以和。'夔'曰:'于！予击石拊石，百兽率舞。'"这段话记录了当时把诗、乐、舞作为教育贵族子弟，使他们具有"直而温，宽而栗，刚而无虐，简而无傲"的品德而使用的教育手段。刘勰论诗、论乐都引用过《尧典》中的这段话中的观点。刘勰还吸收了孔子论乐的观点:"兴于诗，立于礼，成于乐。"(《论语·泰伯》)把诗、礼、乐三者联系起来，形成了儒家"温柔敦厚"的儒教、乐教。刘勰受到儒家这种诗乐观的影响，从而形成了他的独特的儒家的音乐史观。

第二，刘勰坚守儒家的观点，提倡"古乐"排斥"新声"，主张"雅乐"反对"郑声"，具有复古的倾向。不过，刘勰的复古的诗歌音乐思想与"阴阳五行"家们的复古音乐观点是不同的。汉代的今文经学家们把"诗"与"乐"同阴阳五行学说及谶纬神学结合起来。董仲舒在《春秋繁露》中认为音乐也要"应天""顺人"，结果使音乐濒临于绝境。魏晋时代嵇康写了《声无哀乐论》，力图突破董仲舒的阴阳五行的观点，却又陷入了形式主义的泥潭。刘勰反对嵇康的唯美主义观点，重新提倡儒家的诗乐观，却不免也陷入儒家复古的保守倾向。刘勰在《乐府》里对于汉代祭祀祖先的《桂华》《赤雁》都加以批评，说"桂华杂曲，丽而不经;赤雁群篇，靡而非典"。从中可以看出刘勰对于民间的音乐是持反对态度的。

第三，刘勰论述了诗与乐的关系。刘勰精通诗学，也精通乐律，所以对"诗"和"乐"的关系的论说非常精当。他说:"诗为乐心，声为乐体;乐体在声，瞽师务调其器;乐心在诗，君子宜正其文。"刘勰从儒家诗乐理论观点出发，对南朝的艳歌淫曲进行了尖锐的批评:"若夫艳歌婉娈，怨志诀绝，淫辞在曲，正响焉生? 然俗听飞驰，职竞新异;雅咏温恭，必欠伸鱼睨;奇辞切至，则拊髀雀跃。诗声俱郑，自此阶矣。"刘勰所谓的"淫辞在曲，正响焉生""诗声俱郑，自此阶矣"，都是站在儒家的思想立场上，对齐梁时期诗乐的一种批评和否定，具有一定局限性。但他把诗歌与音乐联系起来，继承了汉魏以来的诗乐理论，对开启唐代的诗乐理论是有推动作用的。

僧祐称赞道："你的诗歌理论很有特色，值得后人借鉴。"

刘勰很感谢僧祐对他诗歌理论的赞同，说："谢谢师父。"

僧祐和刘勰结束对诗歌的讨论之后，接着讨论了"赋"这种文体。

僧祐看了刘勰的《诠赋》这篇文稿之后，问道："彦和，你在论述'文之枢纽'时已经写了《辨骚》，把屈原的辞赋都讲得很清楚了，为什么在论文叙笔时，又还要写一篇《诠赋》呢？"

刘勰回答说："'赋'不同于'骚'，它是一种独立的文体，有它的不同特性，所以在《辨骚》之外我写了《诠赋》，对赋进行专门诠释。"

刘勰接着说："我在《诠赋》中写了这样一段话：'诗有六义，其二曰赋，赋者，铺也，铺采摛文，体物写志也。'我的意思是说，《诗经》里有所谓'六义'，就是风、雅、颂、赋、比、兴。'赋'这种文体来自《诗经》的'赋'义，但同'诗'又有所不同。诗赋之不同在于，'赋'是以铺张的手法描写事物，赋在描写外物抒发内心时都是'铺采摛文'的，是铺张的描写，有较为浓重的文学色彩。我对曹丕的所谓'诗赋欲丽'，陆机的'赋体物而浏亮'和挚虞的'赋者，假用称辞，敷陈其志'这些观点我是赞成的。"

僧祐听后点点头，表示赞同，说："你的《诠赋》确实是篇好文章，把赋的源流变化，把赋的特点都讲清楚了。"

刘勰对"赋"的论述也很精辟，我们可以做这样的解读：

第一，刘勰比较翔实地论述了赋的源流变化。他说："秦世不文，颇有杂赋。汉初词人，顺流而作，陆贾扣其端，贾谊振其绪，枚马播其风，王扬骋其势。皋朔已下，品物毕图。繁积于宣时，校阅于成世，进御之赋千有余首，讨其源流，信兴楚而盛汉矣。"（《诠赋》）刘勰所说的大意是：秦朝不重视文学，但有几篇杂赋。汉初文人顺着辞赋的潮流，由陆贾开始，继贾谊之后，枚乘司马相如扩展这种风气，王褒扬雄又发扬了它的气势，枚皋东方朔等人什么事物都加以描绘。所以汉宣帝时就有很多人献赋，赋的作品多了起来。到了汉成帝时进行校订，献到宫廷里的赋就有千多篇了。追源溯流，探讨赋的源流，可以确认它是兴起于楚国而繁荣于汉代的。

第二，刘勰认为从屈原的骚赋而演变为铺采摛文的汉赋，再到六朝的骈赋……都是与时代的兴衰息息相关的。魏晋时期政治混乱，思想却很活跃，处于衰落状态的"赋"又开始兴发起来。赋的内容也有拓展。如鲍照作《舞鹤赋》，把飞禽走兽奇花异草风云雪月都写进赋里，刘勰评论说："至于草区禽族，庶品杂类，则触兴致情，因变取会，拟诸形容，则言务纤密；象其物宜，则理贵侧附。斯又小制之区畛，奇巧之机要也。"刘勰这些话是针对六朝时期鲍照之辈的赋体而说的，虽有些微词，但总体上还是肯定赋是在发展着的。

第三，刘勰在《诠赋》中还评论了从西汉到魏晋时期十八位作家及其作品，也很有文学史价值。他对陆贾、贾谊、枚乘、司马相如、扬雄、班固、张衡、王粲、徐幹、左思、潘岳、陆机、成公绥、郭璞、袁宏等都进行了中肯的评述，并用内容和形式相互统一的观点论述作赋的规律。他既强调赋在内容上的"体物写志"，也注意到形式上的"铺彩摛文"，要求"义必明雅"、"辞必巧丽"，这样才能使赋有新的内容和丰富美丽的色彩。

刘勰对"赋"的论述很有意义，深得僧祐的赞同。

# 六、《史传》《诸子》有妙文

僧祐忙于寺院的公务，上次在讨论到乐府和诠赋的时候，因公务而暂停了下来。大约过了半个月，僧祐又来到刘勰的住处。僧祐风趣地说："我们继续'坐而论道'吧！"于是，他们又进行史传文学和诸子百家的文体的讨论。

僧祐说："你关于赋的论述很全面，而且有精到的见解。除此之外，你为什么涉及那么多文体？"

刘勰解释说："我对'有韵之文'如诗歌、骚赋等一类作品的创作规律都做过论述。我认为史传、诸子、论说、诏策、檄移、封禅、章表、奏启、议对、书记这些'无韵之笔'也很重要，论文体不能不把这些文体讲清楚。"

僧祐说："我对你论'无韵之笔'的文章，最感兴趣的是《史传》，你能否谈谈对'史传'这种文体的看法？"

刘勰解释说："有一点需要向师父说明，我写的《史传》篇，论述的问题主要是历史，而不是作为'无韵之笔'的史传文学。我是想探讨史官的最初建置与职守，叙述史书的源流派别及其得失，议论撰写史书的功用目的和态度等等。这些内容，对于我们研究历史，研究史学史都是有价值的。"

刘勰对于"史传"的论述，内容丰富，观点深刻。我们可以做这样的解读：

第一，刘勰对"史传"的定义和来源做了精确的叙述。他认为这种文体主要取决于"史传"职能本身，所以他在《史传》中这样写道："史者，使也。执笔左右，使之记也。古者，左史记事者，右史记言者……传者，转也。转受经旨，以授于后，实圣文之羽翮，记籍之冠冕也。"刘勰认为历史本身很复杂。写《史传》主要是记事记言，做起来有许多困难："然纪传为式，编年缀事，文非泛论，按实而书，岁远则同异难密，事积则起讫易疏，斯固总会之为难也。或有同归一事，而数人分功，两记则失于复重，偏举则病于不周，此又铨配之未易也。……"刘勰认为写《史传》存在的困难主要在于历史久远了，史传应"按实而书"，记录真实的东西就有很多困难。但是一个正直的历史学家应该像"农夫见莠，其必锄也"一样，做到"奸慝惩戒，实良史之直笔"。

第二，刘勰认为"史传文学"的创作，应该尊重历史，又富有文采，即所谓"比尧称典""法孔题经"。刘勰以司马迁为例进行分析，他认为司马迁早年游踪遍及全国，到处考察风俗，采集传说。他的《史记》是真实的，尊重历史的；同时也富有文采。《史记》对许多历史人物的叙述，形象鲜明，语言生动，成为不朽的文学名篇。司马迁在中国史学史和文学史上具有极高的地位，是我国史传文学的奠基人。

刘勰对司马迁有褒有贬。他说："汉灭嬴项，武功积年，陆贾稽古，作楚汉春秋。爰及太史谈，世惟执简；子长继志，甄序帝勣。比尧称典，则位杂中贤；法孔题经，则文非玄圣。故取式吕览，通号曰纪。纪纲之号，亦宏称也。故本纪以述皇王，列传以总侯伯，八书以铺政体，十表以谱年爵，虽殊古式，而得事序焉，尔其实录无隐之旨，博雅弘辩之才，爰奇反经之尤，条例踳落之失，叔皮论之详矣。"（《史传》）他认为司马迁的史学观都是从班彪（班叔皮）那里继承来的。班彪在《〈史记〉论》里说："（司马迁）采左氏《国语》，删《世本》《战国策》，据楚汉列国时事，上自黄帝，下讫获麟。作本纪世家列传书表凡百三十篇，而十篇缺焉。迁之所记，从汉元至武以绝，则其功也。至于采经摭传、分散百家之事，甚多疏略，不如其本，务欲以多闻广载为功，论议浅而不笃。其论学术，则崇黄老而薄五经；序货殖，则轻仁义而羞贫贱，道游侠，则贱守节而贵俗功；其此大敝伤道，所以遇极刑之咎也。然善述序事理，辩而不华，质而不野，文质相称，盖良史才也。"（《后汉书·班彪传》）班彪批评司马迁"薄五经""轻仁义""贱守节""大敝伤道"。刘勰论述史传文学时，是完全赞成班彪的观点的。

第三，刘勰认为评价史传文学应坚持文质并重的原则，坚持内容和形式统一的标准。还是以司马迁为例。他一方面推崇司马迁的才华和文学成就，认为他具有"博雅弘辩之才"；另一方面又批评他"大敝伤道""薄五经""轻仁义""贱守节"，从而遭至宫刑。这一点颇有偏见。但刘勰对于司马迁的书信却也很称赞，说："观史迁之报任安……志气盘桓，各含殊采；并杼轴乎尺素，抑扬乎寸心。"他认为《报任少卿书》"志气盘桓"，在文辞表现上具有的独特的美的光彩。

刘勰在《史传》篇中肯定《史记》用文学笔法刻画多种多样的性格

和人物面貌，使各个人物神形兼备，个性鲜明，这又是不能忽视的。

僧祐和刘勰在讨论了"史传"之后，又专门讨论了《诸子》。

僧祐问道："你为什么要单独写文章研究'诸子'？"

刘勰回答说："这很重要。'诸子'是中国春秋时代的特殊现象，诸子百家所写的文章构成一种独特的文体，所以我在论文叙笔时就专门写了一篇文章叫《诸子》。

"我在这篇文章中是这样写的：'诸子者，入道见志之书。太上立德，其次立言，百姓之群居，苦纷杂而莫显；君子之处世，疾名德之不章。惟英才特达，则炳曜垂文，腾其姓氏，悬诸日月焉。昔风后、力牧、伊尹，咸其流也。……逮及七国力政，俊乂蜂起。孟轲膺儒以磬折，庄周述道以翱翔，墨翟执俭确之教，尹文课名实之符，野老治国于地利，驺子养政于天文，申商刀锯以制理，鬼谷唇吻以策勋，尸佼兼总于杂术，青史曲缀以街谈。承流而枝附者，不可胜算。并飞辩以驰术，餍禄而馀荣矣。暨于暴秦烈火，势炎昆冈而烟燎之毒，不及诸子。逮汉成留思，子政雠校；于是《七略》芬菲，九流鳞萃；杀青所编，百有八十余家矣。迄至魏晋，作者间出，谰言兼存，琐语必录；类聚而求，亦充箱照轸矣。'"刘勰唯恐说得不清楚，又对僧祐解释说，"我的意思是：战国时代七雄并起，俊杰之士风起云涌。孟子继承孔子学说对儒家十分崇拜；庄子讲道学奇惠飞腾；墨子坚持俭朴刻苦的教义；尹文子研究名和实的关系；野老用农学治理国家；驺衍谈阴阳五行服务政事；鬼谷子用唇枪舌剑来取得功名；尸佼兼善名家杂术；青史子详记名家的谈论。诸子百家各有支派，他们都能游说诸侯，取得功名利禄。秦始皇烧书，典籍玉石俱焚，但他的毒火没有烧到诸子。到了汉朝汉成帝，留意于诸子之书，刘向奉命加以校订，编写的包括《总论略》《六艺略》《诸子略》《诗赋略》《兵书略》《术数略》《方技略》的《七略》重显芬芳。而从先秦至汉初的学术流派：法、名、墨、儒、道、阴阳、纵横、杂、农，'九流'中群英荟萃。编定他们的书共计一百八十多家。到了魏晋时代，间或有作者问世，但满纸荒唐之言收在其中，车载斗量，就不必多说了。"

僧祐认真地听刘勰解释，不断地点头。听后赞道："你的《诸子》这篇文章写得很精炼，虽然对每一个学派，每一个名家只说一两句，但对春秋战国时期的诸子百家做了生动的描绘，非常有意义。"

刘勰对诸子甚有研究，进一步解释说："《汉书·艺文志》里谈到'凡诸子百八十九家，四千三百二十四篇。诸子十家其可观者，九家而已'。百家之中，儒、道、墨、名、农、阴阳、法、纵横、杂、小说这十家是很有名气的了。诸子百家的著作较有影响的，有儒家的《论语》《孟子》，道家的《老子》《庄子》，儒法兼及的《荀子》，以及法家的《韩非子》。"

僧祐听后，说："我认真看过《诸子》，你这篇文章也有缺点，你忽视了诸子文学的重要方面。在春秋战国时期的'子书'中，有的是很有文学色彩的散文。你把诸子的文分为两大类，一是所谓'纯粹'的，二是所谓'蹖驳'的。这样分类也可以，但你对诸子中许多作品的批评是不对的。你把《列子》移山填海之谈，《淮南子》倾天折地之说，《归藏经》里谈后羿射日嫦娥奔月，都归到'蹖驳'类就有偏颇了。'蹖驳'即错乱的意思。很显然，把《列子》和《淮南子》中很有意义的'寓言'列入'蹖驳'之类，是不对的，至少是一种偏见。诸子百家的散文各有其风格，有精美的、深刻的、虚夸的、显豁的，也有古奥的、奇丽的、雄壮的、质朴的、细密的、华丽的，这些风格显示了诸子百家文章风格的多样性，也为我国古代文学增添了华彩。对他们的散文应该肯定才对。"

刘勰听后十分感动，说道："师父学识渊博，对诸子百家研究得如此周全。我对诸子的评论是有些偏颇，感谢师父的批评！"

## 七、夸饰含蓄不可缺

刘勰在《文心雕龙》中专门论述了夸张和含蓄问题。

僧祐看了《夸饰》和《隐秀》两篇很感兴趣，问道："彦和，你专门写这两篇文章有什么意义？"

"我写《夸饰》是想论述文学创作中的一种特殊笔法。我在《夸饰》中这样写道：'夫形而上者谓之道，形而下者谓之器。神道难摹，精言不能追其极；形器易写，壮辞可得喻其真，才非短长，理自难易耳。故自天地以降，豫入声貌，文辞所被，夸饰恒存。虽《诗》《书》雅言，风格训世，事必宜广，文亦过焉。是以言峻则嵩高极天，论狭则河不容舠，说多则子孙千亿，称少则民靡孑遗，襄陵举滔天之目，倒戈立漂杵之论，辞虽已甚，其义无害也。且夫鸮音之丑，岂有泮林而变好？荼味之苦，宁以周原而成饴？并意深褒赞，故义成矫饰。大圣所录，以垂宪章。孟轲所云，说《诗》者不以文害辞，不以辞害意也。'我在里面说的'文辞所被，夸饰恒存'是我要讲的主要内容。"

僧祐听后，甚有同感地说："你说得对，夸饰作为一种特殊的笔法，在文章写作中是始终存在的，有特殊的意义。"

刘勰提出的"夸饰"，在文章写作中，特别是文学创作中，有着独特的意义。我们可以做这样的解读："夸饰"，用我们今天的语言来表达叫作艺术夸张。

刘勰关于"艺术夸张"的理论观点我们可以这样解读：

第一，刘勰认为艺术夸张是作家审美地把握生活的一种特殊手段。艺术夸张问题是古今中外美学家所讨论的美学课题之一。我国古代的思想家对夸张的特点已经有所认识。庄子就曾经说过："两善必多溢美之言，两恶必多溢恶之言。"（《庄子·人世间》）庄子说的"溢美""溢恶"就是一种夸张。王充也注意到了夸张。他在《论衡·艺增篇》里谈道："誉人不增其美，则闻者不快其意；毁人不益其恶，则听者不惬于心，闻一增以为十，见百益以为千，使夫纯朴之事，十剖百判，审然之语，千反万畔。"所谓"溢"和"增"都是夸张的意思。庄子和王充虽然认识到夸张这种表现手法的存在，但他们对这种手法存在的合理性却没有足够的认识。庄子认为"溢之类妄"，王充也认为"增"则"失实讹本"。所以他们基本上是反对"溢"和"增"——即不赞同夸张的。刘勰总结了中国古代文学创作实践的经验，对艺术夸张问题做了比较合理的阐述，把"夸张"问题提到了一定的理论高度来加以认识。在《夸饰》篇里，刘勰继承中国古代的"夸张"的理论，对夸张在文学创作中的必要性和重要意义做了更充分的阐述。

第二，刘勰认为文学创作运用夸张的手法，可以表达某些难以表达的事理，描写某些难以描写的事物的情状，从而达到特殊的艺术效果。刘勰所说的"文辞所被，夸饰恒存"，就是认为夸张对于文学创作来说是"恒存"的一种艺术手法，"虽诗书雅言，风格训世，事必宜广，文亦过焉"。他认为扬雄的《甘泉赋》《羽猎赋》、班固的《两都赋》、张衡的《西京赋》等等，都似乎有些不切实际的描写，但是，他们在描绘山海的状貌和宫殿的形势，都能表现出那种宏伟高大、光辉灿烂的壮观景色和楼台高耸的飞动气势。作家们的夸张描写就能起到振聋发聩的艺术效果。

第三，刘勰认为夸张必须有个"度"，这个"度"就是"不以文害辞，不以辞害意"。他认为在文学创作中夸张可以广泛地运用，所谓"嵩高极天""河不容舠""子孙千亿""民靡孑遗""血流漂杵"这些描写，虽属于很大的夸张（"辞虽已甚"），但对内容没有什么损害（"其义无害也"），所以他很赞赏孟子的话："不以文害辞，不以辞害意。"

第四，刘勰认为夸张不能"虚用滥形"。他对汉代辞赋家过分夸张有所批评，认为自宋玉、景差之后，司马相如继承这种风尚，怪异失实的描写越来越严重。扬雄形容瑰奇就假助于玉树这一珍宝，形容楼阁很高就说鬼神都要跌下来，等等，这些说法在事理上无法查考，在夸张上不能说很完善。他认为这些夸张的描写有它好的一面，也有不足的一面。夸张的原则应该是"夸而有节，饰而不诬"。夸张要掌握好一种"度"，"然饰穷其要，则心声锋起；夸过其理，则名实两乖。若能酌诗书之旷旨，剪扬马之甚泰，使夸而有节，饰而不诬，亦可谓之懿也。"（《夸饰》）刘勰的意思是，如果夸张能抓住事物的要点，就可以把作者的思想感情表达出来；如果夸张过分而违背常理，那就会使文辞与实际脱节。作家如果能够学习《诗经》和《尚书》那深广的涵义，避免扬雄、司马相如那种过度的夸张，做到夸张而有节制，修饰而不违背事实，那就算是很好的作品了。

刘勰关于"艺术夸张"的理论，可谓很精到了，直到现在仍然有参考价值。

僧祐和刘勰还讨论了《隐秀》篇所论述的内容。

刘勰在写了《夸饰》之后，紧接着写了《隐秀》一篇。

僧祐问："你写这篇《隐秀》是什么意思？"

"我写《隐秀》是为了论述同《夸饰》相对应的另一种写作手法。所以我在《隐秀》里这样写道：'夫心术之动远矣，文情之变深矣，源奥而派生，根盛而颖峻，是以文之英蕤，有秀有隐。隐也者，文外之重旨者也；秀也者，篇中之独拔者也。隐以复意为工，秀以卓绝为巧，斯乃旧章之懿绩，才情之嘉会也。'"这里所说的是一种与夸饰相对应的创作原则或一种艺术手法。

刘勰提出"隐秀"，也就是今天说的"含蓄美"这个命题，很有意义。我们可以做这样的解读：

第一，刘勰提出的"隐秀"，就是提倡文学中的"含蓄美"。文学创作中有一种叫"含蓄美"，特别是诗歌中的"含蓄美"具有独特的韵味。中国古代文论中没有"含蓄美"这个词，却有所谓"隐"和"秀"的提法。《易经·系辞下》里说："……其旨远，其辞文，其言曲而中，其事肆而隐。"这里说的虽不是文学问题，但它要求"旨远""事隐"，"其言曲而中"，不直言所论之事，就包含有含蓄的意思在内。孟子说："言近而指远者，善言也；守约而施博者，善道也。君子之言也，不下带而道存焉。"（《孟子·尽心章句下》）孟子说的"言近而指远"，就是语言的含蓄问题。司马迁也指出："夫诗书之隐约者，欲遂其志之思也。"（《史记·太史公自序》）所谓"隐约"也是含蓄的意思。《诗经》和《尚书》具有含蓄的特色。陆机在《文赋》中提出作文要"曲尽其妙"，注意"一篇之警策"。刘勰《隐秀》篇的"篇中之独拔"，基本上就是从陆机"一篇之警策"的说法而来的。

　　第二，刘勰总结以往创作实践的经验，提出文学创作中含蓄美包括内容和形式的两个方面的含义。刘勰在《隐秀》篇中说："夫隐之为体，义生文外，秘响傍通，伏采潜发，譬爻象之变互体，川渎之韫珠玉也。"刘勰认为文学创作的思维活动是无边无际的，作品的内容也变化无穷。正像自然形态一样，源远则流长，根深则叶茂。所以优秀的作品，具有"秀"和"隐"这两种特点。所谓"隐"就是字面以外含有重要意义；所谓"秀"就是一篇之中有特别优秀的句子。"隐"是以内容丰富为工巧，"秀"是以形式卓绝为精妙。"隐"和"秀"是过去作品的优秀传统，是作家才华的集中表现。刘勰还用演变无穷的八卦和潜藏着珠玉的河流来比喻含蓄。意思是说，含蓄的作品表面上可能是平淡无奇的，但它有珍贵的内蕴。所以"隐"——含蓄这种表现手法"义生文外"，要求做到有"文外之重旨"。"隐"是《易经》里所说的"曲而中"，司马迁所说的"隐约"。所谓"秀"就是陆机所说的"一篇之警策"也。

　　第三，刘勰的所谓"隐秀"不只是个修辞问题，而是涉及到艺术创作的内容。刘勰认为文学创作中的"隐秀"，主要表现为："隐"在内容上要求有"文外之重旨""隐以复意为工"。"隐"要以含蓄不露的描写，表达深广丰富的内容，也就是后人司空图所说的"不着一字，尽得风流"。刘勰所说的"秀"，表现在形式上则要求"篇中之独拔"，"以卓绝为巧"。所谓"篇中之独拔"，就是创作中要求文辞涌现出起伏的波峰，有时个别的辞句显出它的重要地位，是一篇之中的"警策"。小说创作中的"奇峰突起"，戏剧中的"高潮"，诗歌中的"警句"，都是属于这方面的意思。至于"以卓绝为巧"，据《隐秀》篇文字解释："始正而末奇，内明而外润，使玩之者无穷，味之者不厌矣。彼波起辞间，是谓之秀。"作品中的"秀"是让读者初读起来感到很一般，细细品味才发现它的奇妙；含义明晰，形式圆润，这样的作品使人读起来品味无穷，百读不厌。

第四，刘勰提出"含蓄美"，不是提倡晦涩和朦胧。在《隐秀》篇里，刘勰注意到含蓄和晦涩是不同的。晦涩难懂的作品，不能算作含蓄："或有晦塞为深，虽奥非隐。"意思是说，有人以隐晦不顺畅为深奥是不对的，深奥不等于含蓄。在文学创作中故弄玄虚生硬造语也不能算作含蓄。含蓄所要求的是内容深刻，意蕴丰富，曲尽其妙，语言简练。"雕削取巧，虽美非秀矣。故自然会妙，譬卉木之耀英华；润色取美，譬缯帛之染朱绿。"有的作品以刻意雕琢来求得工巧，虽然工巧但不是秀句。自然形成的巧妙，就像草木闪耀着光华；由修饰形成的美，就像丝绸染上色彩一样。刘勰反对刻意雕琢。他要求表现手法含蓄，并不排斥语言风格的明朗。艺术表现的含蓄性和语言风格的明朗性是统一的。像《春秋》《左传》这样的作品，常常施人以褒贬，就要求用"隐"的手法，语言就应当含蓄一点儿。"隐"和"显"，各有各的特点，只要运用恰当，都能起到好的作用。

# 八、讽刺文学有深意

刘勰在"论文叙笔"中，专门写了一篇《谐隐》。僧祐和刘勰还讨论了《谐隐》问题。僧祐问："我看你还写了一篇《谐隐》，这里讲什么问题？"

"我在《谐隐》里主要是谈一种引人发笑的文体，我把它叫作'谐隐'。我在文中写道：'芮良夫之诗云：自有肺肠，俾民卒狂。夫心险如山，口壅若川，怨怒之情不一，欢谑之言无方。昔华元弃甲，城者发睅目之讴；臧纥丧师，国人造侏儒之歌；并嗤戏形貌，内怨为俳也。又蚕蟹鄙谚，狸首淫哇，苟可箴戒，载于礼典。故知谐辞谲言，亦无弃矣。'我还写道：'谐之言皆也。辞浅会俗，皆悦笑也。……意在微讽，有足观者。……是以子长编史，列传《滑稽》，以其辞虽倾回，意归义正也。但本体不雅，其流易弊。'我在文章后面还告诫文学写作者：'古之嘲隐，振危释惫。虽有丝麻，无弃菅蒯。会义适时，颇益讽诫。空戏滑稽，德音大坏。'"

僧祐赞扬说："高见，高见。你写谐隐很有意思，以前几乎没有人讲过，'谐隐'所谈问题，在理论上具有开先河的意义。"

刘勰所谓"谐隐"就是"讽刺"的意思，他的理论具有"开先河"的价值。今天我们可以做这样的解读：

第一，刘勰认真总结了我国"谐隐"（即所谓"小品文"）的创作经验，提出了"讽刺文学"的问题。"讽刺"在我国古代文学中早已有之。古代的一些民谚、民谣，有不少是包含着讽刺意味的。《诗经》里有许多诗，如大家所熟悉的《伐檀》《硕鼠》《葛屦》就是优秀的讽刺诗。孔子从理论上总结出诗"可以兴，可以观，可以群，可以怨"，这里所说的"怨"指"怨刺上政"，就接近今天所说的"讽刺"。屈原的作品虽重在抒情，但却包含着对统治阶级的批判。到汉代，谈诗的人更重视文学的所谓的美刺问题，从《毛诗序》到《诗谱序》，从刘安到班固，无不谈到文学的美刺。所谓"美"就是文学作品如何歌颂现实；"刺"就是文学作品如何批评讽刺现实中不合理的现象。但是汉儒谈讽刺却不免有一种局限，他们主张"怨"，却提倡"怨而不怒"；主张"发乎情"，却规定必须"止乎礼义"。他们对于讽刺文学的特点也没有明确的认识。刘勰通过对"谐隐"这种文体创作实践的总结，概括出了这种文学样式的特点，并且指出了"谐隐"创作的某些基本原则，比他以前的诗评家谈美刺就大大地进了一步，建立了讽刺文学的一些基本理论。

第二，刘勰认为"谐隐"和其他文学品种一样，是社会生活的反映。社会上有值得讽刺的现实生活存在，才有讽刺现实的作品出现。他在《时序》篇里就说过："时运交移，质文代变，古今情理，如可言乎！"刘勰这里谈到歌颂性和讽刺性的两类诗歌的产生都是与它的时代社会生活息息相关的。《周南》劝而不怨，是由于周文王享有盛德;《邠风》乐而不淫，是由于时政平阜化淳；而《板》《荡》的出现，是因为周厉王时代帝王昏庸政治腐败民不聊生一片黑暗，所以人们要作《板》和《荡》这样的诗歌来讽刺统治阶级，表达自己愤怒的感情。讽刺文学是有它深厚的现实生活基础的。不合理的现实是产生讽刺文学的土壤。

第三，刘勰认为"谐隐"具有重要的现实作用。讽刺的存在是合理的，必不可少的。讽刺文学不必废除，也不应该废除。刘勰指出，讽刺文学在向黑暗势力做斗争中，有时起着非常重要的作用。他举了两个例子来说明这个问题。一是秦国的优旃，以带着讽刺的笑，谏止了秦二世漆城的企图。二是楚国的优孟，以巧妙的方法，说服楚庄王取消葬马的想法。"及优旃之讽漆城，优孟之谏葬马，并谲辞饰说，抑止昏暴。"优旃和优孟这两个人的故事俱见《史记·滑稽列传》。优旃和优孟运用讽刺作为斗争工具，向统治阶级展开斗争，并且取得了一定的胜利，阻止了统治阶级淫侈昏暴的行为。所以刘勰说，这些虽属"谲辞饰说"，但它起了"抑止昏暴"的作用，这种文学样式虽属"本体不雅"，但也不应该加以忽视，即所谓"虽有丝麻，无弃菅蒯"者也。刘勰所反对的只是那些"无所匡正，而诋嫚媟弄"的东西，那些"虽抃笑衽席，而无益时用"的东西，那些"谬辞诋戏，无益规补"的东西。刘勰对讽刺文学的取舍，还着眼于它的内容是否对社会有益，这是很有见地的。

第四，刘勰还揭示出"谐隐"的特点是语言幽默，引人发笑。刘勰说："谐之言皆也，辞浅会俗，皆悦笑也。"（《谐隐》）被讽刺的事物往往是非常可笑的，而讽刺文学的作家也正是抓住这个特点，并且在生活真实的基础上把被讽刺的事物加以典型化，加以艺术的夸张，使其以更滑稽的面貌出现在读者面前，才能达到"皆悦笑也"的艺术效果。当然，一篇讽刺文学作品如果它除了引起读者捧腹一笑之外，不能给读者任何积极的东西，那么这篇讽刺文学作品也是没有多大社会价值的。

第五，刘勰评论"谐隐"的优劣首先重视它的实际社会功用。他认为，即便是一首民谚、民谣，只要它真正起到"顺美匡恶"的作用，就应加以肯定。例如他肯定了《左传》所载宋国筑城的老百姓的一首民谣："睅其目，皤其腹，弃甲而复，于思于思，弃甲复来。"这首民谣从艺术性上说并没有什么特别的精巧之处，只不过"嗤戏形貌"而已，但是在这几句质朴的民谣里讽刺了那位败将华元，表达了劳动人民对他的不满情绪，嘲笑了统治阶级的腐败无能。既表达了劳动人民的"内怨"，又起到了"箴戒"的作用，这就达到了讽刺的目的。刘勰还赞赏淳于髡的"说甘酒"，是因为淳于髡用幽默的语言，巧妙地讽刺了齐威王荒淫无耻沉湎酒色的恶行，从而使齐威王不得不收敛那种无度的行为。积极的社会效果是幽默讽刺的生命。所以决定讽刺作品有无价值，首先在于它的内容和客观效果。

第六，刘勰认为"谐隐"的语言幽默和笑的效果必须同社会效果结合起来。一篇作品光有滑稽的语言和笑的效果还是不够的。刘勰说，"无所匡正"的"诋嫚媟弄"，"无益规补"的"谬辞诋戏"，以及"无益时用"的"空戏滑稽"都是要不得的。这些东西有时虽然使人捧腹大笑，但是这种笑只不过是"溺者之妄笑，胥靡之狂歌"而已。刘勰批评东方朔、枚皋的"诋嫚媟弄"笑书，因为他们的作品使人读过之后"虽抃笑衽席，而无益时用"。刘勰认为，潘岳的丑妇之属，束皙的卖饼之类，以及应场、张华的不伦不类的比喻，没有积极的社会价值，不能算是什么好的讽刺作品。所以刘勰说："夫观古之为隐，理周要务，岂为童稚之戏谑，搏髀而抃笑哉。""古之嘲隐，振危释惫。虽有丝麻，无弃菅蒯。会义适时，颇益讽诫。空戏滑稽，德音大坏。"（《谐隐》）他是说，写讽刺作品必须有的放矢，必须切合实际，同时必须有益于劝戒。不能为了追求滑稽的效果而故意弄得油腔滑调。"空戏滑稽，德音大坏"

说的正是，如果玩些滑稽的噱头，就大大败坏了社会的道德形象了。

僧祐同刘勰这次在定林寺"坐而论道"，对《文心雕龙》书稿的"论文叙笔"二十个篇章，讨论了整整一天。

天黑了。僧祐累了，告辞。僧祐临走时鼓励说："你把这部书写完，以后我们再找机会一起讨论吧！"

刘勰送僧祐离开了他的居所。

# 第六章

## 求知音高山流水

知音其难哉！音实难知，知实难逢，逢其知音，千载其一乎！夫古来知音，多贱同而思古，所谓"日进前而不御，遥闻声而相思"也。

夫篇章杂沓，质文交加，知多偏好，人莫圆该。慷慨者逆声而击节，酝藉者见密而高蹈；浮慧者观绮而跃心，爱奇者闻诡而惊听。会己则嗟讽，异我则沮弃，各执一隅之解，欲拟万端之变。所谓"东向而望，不见西墙"也。

凡操千曲而后晓声，观千剑而后识器；故圆照之象，务先博观。阅乔岳以形培嵝，酌沧波以喻畎浍。无私于轻重，不偏于憎爱，然后能平理若衡，照辞如镜矣。

——《文心雕龙·知音》

# 一、逢其知音难矣哉

刘勰"殚思竭虑",昼夜笔耕,为写《文心雕龙》,病了一场。病体初愈,便到定林寺的树林里走动走动。

春天,定林寺周边树木葱茏,各种花卉也开得鲜艳了。刘勰来到寺院外侧的小溪旁,听到淙淙的流水,犹如听见了丝竹管弦相伴的琴声。

历史的回声在刘勰耳边回响。那仿佛是钟子期侧耳听着伯牙在鼓琴。

伯牙的琴声激越宏阔,钟子期赞曰:"善哉乎鼓琴,巍巍乎泰山!"

不久,伯牙又在鼓琴,琴声悠扬舒缓,钟子期又赞曰:"善哉乎鼓琴,汤汤乎若流水。"

后来,钟子期死了,再没有识音乐的人听他鼓琴了。伯牙便将琴弦割断,把琴摔了,终生不再鼓琴了。

这就是历史上"伯牙鼓琴"的故事。

刘勰病后体弱,虽然列出了《文心雕龙》下篇的写作篇目,但正不知道下面几章怎么写好。他忽然从"伯牙鼓琴"的这个故事中得到启发,把品鉴文学作品,比喻为听琴,于是写下了他的名篇《知音》。

刘勰从《知音》获得了新的写作灵感,接着一连写了《指瑕》《养气》《才略》《程器》等篇章,阐述他在文学鉴赏方面的一些见解。

僧祐因忙于寺院的事,很久没有同刘勰见面了。听说刘勰病了,僧祐便赶忙来看他。

僧祐看到刘勰又在写作。他一方面高兴,一方面又担心他的身体,便关怀地说:"彦和,病刚好,又在用功写作了。"

刘勰答道:"谢谢师父关心,我的病已经好了。最近我把几篇谈文艺鉴赏的专章写完了，请师父指教。"

刘勰随即把《知音》等几篇写好了的文章递过去。

僧祐接过刘勰递来的几篇文章，边看边点头，觉得这些文章的题目都很含蓄，很有意蕴，便说道："我拿回去仔细读读吧。"

过了几天，僧祐读完了这几篇文章，又来到刘勰的住处，问道："你为什么把文艺鉴赏称为'知音'？"

刘勰也很想把自己的想法告诉师父，便解释说："我觉得文学之难，还难在'知音'。所以我在《知音》篇里，开头这样写道：'知音其难哉！音实难知，知实难逢，逢其知音，千载其一乎！'"

"知音之所以难是因为历来都存在一些偏向。所以我在文章中这样说道：夫古来知音，多贱同而思古，所谓'日进前而不御，遥闻声而相思'也。昔《储说》始出，《子虚》初成，秦皇汉武，恨不同时；既同时矣，则韩囚而马轻，岂不明鉴同时之贱哉！至于班固傅毅，文在伯仲，而固嗤毅云下笔不能自休。及陈思论才，亦深排孔璋；敬礼请润色，叹以为美谈；季绪好诋诃，方之于田巴；意亦见矣。故魏文称文人相轻，非虚谈也。至如君卿唇舌，而谬欲论文，乃称'史迁著书，咨东方朔'，于是桓谭之徒，相顾嗤笑。彼实博徒，轻言负诮，况乎文士，可妄谈哉！故鉴照洞明，而贵古贱今者，二主是也；才实鸿懿，而崇己抑人者，班曹是也；学不逮文，而信伪迷真者，楼护是也。酱瓿之议，岂多叹哉！"

刘勰把《知音》中相关的这段话给师父读了一遍，然后又做了解释："我说知音其难哉，千载难逢其一，这是我发自内心肺腑之言呀！"

僧祐听了刘勰的解释，十分高兴，便鼓励说："你把《吕氏春秋》里记载的'伯牙鼓琴'的故事用在文学鉴赏上，把鉴赏比喻为知音，真是很有意思啊！"

刘勰回答说："我把文学鉴赏比作知音，因为文学鉴赏同音乐欣赏中的知音是相通的。"

刘勰文学鉴赏理论的"知音"说内容丰富，含义颇深。为了进一步理解"知音"论，我们又可以做这样的解读：

第一，刘勰把文学鉴赏比喻为"知音"是对中国古代文学批评理论的继承和发展，也是文学鉴赏理论的一个创见。

文学史表明：随着文艺的产生和发展，有了文学作品的流传，就出现了对文艺的议论和评价。有了《诗经》，就有《毛诗传》等著作对它的评论和注解；有了《离骚》，就出现了淮南王刘安、司马迁、王逸等对《离骚》的评说；有了司马相如、扬雄的词赋，就出现了王充、班固等人对词赋的批评。不过，他们的文学批评和文艺欣赏见解都还是散见于六经、诸子及其论文著作之中。较早专门写出文章来阐述自己欣赏见解的还是曹丕。他在那篇有名的《典论·论文》里，重视文学的价值和意义，强调气势在文学上的重要性，说明作者的个性与文学风格的关系，对"建安七子"的作品发表了很有见地的评论。曹丕之后还有曹植的《与杨德祖书》，应场的《文质论》，陆机的《文赋》，挚虞的《文章流别论》，李充的《翰林论》等等。在刘勰看来，这些文学理论和文学批评文章虽各有优点，但都有其局限性，"各照隅隙，鲜观衢路"，"未能振叶以寻根，观澜而索源"。刘勰专门写了《知音》，阐述他对文学批评、文学欣赏的见解，比他的前辈的见解内容更丰富，有更大的理论价值。

第二，刘勰指出文艺鉴赏中往往存在着三种偏向："贵古贱今""崇己抑人""信伪迷真"。这就击中了"文艺鉴赏"存在偏颇的要害。

一是"贵古贱今"。刘勰举了秦始皇、汉武帝的事例来说明这个问题。刘勰写道："夫古来知音，多贱同而思古，所谓'日进前而不御，遥闻声而相思'也。昔《储说》始出，《子虚》初成，秦皇汉武，恨不同时；既同时矣，则韩囚而马轻，岂不明鉴同时之贱哉！"刘勰认为，这事非常滑稽，两个皇帝对待作家的态度确实不怎么样。秦始皇和汉武帝开始称赞《储说》《子虚赋》很好，甚至说恨不能与它们的作者是同时代人，以便相见交谈。但当一旦知道它们的作者是自己同时代的人，便改变态度。韩非被秦始皇囚禁，司马相如遭受汉武帝迫害。这就是所谓"贵古贱今"的偏向。刘勰选择这两个例子进行分析，很尖锐很有典型意义。秦皇、汉武尚且如此，其他人就更难说了。这"贵古贱今"的倾向影响了评论对当代作家的认同。

二是"崇己抑人"。"崇己抑人"，用今天的话来说就是"抬高自己，打击别人"。刘勰举例说明："至于班固傅毅，文在伯仲，而固嗤毅云下笔不能自休。及陈思论才，亦深排孔璋；敬礼请润色，叹以为美谈；季绪好诋诃，方之于田巴；意亦见矣。故魏文称文人相轻，非虚谈也。"刘勰在这里举出班固嗤笑傅毅、曹植排斥陈琳等例子，来说明"文人相轻，自古而然"的观点。班固和傅毅的文章写作水平是不相上下的，但班固嘲笑傅毅；曹植和陈琳才力也差不多，而曹植则排斥陈琳。刘勰认为"文人相轻"这种偏向最影响文学批评的公正态度。

第三，"信伪迷真"的偏向也是极有害的。刘勰批评说："至如君卿唇舌，而谬欲论文，乃称'史迁著书，谘东方朔'，于是桓谭之徒，相顾嗤笑。彼实博徒，轻言负诮，况乎文士，可妄谈哉！"所谓"信伪迷真"，就是以讹传讹，以假乱真。甚至听信谣言，是非莫辨。刘勰举出楼护造司马迁的谣言，桓谭等人便据此而耻笑司马迁的例子来说明"信伪迷真"的危害性。刘勰指出这种偏向与前两种不太一样，这种"信伪迷真"的毛病，有的是听信谣言，有的是识别能力不强，有的是受了蒙蔽。这也是影响批评公正性的偏向。

僧祐同刘勰对这三种偏向议论得很热烈。僧祐说："你在分析鉴赏问题时对这三种偏向批评得很深刻。纠正了这三种偏向，批评和鉴赏才能达到公正公平了！"

刘勰说："对，对，所以我后面便写了纠正这种三种倾向的方法。"

## 二、照辞如镜需博观

僧祐同刘勰进一步讨论"知音"问题。

僧祐很赞成刘勰在《知音》里对三种偏向进行的批评。接着又问道："彦和，你认为应该如何解决这三种偏向呢？"

刘勰回答说："解决的办法是有的。我在《知音》篇里也谈到了。我说，'凡操千曲而后晓声，观千剑而后识器；故圆照之象，务先博观。阅乔岳以形培塿，酌沧波以喻畎浍。无私于轻重，不偏于憎爱，然后能平理若衡，照辞如镜矣。'这就是我提出的解决办法。"

刘勰解释说："我这段话的意思是说：演奏过一千首琴曲的人才懂得音乐，观看过一千把宝剑的人才懂得剑器，登过五岳的人才知道小山的矮小，到过大江大河的人才知道小溪的低浅。"

僧祐说："你这些比喻都很好。你还说到鉴赏文学作品应该没有私心，在爱憎取舍上没有偏颇，然后才能像秤杆那样称得准确，像镜子那样照见内涵。文艺鉴赏、文艺批评中的不良现象就像佛家对待尘埃一样时时打扫，使尘埃没有附着之地。"

刘勰点点头，感激地说："师父说得对，您的这些话说得很确切，很有道理。我在《知音》里就是想讲清没有私心偏见，才能有正确欣赏、正确评论作品的道理。"

僧祐又说："你《知音》篇里提出鉴赏家、评论家要'博观'的观点，也很有见地。"

刘勰说："是呀！做文艺鉴赏和文艺批评都要懂得这个道理。"

刘勰文艺鉴赏的"博观论"包含着很丰富的内容。我们可以做这样的解读：

第一，刘勰认为一个评论家鉴赏家要做到"知音"，必须有广博的知识。刘勰在《神思》篇中曾经谈到作家要"积学以储宝"。评论也是如此。作家批评家要认真学习积累自己的知识，要以自己丰富的生活阅历来对作品进行透彻的理解。刘勰在《体性》篇里说："八体屡迁，功以学成"，"才有天资，学慎始习，斫梓染丝，功在初化，器成彩定，难可翻移。"在《通变》里谈道"是以规略文统，宜宏大体，先博览以精阅，总纲纪而摄契，然后拓衢路，置关键……"在《事类》篇里，刘勰还进一步强调学习的重要性，他说："夫姜桂同地，辛在本性，文章由学，能在天资，才自内发，学以外成，有学饱而才馁，有才富而学贫。……是以属意立文，心与笔谋，才为盟主，学为辅佐，主佐合德，文采必霸，才学褊狭，虽美少功。"在刘勰看来，文学创作和文学批评是心和笔共同起作用的结果。因而评论家要加强修养和提高学识。坐井观天是很可笑的。"博观"才是评论家的第一要务。

第二，刘勰还认为批评家还必须具有丰富的生活经验。他在《议对》里说过"夫动先拟议，明用稽疑，所以敬慎群务，弛张治术。故其大体所资，必枢纽经典，采故实于前代，观通变于当今；理不谬摇其枝，字不妄舒其藻。又郊祀必洞于礼，戎事必练于兵，田谷先晓于农，断讼务精于律，然后标以显义，约以正辞，文以辨洁为能，不以繁缛为巧；事以明核为美，不以深隐为奇，此纲领之大要也"。刘勰在这里所强调的"采故实于前代，观通变于当今"、"理不谬摇其枝，字不妄舒其藻"这些话说得很精彩。作家批评家要进行创作和评论，都必须有丰富的生活经验和社会知识，评论什么就应该熟悉什么。正如他所说的，写评论郊祀方面的文章就要通晓祭礼；写军事方面的文章就要熟悉兵事；写田谷方面的文章就必须懂得农业；写诉讼方面的文章就必须精通法律。只有先熟悉了这些方面的生活，具有这方面的知识，才能写这方面的评论文章。这话真说到点子上了。

第三，刘勰指出为了掌握丰富的社会知识和生活经验，作家必须开拓眼界，丰富阅历。知识是从实践中得来的。刘勰用"观千剑"和"操千曲"做比喻，说明知识的获得全靠实践。作家批评家如果不经过"操千曲""观千剑"的艰苦锤炼和广闻博识，是不可能获得丰富的社会阅历的。刘勰一再强调作家应该博见，指出："博见为馈贫之粮"（《神思》）、"强志足以成务，博见足以穷理"（《奏启》）。如何"博见"？刘勰认为，"博见"应该从两方面着手：一方面向古人学习，即所谓"采故实于前代"；另一方面要向今人学习，即所谓"观通变于当今"。"采故实于前代"是说学习和继承过去优秀的文化遗产，学习前人一切有益的经验。"观通变于当今"就是要观察现实事物的发展变化。他认为"通则不乏","变则可久"。两方面双管齐下才能使文学批评得到健康发展。

僧祐对刘勰提出的这些见解都非常欣赏。僧祐对他说："做到这些才是知音啊！你做到了。"


# 三、文艺鉴赏要"养气"

刘勰写《文心雕龙》很费精力，每天在写作的间隙，都要到定林寺的林中散步。那些认识他的名僧都问他："你每天到林子里转悠干什么？"刘勰回答说："养气。"他对"养气"深有体会。

僧祐和刘勰讨论文学中的"知音"，还专门谈到批评家的"养气"问题。

僧祐问道："彦和，你谈文艺鉴赏时为什么要专门写一篇《养气》呢？"

刘勰回答说："养气对作家和批评家都很重要。孟子说过'我善养吾浩然之气'。我的'养气'观点是受到孟子'养气'说影响的。所以我在《神思》里就说：'故思理为妙，神与物游。神居胸臆，而志气统其关键；物沿耳目，而辞令管其枢机。枢机方通，则物无隐貌；关键将塞，则神有遁心。是以陶钧文思，贵在虚静，疏瀹五脏，澡雪精神……此盖驭文之首术，谋篇之大端。'我说'志气统其关键'，是从孟子的'养吾浩然之气'观点发挥出来的。"

刘勰所谈"养气"非常重要，如何理解"养气"？我们可以做这样的解读：

第一，刘勰认为对于一个作家和批评家来说，"气"非常重要，文思之利钝与作家评论家的"气"是有密切关系的。作家在创作中，"志"（思想）"气"（精神血气）是"统其关键"的东西。他说，"率志委和，则理融而情畅；钻砺过分，则神疲而气衰。""凡童少鉴浅而志盛，长艾识坚而气衰，志盛者思锐以胜劳，气衰者虑密以伤神。"(《养气》)他的意思是说，年轻人血气方刚创作力就旺盛，年老体弱者创作力也受到影响。刘勰从"气"的角度来分析作家的创作活力，虽不一定完全科学，但也是有道理的。

第二，刘勰认为作家评论家要善于养气，写作时要注意保持"虚静"的境界。他在《神思》里说过，"陶钧文思，贵在虚静，疏瀹五脏，澡雪精神。"作家进行艺术构思时必须做到沉寂宁静，使内心通畅，精神静化。同时要排除各种干扰，精神专一，这样才有利于进行形象思维。他说，"意得则舒怀以命笔，理伏则投笔以卷怀"，"宜清和其气""烦而即舍"。意思是说，一个作家在文思畅通的时候就放开笔墨大写，文思堵塞时就放下笔不写。这就是后来许多作家总结出来的，"写得出的时候就写，写不出时不要硬写"的道理。

第三，刘勰认为作家评论家的"养气"是他们保持旺盛精力的源泉。刘勰强调作家必须掌握创作原理和创作技巧，认为文学创作和音乐一样，乐师虽然不必掌握一切乐器和曲调，但必须懂得音乐的基本方法；作家也像善于下棋的人一样，深知棋局变化，能够根据作品的内容顺着自己的情感按部就班地一层一层地写下去；如果轻视创作原理和创作技巧就会像赌博的人碰运气一样，期待着一些意外的时机。作家评论家只有通晓了"文术"，才能"控引情源，制胜文苑"。

第四，刘勰谈"养气"，还特别注意作家评论家的思想道德修养。他专门写了《程器》篇来谈道德修养问题。中国有句古语："文如其人"，是说通过一部作品可以看出作家的思想道德面貌。孔子把"文、行、忠、信"并列为教育弟子的内容。(《论语·述而》)刘勰对于作家的德行修养也是非常重视的。在《程器》篇里，刘勰指出：作家应该有端正的写作态度，应该从社会需要出发来写文章，"摛文必在纬军国。"刘勰反对把创作当成沽名钓誉的手段，对当时文坛上的"诸子之徒，心非郁陶，苟驰夸饰，鬻声钓世"(《情采》)，对他们沽名钓誉的恶劣倾向给予严厉的批评。

第五，刘勰对文坛的抄袭剽窃之风也进行了尖锐的批评。他说："若排人美辞，以为己力，宝玉大弓，终非其有。全写则揭箧，傍采则探囊。"他认为文坛上的抄袭和坊肆间的盗窃没有两样，是揭箧探囊偷鸡摸狗的恶行，都是为道德所不容的。刘勰还批评"文人无行"的坏风气，认为司马相如"窃妻而受金"，扬雄"嗜酒而少算"，班固"谄窦以作威"，马融"党梁而黩货"，丁仪"贪婪以乞货"，路粹"哺啜而无耻"，等等，都属于"文士之瑕累"。但是他反对把"文人无行"看作不可避免的必然现象。他认为有些作家人格是高尚的，德行是令人钦佩的。"若夫屈贾之忠贞，邹枚之机觉，黄香之淳孝，徐幹之沉默，岂曰文士，必其玷欤！"（《程器》）上述例子说明，这些作家都是品德可嘉的。谁说文人一定是无行的呢？当然，刘勰关于德行的标准，是以封建的儒家伦理为基础的。对一些文人的褒贬，在今天看来不一定完全妥当，但是他强调作家应该有良好的道德品质，这一点是对的。

在与刘勰讨论评论家"养气"的问题时，僧祐也得到不少启迪。僧祐说："彦和，你关于'养气'的说法对文艺鉴赏很重要啊！"

刘勰点点头，对师父的理解发出会心的微笑。


## 四、欣赏作品说"六观"

僧祐在和刘勰讨论《知音》。

僧祐对刘勰提出的所谓"六观"有些不理解，便问道："彦和，你谈'知音'为什么要提出'六观'呢？"

刘勰解释说："我这个'六观'很重要，批评和鉴赏作品进行'六观'，才能真正达到'知音'！"

僧祐问道："你这'六观'包含什么内容？"

"我在《知音》篇里提出：是以将阅文情，先标六观：一观位体，二观置辞，三观通变，四观奇正，五观事义，六观宫商。斯术既形，则优劣见矣。"

刘勰说："我的意思是，要了解文章内容和形式的优劣，必须从六方面去观察。这'六观'，无论是位体、置辞、通变，还是奇正、事义、宫商，都是品评作品的角度，而不是标准。至于文艺鉴赏的标准，我在《宗经》篇里说过的六条：一则情深而不诡，二则风清而不杂，三则事信而不诞，四则义直而不回，五则体约而不芜，六则文丽而不淫。这才是我们评论作品短长的六条标准。"

刘勰的六条标准不是专对文学作品来说，而是对广义的"文章"而说的。因此，我们对这六条标准，即所谓"六观"，应该可以做这样的解读：

一、"情深而不诡"是要求作品抒发感情要真挚而不诡诈。刘勰说："然则志足而言文，情信而辞巧，乃含章之玉牒，秉文之金科矣。"（《征圣》）他认为能做到内容充实而富有文采，感情真实而辞采巧丽，文章就可说符合基本法则了。像《诗经》那样表达感情，是"最附深衷"，即最深刻地表达了思想感情了。他认为，"夫以草木之微，依情待实，况乎文章，述志为本，言与志反，文岂足征？是以联辞结采，将欲明经，采滥辞诡，则心理愈翳。"（《情采》）他认为，文章以述志为本，所用的表现形式是不能与内容相违背的。刘勰在艺术表现上反对用辞诡诞，认为这会影响作家述志，影响表达思想感情。

二、"风清而不杂"是要求作品教化纯正而不杂乱。刘勰说："结言端直，则文骨成焉；意气骏爽，则文风清焉。"又说，"若能确乎正式，使文明以健，则风清骨峻，篇体光华。能研诸虑，何远之有哉！"（《风骨》）意思是说如果能确定正常的标准，以明朗健康为能事，就能够做到风清骨峻，通篇充满着光彩。能掌握这一点离创作的目标就不会很远了。

三、"事信而不诞"是要求叙事真实而不荒诞无稽。刘勰说："事类者，盖文章之外，据事以类义，援古以证今者也。"（《事类》）他认为引用事例是否得当，对于文章的写作极为重要。"故事得其要，虽小成绩，譬寸辖制轮，尺枢运关也。"（《事类》）因此，他要求在援引事类方面

"取事贵约"，力戒"引事乖谬""改事失真""引事为谬"。这是他评价作品内容的标准。

四、"义直而不回"是说在引证上做到意义正确而不歪曲。刘勰说："然则明理引乎成辞，征义举乎人事，乃圣贤之鸿谟，经籍之通矩也。"（《事类》）他要求写文章援引事义时要做到"理得而义要"。这也是他评价作品内容的标准。

五、"体约而不芜"是要求做到风格简练而不繁杂。刘勰这里所谓"体"就是《体性》篇所谓的"体"，是风格。他论述的八体中，有"精约"一类，刘勰说："精约者，核字省句，剖析毫厘者也。"刘勰所谓的"约"与"繁"是相对立的，"繁与约舛"。他要求"约"而反对繁。这是刘勰风格上的要求。

六、"文丽而不淫"是要求文采华丽而不过分浮艳淫靡。刘勰写过《情采》篇，谈论内容和形式的关系。他主张"为情而造文"，认为"为情者要约而写真，为文者淫丽而烦滥"。他批评魏晋以来文风"体情之制日疏，逐文之篇愈盛"的形式主义倾向。刘勰在当时反对唯美主义的文风，但并不反对作品的文采。他专门写了《丽辞》一篇对用辞进行了论述，他认为"丽辞之体，凡有四对"，而"言对为美，贵在精巧"，"若气无奇类，文乏异采，碌碌丽辞，则昏睡耳目"。也就是说，他要求的"丽"，是指作品的文采，而不是一般的辞藻浮艳。光是"碌碌丽辞"，就会使人"昏睡耳目"，不能引起人们的兴趣。

刘勰提出的以上"六观"就是针对当时形式主义的文风，在作品思想内容和艺术表现上的要求，也可以说就是评价作品的六条标准。从《文心雕龙》全书可以看出，刘勰评论了那么多作家，涉及到那么多作品，基本上都是按照这个标准去衡量的。

僧祐对刘勰在"六观"问题上提出的观点也很满意。

## 五、褒贬从实说短长

刘勰说过："良书盈箧，妙鉴乃订。"他很重视批评实践。僧祐和刘勰还比较充分地讨论了《文心雕龙》的批评实践。

僧祐对刘勰的批评实践很欣赏。他说："彦和，我读了你的文章，知道你对历史上许多作家的评价还是很有见地的。"

刘勰说："我是根据我的标准来评论作家和作品的。是否评得准确，也只有靠实践去评判了。"

刘勰不仅是个文艺理论家，而且还是一个卓越的鉴赏家、批评家。他在许多文学欣赏问题上具有真知灼见和丰富的鉴赏实践。整部《文心雕龙》，是他的文学理论和批评实践相结合的结晶，表现了他在文学欣赏中的完整的美学观点。

在《文心雕龙》中，刘勰论及的文学作家和其他文体写作者共九百一十八位，其中有周公、孔丘、孟轲、李耳、庄周、荀况、墨翟、苏秦、李斯、邹衍、申子、商鞅、鬼谷等"诸子百家"中之佼佼者。被评论的写作者中，有与文学较密切的文史家，如屈原、宋玉、唐勒、景差、王逸、贾谊、司马相如、东方朔、司马迁、桓谭、王褒、刘向、张衡、扬雄、王充、宋弘、傅毅、班固、班昭、孔融、阮瑀、应玚、陈琳、刘桢、徐幹、杨修、路粹、丁仪、刘劭、景福、休琏、祢衡、王粲、潘尼、左思、左芬、陆机、陆云、杜笃、刘琨、郭璞、曹操、曹丕、曹植、何晏、阮籍、嵇康、向秀、刘伶、张华、张载、张协、张翰、潘岳等。刘勰对这些作家的评论，既是一本文学欣赏札记，也是一部"分类文学史"。刘勰涉及作品一千零三十五篇，论及三十五类文体，九十类体裁。可以说洋洋大观了。

为了解读刘勰的批评理论，下面我们列举几位作家，看看刘勰是怎样实践他的"宣言"，而成为作家"知音"的。

例一，刘勰赞扬屈原是"词赋之英杰"。刘勰说："自风雅寝声，莫或抽绪，奇文郁起，其《离骚》哉！固已轩翥诗人之后，奋飞辞家之前，岂去圣之未远，而楚人之多才乎。"(《辨骚》)刘勰对屈原以及《楚辞》的评价很高，认为自从《风》《雅》销声匿迹以后，《离骚》的出现，可以说是"奇文郁起"，是"飞腾于辞家之前，活跃在诗人之后"的新成果，反映了楚人之多才。这就充分肯定了屈原在文学史上的地位。刘勰认为屈原的作品有同于"风雅"的四个方面：一是典诰之体；二是规讽之旨；三是比兴之义；四是忠怨之辞。又有异乎"经典"的四个方面：一是诡异之辞；二是谲怪之谈；三是狷狭之志；四是荒淫之意。刘勰从这个"同于风雅"和"异乎经典"的对比中，肯定了屈原的作品在文学史上的地位，那就是："固知楚辞者，体慢于三代，而风雅于战国；乃雅颂之博徒，而词赋之英杰也。"这里表现出他的辩证观点。

例二，刘勰赞扬了有"公子之豪"的曹植。认为曹植对建安文学的形成是有特殊贡献的。他说："魏武以相王之尊，雅爱诗章；文帝以副君之重，妙善辞赋；陈思以公子之豪，下笔琳琅；并体貌英逸，故俊才云蒸。"(《时序》)刘勰高度肯定了曹植的才华，指出了他对当时文学发展的影响。刘勰在评价曹植四言、五言诗创作时说："若夫四言正体，则雅润为本；五言流调，则清丽居宗；华实异用，惟才所安。故平子得其雅，叔夜含其润，茂先凝其清，景阳振其丽。兼善则子建仲宣，偏美则太冲公幹。"(《明诗》)刘勰对于曹植在《乐府》诗上的成就也给予肯定，并对曹植作品的缺点也进行了必要的批评。

例三，刘勰对于正始作家嵇康和阮籍也给予很确当的评价。刘勰在论到正始文学时指出："及正始明道，诗杂仙心，何晏之徒，率多浮浅。唯嵇志清峻，阮旨遥深，故能标焉。"一方面指出，正始时期由于崇尚道家，诗歌受到不良的影响，何晏之徒，多属浅薄。另一方面又充分肯定嵇康的"清峻"，阮籍的"遥深"，"江左篇制，溺乎玄风，嗤笑徇务之志，崇盛亡机之谈，袁孙已下，虽各有雕采，而辞趣一揆，莫与争雄，所以景纯仙篇，挺拔而为俊矣"。刘勰批评了当时玄风对江左作家作品风格的不良影响，但却特别称赞了郭璞的挺拔英俊的风格特点。

例四，刘勰对于为人处世有缺点的作家，一方面指出他们为人的缺点，但对他们的文学成就仍给以充分的肯定。如对于司马相如等的评论，刘勰说："略观文士之疵：相如窃妻而受金，扬雄嗜酒而少算，敬通之不循廉隅，杜笃之请求无厌，班固谄窦以作威，马融党梁而黩货，文举傲诞以速诛，正平狂憨以致戮，仲宣轻脆以躁竞，孔璋傯恫以粗疏，丁仪贪婪以乞货，路粹哺啜而无耻，潘岳诡诪于愍怀，陆机倾仄于贾郭，傅玄刚隘而詈台，孙楚狠愎而讼府，诸有此类，并文士之瑕累。"（《程器》）他在这里罗列了历代作家的"阴暗面"，但并不因此而否定作家的创作成就。刘勰批评了司马相如、扬雄、班固、孔融、祢衡、王粲、陈琳、潘岳、陆机等著名作家为人方面的弱点，但是品评他们的作品时又很公正，并不因为他们有这样那样的弱点而全盘否定他们的创作成就。当然，这不是说作家的道德品行不重要。刘勰认为并不是一当文人就必然有品质的缺陷。由此可见，刘勰能够比较全面地理解一个作家，对作家不采取"攻其一点，不及其余"的片面态度，对作家不"求全责备"。

例五，刘勰对于"覃思文阔"的扬雄给予充分的肯定。他认为扬雄之所以在文学史上具有较高的地位，是因为他在赋方面取得的成就。刘勰称赞扬雄作品数量丰富，"子云锐思于千首"（《时序》），称赞他的《甘泉赋》说："子云甘泉，构深玮之风"（《诠赋》），肯定这首赋具有深沉瑰奇的风格。

例六，刘勰高度赞扬"建安风骨"，对建安文学给予很高的评价。他认为"建安风骨"的形成，与曹氏父子的"慷慨任气"的诗风是分不开的，而最有成就的是曹植。曹植在文学上的主要成就是诗歌，指出曹植对于五言诗的发展有特殊贡献。刘勰说："暨建安之初，五言腾踊，文帝陈思，纵辔以骋节；王徐应刘，望路而争驱；并怜风月，狎池苑，述恩荣，叙酣宴，慷慨以任气，磊落以使才；造怀指事，不求纤密之巧；驱辞逐貌，惟取昭晰之能；此其所同也。"（《明诗》）刘勰认为，建安时期的诗风，慷慨而有气势，激越而显出才力，抒怀指事不求纤细，运用文辞力求鲜明。

刘勰还肯定"魏之三祖"在"乐府"诗方面的成就，对曹氏父子作品的缺点也进行了批评。

例七，刘勰对于建安文学和"建安七子"，除了对曹氏父子赞扬之外，也充分肯定王粲和刘桢的成就。刘勰提到"王、徐、应、刘，望路而争驱"，分析了王粲刘桢等"建安七子"诗歌的风格特点："若夫四言正体，则雅润为本；五言流调，则清丽居宗；华实异用，惟才所安。故平子得其雅，叔夜含其润，茂先凝其清，景阳振其丽。兼善则子建仲宣，偏美则太冲公幹。"（《明诗》）刘勰认为王粲、徐幹、应场、刘桢，都是和曹丕、曹植并驾齐驱的人物，他们的作品慷慨激昂地发挥意气，豪爽磊落地驰骋才华；倾吐内心的感情和表现事物不求周密精巧，驱遣辞藻则力求清晰鲜明。这也是很有见地的。

例八，刘勰在《文心雕龙》中还对"竹林七贤"的诗歌特点进行了分析。刘勰指出："及正始明道，诗杂仙心，何晏之徒，率多浮浅。唯嵇志清峻，阮旨遥深，故能标焉。"（《明诗》）刘勰把嵇康同阮籍相提并论："唯嵇志清峻，阮旨遥深，故能标焉。"又说："若四言正体，则雅润为本……叔夜含其润。"所谓"清峻"，就是一种清远、空灵、高洁的境界。峻是峻切。如嵇康的长篇《幽愤诗》，情不能已，秉笔直书。在当时淫靡之风开始日盛的形势下，这种"清峻"是难能可贵的。嵇康也懂音乐，他的《声无哀乐论》，观点非常特别。他认为："夫殊方异俗，歌哭不同，使错而用之，或闻哭而欢，或听歌而戚，然哀乐之情均也。今用均同之情，发万殊之声，斯非声音之无常乎？"刘勰认为嵇康的音乐美学观点是"师心独见"，而且"锋颖精密"，是"人伦之英"。

刘勰在这里深刻地阐明作家的性格与文章的风格有着密切的关系。

## 六、振叶寻根获知音

知音其难哉！僧祐在读了《文心雕龙》中的《知音》《指瑕》《养气》《程器》《才略》等篇章以后，深沉地说道："难怪你在文章中长叹'知音其难哉！音实难知，知实难逢，逢其知音，千载其一乎！'"僧祐还开玩笑地说，"彦和，我算不算你的知音呀？"

刘勰感激地说："当然。师父是我的最知音了。"

刘勰把"知音"之难强调到了"极致"，说明知音之艰难。他的"知音"理论很值得我们借鉴。归纳起来，可以做这样的解读：

首先，刘勰坚持文学评论和文学鉴赏应该有明确的指导思想。刘勰说得很清楚，"盖文心之作也，本乎道，师乎圣，体乎经，酌乎纬，变乎骚：文之枢纽，亦云极矣。"在当时，刘勰是以儒家思想作为自己论文的指导思想的。"夫文以行立，行以文传，四教所先，符采相济。励德树声，莫不师圣，而建言修德，鲜克宗经。"（《宗经》）刘勰所谓"征圣"和"宗经"，就是学习儒家圣人周公、孔子诸圣人的经典，如《易经》《书经》《诗经》《礼经》《春秋》等。当然，刘勰论文的指导思想，有精华也有不当之处，我们今天要进行更科学的分析，吸收其精华，剔除其糟粕。

其次，刘勰坚持"文质并重""情采并茂"的标准来评价作家。刘勰强调文学创作要"文附质""质待文"，"文质"应该并重而不可有所偏废。坚持"为情而造文"，反对"为文而造情"，认为"情者，文之经，辞者，理之纬"（《情采》），"情理设位，文采行乎其中"（《熔裁》），"丽词雅义，符采相胜"（《诠赋》）。他赞屈原的作品是"奇文郁起""自铸伟辞""朗丽以哀志""惊采绝艳"（《辨骚》）、"情采芬芳"（《颂赞》）等等，都强调文质并重，情采并茂。这是正确评价作家的基本原则之一。

其三，刘勰在评论作家作品时坚持"无私于轻重，不偏于憎爱""平理若衡"的批评方法。刘勰不以作家社会地位的高低而定褒贬，而是从作品的实际出发来论是非。刘勰在"文体论"各篇中，对许多作家的作品进行了分析，有表扬也有批评。例如，对以"相王之尊"的曹操，以"副君之重"的曹丕，以"公子之豪"的曹植，都有所批评。他在《才略》篇里，表扬了包括职位很低的一大批作家，而又专门设立了《指瑕》篇批评了包括社会地位很高的作家。在《程器》篇里，他批评了一批文士之瑕疵，也批评了一些将相的疵咎。刘勰在《知音》篇里所规定的批评原则和方法，他自己是充分实践了的。

其四，刘勰文学批评和鉴赏理论中也有明显的局限性。除了上面提到的儒家偏见影响对作家作品的公正评论之外，他对人民群众的民间文学作品是较为忽视或轻视的。他在评论乐府诗时，就根本不提民间乐府。他反对文章的形式主义倾向，而他自己的作品又坚持用骈文书写，很难说没有一点儿形式主义的成分。

总之，刘勰的鉴赏理论是很值得研究的，透过一些看似零散的观点，可以看出他的整体思想倾向和美学倾向。这就是我们应该重视刘勰这一部分篇章的原因。

僧祐在读完《文心雕龙》之后，兴奋地说："彦和，你花了几年的工夫写成的这部书，是一部大书啊！一定会得到文坛的承认和赞扬的。"

僧祐和刘勰师徒俩在定林寺"坐而论道"，认真研究《文心雕龙》的理论和实践，可真是论出一些道道来了。

# 第七章

## 赞雕龙深得文理

初，勰撰《文心雕龙》五十篇，论古今文体，引而次之。……既成，未为时流所称。勰自重其文，欲取定于沈约。约时贵盛，无由自达。乃负其书，候约出，干之于车前，状若货鬻者。约便命取读，大重之，谓为深得文理，常陈诸几案。

——《梁书·刘勰传》

## 一、雕龙出初遭冷遇

刘勰在定林寺前后花了五年时间，焚膏继晷，殚精竭虑，写成《文心雕龙》，算是圆了他少年时代"梦摘彩云"，而立之年"建德树言"的梦想。

他要靠这本书，像马融、郑玄那样弘扬孔子的儒家学说；

他要靠这本书，实现他的"腾声飞实"立身扬名的愿望；

他要用这本书，达到"纬军国，任栋梁"的政治理想；

他要用这本书，寄托自己"生也有涯，无涯惟志"的人生的情怀，"文果载心，余心有寄。"

刘勰对于《文心雕龙》的期望值实在太高了。《文心雕龙》是他生命的寄托，是他活力的源泉。

让刘勰意想不到的是，这本书出世以后，"未为时流所称"，并没有受到世人热烈的称赞。

刘勰所处的齐梁时代，一本书要得到权威的认可，社会的热捧，实在是太不容易了。

那个时代，没有报纸宣传，没有媒体刊布消息，没有印刷出版业。所有书都靠手抄传播。有些作家的著作写出很长时间社会上都不知道。比如陶渊明的诗文，现在连小学生都能背出他的"采菊东篱下，悠然见南山"的诗句，能念出"归去来兮，田园将芜胡不归"的名篇，知道他"不为五斗米折腰"的风骨。可是当时，陶渊明只是个小小的彭泽令，居住在江西一个小县里。陶渊明的书没有很快传播，就连"饱读经书"知识渊博的刘勰，也没有读过陶渊明的诗文。刘勰在《文心雕龙》中评论过九百多位作家，没有一句提到陶渊明。可见在当时，一本书的传播是十分困难的。只能靠朋友之间传抄，赠送，推荐。真是"知音其难哉"！

当然，广为传播的作品也有，像西晋文学家左思的《三都赋》，由于名人的推荐，曾出现过"洛阳纸贵"的盛况。

那时，书的传播要靠朋友，要给朋友送书。

送就送吧！刘勰把《文心雕龙》五十篇文章，工工整整地抄了十几份，送给了他的前辈、老师和朋友。

刘勰首先把手抄本送给了他的师父僧祐。

刘勰双手捧着亲自抄写的《文心雕龙》恭恭敬敬地送到僧祐手里，谦恭地说："师父，我这部论文书稿全部写完了，抄一本送您，请您再多多指教，以便进行订正修改。"

僧祐接过刘勰这厚厚的《文心雕龙》，非常高兴，很客气地说："好哇，好哇。你在写的过程中，我大部分都读过了。有些文章已讨论过了。现在集中在一起了，我将抽时间再认真阅读你的定稿。"随即把刘勰送给他"指教"的书放在一大摞"经书"堆里，有没有再看不得而知。

刘勰又把自己的《文心雕龙》手抄本送给了超辩大师。超辩是定林寺的高僧，有很高的威望。超辩年龄比刘勰大，但他们是"忘年交"。刘勰把书送给超辩，对他说："大师，我最近几年写了一部文论著作叫《文心雕龙》，请大师指教。"超辩对佛学深有研究，对文艺却没有多大兴趣。他接过刘勰送的书，双手合十致意，表示感谢。但他一直没有给刘勰回话，不知是否看过这本书。

刘勰还把他的书送给了明彻大师。明彻也是定林寺的高僧，是刘勰的好友，他与刘勰同龄，同刘勰过从甚密。刘勰把书送给老朋友，也是情理之中的事。这位明彻大师是否看了这本书，一直没有给刘勰任何回话。

刘勰还把自己精心撰写的这部书送给定林寺的一些朋友，但都没有得到积极的回应。是他们没有看书，或看过之后不予回答？刘勰没有多问。

刘勰想：我送书的这些朋友，都是佛教圈子里的人。我这本书写的是文学，基本上是儒学那一套。佛教界的人不感兴趣也在情理之中。

刘勰只好转向文学界，向文坛朋友们送书。

送给谁呢？刘勰首先想到了当年文坛的"竟陵八友"。

"竟陵八友"的组织者萧子良是懂文学的人。可是，当时他为自己的事也忙得焦头烂额。因为朝廷内权力之争，当朝皇帝萧昭业百般刁难他。他疲于奔命。刘勰把《文心雕龙》送到他手时，他已经病危，恐怕无法读刘勰的书了。

刘勰还想到萧衍。萧衍年龄同刘勰差不多。在西邸的"八友"活动中，也有些交往。可是，萧衍野心勃勃，当时正志得意满地进军建康，快当皇帝了。刘勰想，把自己的书送给这位权贵，太张扬了。他没有送。

刘勰抄了十几本，就算送文人，也只好送给他认为可以交往的作家诗人。

刘勰这些年在文学圈里交了些朋友，于是决心把这部书送给文学圈的朋友看看。

刘勰把书送给了陆倕。陆倕是当时著名的诗文家，文章写得很好。但他的性格有些怪，不爱交朋友，多年杜绝与外界来往。刘勰把书送给他，他不冷不热，也不回话，让刘勰生了一肚子气。

刘勰把书送给了范云。范云是范缜的弟弟，是个大才子。他能识秦朝时期的石刻文，为萧子良所赏识，写过《巫山高》《别诗》等著名五言诗。刘勰成书时，他已当上了吏部尚书、尚书右仆射，是宰相级的官员了。大官忙得很，他对理论也不太关注。刘勰送去《文心雕龙》，他客气地收下，似乎也不太感兴趣。

刘勰把书也送给了任昉。任昉是山东寿光人，可算是自己的大老乡，出任过扬州刺史、御史中丞。他当时主要善于写表、奏、书、记这样一些应用文章，多为朝廷王公写些表奏、朝廷文诰等，很有地位。他与沈约齐名，因他文章写得好，当时有"沈诗任笔"之誉。据说他翻了翻《文心雕龙》中关于章表、奏启、议对、书记这些章节，说过"写得不错"之类的话。但对《文心雕龙》最核心的部分也不大感兴趣，没有什么评价的话。

刘勰还把书送给了王融。王融是山东人，也算刘勰的老乡，当过太子舍人、秘书丞等朝官。他还奉梁武帝之命作过《曲水诗序》，文藻富丽，精通声律。他该是文学的内行了。但他对刘勰在书中表达的观点不太赞同。刘勰正要征求他的意见时，不料他被当朝皇帝郁林王下狱，不久病死狱中，刘勰无法听到他的意见。

刘勰辛辛苦苦写了五年的这部书，没有得到文坛的反响。他内心很悲哀，感叹评论之不幸，哀叹没有找到知音。

刘勰给寺庙的长老送书，给文坛名人送书，吃了一通闭门羹之后，回过头来还是去找僧祐出主意。他对僧祐说："师父，我很在意我这本书，但推不出去，怎么办呀？"

僧祐说："当下朝廷信佛，文学奢靡，形式泛滥，浮风日炽。你壮着胆子写的这部书，抨击时风，力挽狂澜，弘扬儒学。这样的理论著作，还有谁敢赞扬它，推荐它呀！"

是的！刘勰这部书是反潮流的。反潮流需要勇气啊！

刘勰寂寂悲痛。有时大声长叹："悲哀，悲哀，真是理论的悲哀！"


## 二、受启示洛阳纸贵

《文心雕龙》到处受冷遇，刘勰心里闷闷不乐，常常寝食难安。

刘勰没有别的办法，只好读书解闷儿，捧着自己的书自娱自乐。突然间，他想起了自己山东老家同乡作家左思。左思的《三都赋》开始也是"无人问津"的，后来人人争诵，争抄成风，形成"洛阳纸贵"的局面。

最初被冷落的《三都赋》，是怎样变成"洛阳纸贵"的？刘勰早已了解其中缘由。他从书架上拿下刚刚问世的《晋书》，翻到了《晋书·左思传》。刘勰轻声自言自语地念着："左思，字太冲，齐国临淄人也……貌寝口讷，而辞藻壮丽，不好交游，惟以闲居为事。造《齐都赋》，一年乃成。复欲赋三都，会妹芬入宫，移家京师，乃诣著作郎张载，访岷邛之事。遂构思十年，门庭藩溷，皆著笔纸，遇得一句，即便疏之……及赋成，时人未之重。思以其作不谢班张，恐以人废言，安定皇甫谧有高誉，思造而示之。谧称善，为其赋序。张载为注《魏都》，刘逵注《吴》《蜀》而序之……司空张华见而叹曰：'班张之流也。使读之者尽而有余，久而更新。'于是豪贵之家，竞相传写，洛阳为之纸贵……陆机绝叹服，以为不能加也。"

刘勰读到《晋书》中的这篇《左思传》，讲的简直是一个传奇故事。它描写了左思改变命运的过程。刘勰自言自语地叹道："左思呀，左思，你虽不好交游，却无意中遇到好人了，真是天助你也！"

刘勰想，左思确是走了好运，命运之神使他突然发达起来了。左思出身寒微，貌丑口拙，也不喜欢交游，却由于他妹妹左芬之贵而得贵。左思的妹妹左芬长得美貌，又有文才，被召入宫，拜为贵嫔。左思因妹妹之荣贵而得益，全家移居京师。

左思在京城居住，花了十年时间构思写出了一篇《三都赋》。赋写成后，开始时文坛并不重视。当时有个文人叫皇甫谧，他名声大得很，左思便借故去拜访皇甫谧，把文章送给他读。皇甫谧读了之后，认为这首赋很好，便为它作序向当时文坛推荐。不久，当时著名诗人张华看到皇甫谧的序，也拿《三都赋》来读。张华是个大官，很有文才，对促进南北朝诗歌发展做了很大贡献。张华读了左思的赋，十分赞扬，立即写了文章推荐。赞美道："班张之流也，使读之者尽而有余，久而更新。"由于有了皇甫谧作序，张华写文章称赞，左思的《三都赋》便受到社会广泛重视，"豪门之家，竞相传写，洛阳为之纸贵。"霎时间，左思声名大震。

刘勰想，左思本人遭遇坎坷，但他的《三都赋》却走了好运。他作为太康时代的"一代作手"，仕途虽不得志，只做过短期的秘书郎便赋闲在家，晚年病死于冀州。可是他的《三都赋》却由于文坛名流的推荐而流行开来。

刘勰想，左思的《三都赋》如果不遇到皇甫谧作序和张华的推荐，不仅造不成"洛阳纸贵"，也许就永远被埋没了！

刘勰想了几天，终于得出了一个结论：人的命运不可选择，但人的道路是可以选择的。人的际遇吉凶难料，作品的命运也是可以改变的呀。

如何改变作品的命运？当然靠作品本身的价值，但也要有机遇。这种机遇有时自然而来，有时靠主动争取。

刘勰想，自己花几年工夫辛辛苦苦写的这本《文心雕龙》，千万不能"以人废言"，让它变成一堆废纸呵！何不找一个有威望的文人推荐一下呢！刘勰想，应该找谁来推荐呢？

他想到了谢朓。谢朓是"竟陵八友"之一，是谢灵运的族子，当过尚书吏部郎，也是大官。在诗歌创作上同沈约一起，创造了"永明体"。他也是有资格有能力推荐的。但他也很不幸。当时受官场牵连，因而下狱。不久，死于狱中，终年三十六岁。当然，他找不到谢朓了。

刘勰遇到难题，总是去找他的师父僧祐出主意。刘勰到禅房去找僧祐，把自己的打算告诉他，请他出主意。

僧祐同刘勰反复商量，僧祐出了高招说："若找人推荐，还是找沈约更好！"

僧祐为什么推荐他去找沈约，认为找沈约更为合适？因为沈约不仅是当朝宰相，还是文坛一代领袖。如果能找沈约推荐他的《文心雕龙》，那就太好了。

沈约是宋、齐、梁"三朝元老"，在宋、齐时代就担任过尚书度支郎、国子祭酒等重要官职。齐梁嬗交之际，由于他的机敏和善于审时度势，参与了萧衍嬗代夺权的机密，为萧衍夺权出谋划策，所以到了萧梁时期又当上了大官，官至侍中、中书令、尚书令。沈约不只是个宰相级的大官，而且是个大学问家、大历史学家。他在萧子良的"西邸"同萧衍、谢朓、萧琛、任昉、王增儒、范云、陆倕等人交游，成为"竟陵八友"之一。他的诗很有创造性和社会影响，他与谢朓等人首倡"永明体"，在诗歌创作上讲求声律对仗，使诗歌走向格律化。作为一个大学问家和历史学家，在永明年间他继前人之绪，撰成《宋书》百卷，体例齐备。后来，他又撰写了《晋书》《齐纪》《四声谱》等著作多种，有很大的社会影响。

刘勰听了师父的话，决心去找沈约。

刘勰"欲取定于沈约"，还有自身的需要。刘勰早就想通过著述《文心雕龙》来改变自己的社会地位，为进入仕途创造条件。刘勰在定林寺十多年，由于齐末动荡不安的政治局势，使他始终没有仕进的机会。在出仕无望的情况下，想通过著《文心雕龙》来立身扬名。书写成了便想借助沈约推重，而提高自己的声誉，为进身仕途创造条件。他选择沈约，不仅因为他官大，还因为他在文坛有重要的影响。沈约是著名诗人，他有诗二百四十多首，文章近二百篇。史称为"一代词宗"或"当世辞宗"。

沈约德高望重，还十分乐于提携年轻人，大力奖掖延誉年轻文士。像谢朓、任昉、陆倕、张率、王籍、吴均、何逊、萧子显等，他都给予过评论和帮助，有些年轻人经沈约提携而受到了提拔。

刘勰写《文心雕龙》之后得到入仕的机会，固然不能说完全是因为沈约的推重，但与沈约对他著作的高度评价不无关系。沈约对《文心雕龙》的赞誉，至少对此书的推广流传，有着直接的关系。

刘勰同意师父的提议去找沈约还有一个原因，是刘勰与沈约有过一段文字之缘。沈约在创始"四声说"时，刘勰专门写过文章，赞成沈约的"四声说"，在学术上可谓"同道"。刘勰对沈约诗歌上的成就也很称赞。他读过沈约的许多诗作，尤其是对他的《早发定山》背得烂熟："夙龄爱远壑，晚莅见奇山。标峰彩虹外，置岭白云间。倾壁忽斜竖，绝顶复孤圆。归海流漫漫，出浦水溅溅。野棠开未落，山樱发欲然。忘归属兰杜，怀禄寄芳荃。眷言采三秀，徘徊望九仙。"刘勰认为，沈约是个真正懂得文学艺术的行家。如果将自己的理论著作送给沈约，他会认真去读。他期望得到沈约的推荐。

### 三、求名家恐"闭门羹"

刘勰想去找沈约，但也有些畏惧和担心。他想，沈约是大人物，找他的人很多。这老头子也有些脾气。他有些不讲情面，常拒绝别人的求誉。

他想，如果毛遂自荐把书献给沈约，会不会被拒绝，吃个"闭门羹"呢？这也难说。因为坊间正传说"钟嵘尝求誉于沈约，约拒之"的事情。

这里插进一段钟嵘"求誉于沈约，约拒之"的故事，以佐证刘勰犹豫不决的原因。

我国南北朝时期同时出了两个杰出的文艺理论家，一个是刘勰，一个是钟嵘。他俩名气都很大，理论也很精湛，深得后人赏识。据《南史·钟嵘传》记载：钟嵘，河南长社人，字仲伟。嵘好学而富于思理，齐梁间担任过安国令，永元末担任司徒行参军，后来又当了晋安王记室，掌管文书。钟嵘没有做过大官。两人的经历和命运有些相似。刘勰写了《文心雕龙》，钟嵘则写了《诗品》。

《诗品》是诗歌评论名著，分上、中、下三卷，按品位列评自两汉至梁代一百二十二位作家的五言诗作品，并评述了作家间的前后继承关系。钟嵘的诗评很有特色，他不按作者的尊卑定位，也不拘泥于传统的评价，完全是根据自己的判断来评论作家的得失和品位高下。比如，他把李陵、曹植等十一人，列为上品；把陶潜、鲍照等三十九人列为中品；而把班固、曹操等七十二人列为下品。

钟嵘和刘勰在诗歌理论上有些不同，甚至大相径庭。比如对于李陵诗的评论，刘勰说："辞人遗翰，莫见五言，所以李陵、班婕妤，见疑于后代也。"（《明诗》）刘勰怀疑李陵、班婕妤的作品是假的。而钟嵘则把他们列为上品，加以赞扬。又如对于曹操、曹丕、曹植的作品，刘勰的评价是："建安之初，五言腾踊，文帝陈思，纵辔以骋节；王、徐、应、刘，望路而争驱；并怜风月，狎池苑，述恩荣，叙酣宴，慷慨以任气，磊落以使才；造怀指事，不求纤密之巧；驱辞逐貌，惟取昭晰之能，此其所同也。"(《明诗》) 又说："至于魏之三祖，气爽才丽，宰割辞调，音靡节平，观其北上众引，秋风列篇，或述酣宴，或伤羁戍……"(《乐府》) 对曹氏父子的作品评价是颇高的。但是钟嵘的评价则完全不同，他把位居君王之尊、诗歌上也很有特色的曹操和东汉在辞赋创作上有很大成就的史学家班固，以及创造了"永明体"推动诗歌走向格律化和创作上很有成就的沈约，均列为"下品"。可见两个评论家对于当时诗坛名宿的评价是很悬殊的。

钟嵘和刘勰在写作理论上也持不同观点。刘勰强调作家为文可以用事用典，还特别写了《事类》篇，认为"经典深沉，载籍浩瀚，实群言之奥区，而才思之神皋也。"强调如何用事用典。钟嵘则竭力反对在诗歌创作时用事用典，主张诗要顺乎自然。他批评那些用事用典的诗人"喜用古事，弥见拘束"，认为"至于吟咏情性，亦何贵于用事？'思君如流水'，即是即目；'高台多悲风'，亦唯所见。'清晨登陇首'，羌无故实。'明月照积雪'，讵出经史？观古今胜语，多非补假，皆由直寻。"(《诗品·序》) 可见两位评论家观点不尽相同。

刘勰和钟嵘的艺术旨趣也有所不同。钟嵘反对玄谈，认为在诗中谈玄说理，致使诗坛出现许多"质木无文""淡乎寡味"作品；还批评当时的文风："永嘉时，贵黄老，稍尚虚谈；于时篇什，理过其辞，淡乎寡味。爰及江表，微波尚传，孙绰许询桓庾诸公，诗皆平典似道德论，建安风力尽矣。"(《诗品·序》) 刘勰对当时谈玄说理的诗风则有分析地区别对待。他批评道，"正始明道，诗杂仙心。何晏之徒，率多浮浅。唯嵇志清峻，阮旨遥深，故能标焉""晋世群才，稍入轻绮，张潘左陆，比肩诗衢，采缛于正始，力柔于建安，或析文以为妙，或流靡以自研""江左篇制，溺乎玄风，嗤笑徇务之志，崇盛亡机之谈，袁孙已下，虽各有雕采，而辞趣一揆，莫能争雄"，"宋初文咏，体有因革，庄老告

退，而山水方滋，俪采百字之偶，争价一句之奇，情必极貌以写物，辞必穷力而追新，此近世之所竞也。"（《明诗》）

刘勰和钟嵘两位批评家对于魏晋六朝的不正文风都有所批评，但是两者批评的分寸是不同的。钟嵘比较偏激，说得比较绝对；而刘勰则更有分析，"唯务折衷"，不一棍子打死。可见两位批评家艺术取向、艺术旨趣的不同。

刘勰和钟嵘都是有影响的评论家，但后人认为钟嵘对于诗人的评价有些偏颇，甚至往往带有个人偏见。例如对于沈约的评价就不够公允。文学史家普遍认为，南北朝时期重要诗人有沈约、颜延之、谢灵运、鲍照、谢朓、王融、江淹、何逊、吴均、阴铿、萧纲、徐陵等，沈约是他们中的佼佼者，被誉为"一代词宗"。沈约在诗歌上有很大成就。如《早发定山》，不仅词采绮丽，形象鲜明，而且技巧纯熟。沈约在诗歌史上最大的贡献是撰写《四声谱》，提出"八病说"，开了用声律写诗的先声，为诗歌艺术开辟了新的美学境界。永明以来，沈约、王融、谢朓等人在总结前人经验基础上提出"四声八病说"。沈约说："夫五色相宜，八音协畅，由乎玄黄吕律，各适物宜，欲使宫羽相变，低昂互节；若前有浮声，则后须切响。一简之内，音韵尽殊；两句之中，轻重悉异。妙达此旨，始可言文。"（《宋书·谢灵运传》）沈约的"四声八病"说（"八病"指平头、上尾、蜂腰、鹤膝、大韵、小韵、傍纽、正纽），对汉语声律研究是一大贡献，对我国格律诗的形成和发展做出了不可磨灭的贡献。

刘勰在《文心雕龙》中专门写了《声律》篇论述声律问题。他从"音以律文"的角度，肯定了沈约的"声律论"，反对形式主义。

钟嵘则不同。他完全否定沈约，一概反对"声律论"，认为诗能做到自然上口即可，无需讲究声律。他说"余谓文制，本须讽读，不可蹇碍，但令清浊通流，口吻调利，斯为足矣"（《诗品·序》）。钟嵘反对沈约的"声律说"，可能属于观点不同。这是应该被允许的。在学术见解上可以坚持自己的观点。但在评判作家作品时，则应该持公正态度。钟嵘在品评诗人时，硬是把沈约打成"下品"，不知是因沈约曾拒绝接见并推荐自己，存在个人芥蒂，还是观点不同。《南史·钟嵘传》里说："嵘尝求誉于沈约，约拒之，及约卒，嵘品古今诗为评，言其优劣云云，盖追宿憾，以此报约也。"不知沈约因为何事而拒绝钟嵘求誉。沈约死后，钟嵘追宿憾以此报约，把他打成"下品"，这就不太好了。由此可见，评论家之话语权，也太可怕了。

刘勰听到沈约拒绝钟嵘的坊间议论，心里也在打鼓。他去找沈约，会不会像钟嵘那样也吃"闭门羹"呢？要不要去找沈约，刘勰心里有些举棋不定。


## 四、扮小贩挡于车前

刘勰如何才能将自己所写的《文心雕龙》送到沈约手里，确实也是个大问题。南朝门阀制度极严。刘勰出身低微，虽然与沈约有过某种机缘见过几面，但要把书送到当时"贵盛"的沈大人手里，也是很不容易的。

那时不兴"走后门"，也无后门可走。刘勰的师父僧祐是认得沈约的，但《文心雕龙》成书之时，沈约当了宰相，公务繁忙，不轻易来西邸会"八友"了。因此，僧祐也不是当年会"竟陵八友"那样容易同沈约见面了。刘勰献书给沈约纯属"私事"，僧祐不敢"假公济私"。

如何把书送达沈约的手中并引起他的关注？确是难题。刘勰苦思冥想反复想了几天，终于想出了一个妙法，一介书生想出了个歪点子。谁说"百无一用是书生"？

沈约的官邸在建康城西南角，他每天早上都坐着朝廷的官舆从官邸出发去上朝。沈约虽身居高位，但为政清廉，自奉节俭，起居出行都轻车简从。他没有前呼后拥的卫队，坐着不太豪华的官舆，静悄悄地走街过巷，几乎没有人知道这个坐在官舆上的人就是左仆射沈约。

刘勰要了个小计谋。他干脆等候在沈约的家门口。沈约的官舆刚刚走出宰相官邸，装作小贩的刘勰，就推着一辆平板推车挡在前面。那时街道很窄，前面有人挡道谁的车子也过不去。

沈约的随从看到有推板车的挡道，赶忙让车夫停车，下车跑到前面吆喝道："推车的，找死呀！敢挡住尚书令的车子。"

这推车人见有人搭话，并言明被挡的是尚书令的车子，就更来劲儿了。他干脆把小板车横在街中央，挡住沈尚书的车子。又摊开双手说："我不是摆小摊的。实话说吧，我想见一见尚书令——沈约沈大人。"

随从官员喝道："你是何人？敢指名道姓要见尚书令，还挡住他的车子。"

推车的人说："鄙人是定林寺的刘彦和，我以前认识沈尚书，请您禀报沈大人，我想见见他。"

随从官员回到沈约的车子前，掀开帘子低声道："禀报尚书令大人，前面有个推车的人，自称是定林寺的刘彦和，他说认识您，一定要见一见沈大人。"

沈约听说一个叫刘彦和的人要见他，脑子里立即有了反应。他想起来了：定林寺掌门人僧祐有个助手叫刘彦和，他虽无什么官职，但在定林寺甚至在建康已有不小名气，他的文章写得很好，许多名僧甚至是朝廷命官死后都请他撰写碑文。如今听说刘彦和要拦官车求见，必有要事。于是便让这个随从再去问问他有什么事。

随从官员听沈尚书说知道这个人，也就不敢怠慢，赶忙又走到这个推车人的身边，问道："请问这位先生，您有什么事要见尚书沈大人呀？"

刘勰连忙作揖感谢道："晚生最近写了本书，是有关文章写作方面的书，书名叫《文心雕龙》，想送本书请沈大人指教。"刘勰随即将自己花了许多精力抄写得工工整整的手抄本《文心雕龙》呈送到随从官员手上。

随从官员拿到书，立即回到沈大人的车子上，并将书呈送给沈约大人。

随后，沈约的坐舆又启动驶往皇宫。

沈约接过书，翻了一下书目。看到书中第七卷有《声律》一篇，停住了："呵，刘勰在这里也谈了'声律'呀！"

沈约一下子想到自己研究声律多年，提出"四声说"，颇受争议。南阳长社有个叫钟嵘的人就写文章对"四声说"提出非议，说"四声说""襞积细微，专相陵架，故使文多拘忌，伤其真美"。沈约说："我倒要看看这位刘勰是怎样谈论'四声说'的。"

车子很快到了皇宫殿宇前。沈约把书放下，整了整衣冠，准备上朝。

## 五、赞雕龙"深得文理"

沈约在宫中处理了各项官务后，晚上回到府邸。他躺在太师椅上一边喝茶，一边拿起几案上的典籍翻翻。

突然，他想起早上刘彦和送他的书，便打开《文心雕龙》。

沈约翻了翻书目，首先把眼球移到《声律》这篇，想看看刘勰是怎么说的。

刘勰的字写得很漂亮，沈约看到《声律》篇开头写道："夫音律所始，本于人声者也。声合宫商，肇自血气，先王因之，以制乐歌。故知器写人声，声非学器者也。故言语者，文章关键，神明机枢；吐纳律吕，唇吻而已。古之教歌，先揆以法，使疾呼中宫，徐呼中徵。夫商徵响高，宫羽声下，抗喉矫舌之差，攒唇激齿之异，廉肉相准，皎然可分……"

沈约看到这里，用手拍着太师椅的扶手，高兴地自言自语道："说得好，刘勰说得好。他一开头就把声律同人的本性联系起来，说'声合宫商，肇自血气'。就是嘛！说得好！"

沈约兴趣来了，接着往下看。见刘勰这篇文章另一段又写道："若夫宫商大和，譬诸吹龠；翻回取均，颇似调瑟。……""古之佩玉，左宫右徵，以节其步，声不失序。音以律文，其可忘哉！"

沈约一边往下读，一边点头称是。

沈约觉得刘勰说得不错，同自己的观点完全一致。

沈约自得其乐地笑了笑，觉得自己的"四声说"又找到了一个知音。

沈约又喝了一口茶，躺在太师椅上轻松地舒了一口气……

第二天，沈约下朝回到家里，又捧起这部《文心雕龙》。他边喝茶，边读书，几乎每天读一篇。一天、两天、三天……他从《原道》一直看到《序志》，把五十篇都读完了。

沈约先读了《序志》。他读了第一段《文心雕龙》的书名解释时，小声朗诵了起来："夫文心者，言为文之用心也。……"沈约高兴地自语道："书名起得好，起得好啊！"

沈约继续又读了《原道》，读了《征圣》《宗经》《正纬》直到《辨骚》几篇文章。他读到"盖文心之作也，本乎道，师乎圣，体乎经，酌乎纬，变乎骚，文之枢纽，也云极矣"。沈约边读边点头地称赞道："这几篇写得好，把写《文心雕龙》的立意写出来了，把自己对孔夫子、对儒家圣人的态度也写出来了，好，好。"他在欣赏刘勰的《文心雕龙》呢！

从此以后，沈约把刘勰的《文心雕龙》放在自己身旁的几案上，有空时就翻翻看，成为一部常常翻阅的"枕边书"。


不久，沈约家里出了大事。天监二年，沈约母亲病逝。按照当朝的习俗，无论为官为民，官阶高低，父母丧逝必须辞官服丧三年。梁武帝刚刚任命沈约为尚书左仆射，但纲纪如此，只好批准他辞官在家"报丁忧"。

梁武帝萧衍对沈约十分关怀。他亲自参加了沈约母亲的葬礼，并下诏让沈约在家好好服丧休息。《梁书·沈约传》里有过详细记载："天监二年，遭母忧，舆驾亲出临吊。以约年衰，不宜致毁，遣中书舍人断客节哀。"梁武帝不仅亲自吊唁，而且为了照顾时年已经六十一岁的沈约，怕他年纪大了伤神哭坏了身体，还专门指派中书舍人督促他"断客节哀"，命他不要会客，不要太哀伤。

沈约哪里闲得住呀？他在家每天坚持写作，撰写他的《宋书》。

不让会客也感到苦闷。沈约突发奇想：何不邀请刘勰来家里讨论讨论《文心雕龙》。他想这不算会客吧！因此，他专门写了书信请刘勰来谈他的《文心雕龙》。

刘勰收到沈约的请柬，非常兴奋。那天，他穿戴整洁，带着重新抄写的一部《文心雕龙》，应约到了朱雀门附近的沈尚书官邸。

刘勰敲开沈府的红漆大门，家丁开门迎客。刘勰将沈约给他的请函交给家丁。他们知道来者是沈大人约请的客人，便带他径直到沈大人的会客厅里。

那天，沈约闲服宽带，穿着打扮都很闲适，是一副节哀休闲的模样。

刘勰认得沈约，只不过今日见他身体消瘦了许多。他一见沈大人便作揖行礼道："沈大人洪福！"

沈约是个慈善老人，拉住这位三十多岁的年轻人的手说："彦和，你写了一部好书呀！今天请你来是想听听你的想法。"

刘勰听后，感激不尽。辞官服丧的沈大人更显平易近人，对青年如同对待老友。

刘勰便感激地说："谢谢，请沈大人赐教。"

沈大人命下人给刘勰上茶。他们没有太多寒暄，就进入谈话正题，开始讨论《文心雕龙》。

沈约说："我前些日子读了你的《文心雕龙》中《原道》等五篇文章，最近几天又读了从《明诗》到《书记》等二十篇文章。你所说的：'若乃论文叙笔，则囿别区分，原始以表末，释名以章义，选文以定篇，敷理以举统，上篇以上，纲领明矣。'我觉得你把'文之枢纽'和'论文叙笔'的道理讲清楚了。这两个部分我们不谈了。"

刘勰说："我在写完'论文叙笔'二十篇文章以后，接着就写'割情析采'部分。这是《文心雕龙》中最重要的部分。沈大人，您看后有什么指教？"

沈约道："'割情析采'讲的是'文理'，今天请你来，正是要听听你写'割情析采'这部分文章的想法。我先问你：为什么'割情析采'要从'神思'开始呢？"

刘勰沉思了一会儿，回答说："文学创作最重要的是构思，我认为构思太重要了。我把构思称为"神思"，所以要写'神思'。"接着又说，"我一开始就写了这么一段话：'古人云：形在江海之上，心存魏阙之下。神思之谓也。文之思也，其神远矣。故寂然凝虑，思接千载；悄焉动容，视通万里；吟咏之间，吐纳珠玉之声；眉睫之前，卷舒风云之色；其思理之致乎？故思理为妙，神与物游。神居胸臆，而志气统其关键；物沿耳目，而辞令管其枢机。枢机方通，则物无隐貌；关键将塞，则神有遁心。是以陶钧文思，贵在虚静，疏瀹五藏，澡雪精神。积学以储宝，酌理以富才，研阅以穷照，驯致以怿辞，然后使玄解之宰，寻声律而定墨；独照之匠，窥意象而运斤。此盖驭文之首术，谋篇之大端。'我觉得这构思就是写文章的最最重要的技巧，也是一篇文章总的布局。"

沈约说："写文章构思很重要。你把构思说成'神思'也很有意义。'神思'的提法很讲究啊！"

刘勰说："谢谢沈大人指点。"

"神思"是《文心雕龙》中最重要的篇章之一，包含着刘勰丰富的美学思想。为了真正理解刘勰"神思"这一概念的意义，我们需要做一些解读：

第一，刘勰把"神思"看作是"驭文之首术，谋篇之大端"。"神思"用今天的话来说叫"艺术构思"或者叫"艺术想象"。刘勰在《神思》篇中研究了"物""情""辞"即"思""意""言"三者的关系，揭示了创作的"准备层次""构思层次"和"表达层次"的关系，是文艺创作中的关键所在。

"神思"是中国古典文艺理论中一个独特的概念。《周易》谈道"在天成象，在地成形，变化见矣""圣人有以见天下之赜，而拟诸其形容，象其物宜，是故谓之象"（《周易注疏》卷七）。老子也说过"致虚极，守静笃"（《老子》第十六章），老子还说"三十幅，共一毂，当其无，有车之用"。这些都涉及到与想象有关的问题。庄子则发挥了老子的思想。庄子的著作本身就充满着幻想和想象。《庄子》里有很多涉及到虚静、想象方面的问题，其中说："汝齐戒，疏瀹而心，澡雪而精神。"（《知北游》）"无听之于耳，心止于符。气也者，虚而待者也。唯道集虚，虚者，齐心也。"（《人间世》）"离形去知，同于大通，此谓坐忘。"（《大宗师》）晋代山水画大师宗炳在《画山水序》中已用过"神思"这个词了。他说："圣贤映于后代，万趣融其神思。"宗炳所说的这个"神思"就是艺术想象的意思。

刘勰在《神思》中说的"疏瀹五藏，澡雪精神"，是从老庄那里来的。《庄子·知北游》里就有"澡雪精神"的说法。老庄这个思想后来又有发展。陆机的《文赋》直接谈到文艺创作的构思和想象的关系："其始也，皆收视反听，耽思傍讯，精骛八极，心游万仞。其致也，情曈昽而弥鲜，物昭晰而互进，倾群言之沥液，漱六艺之芳润，浮天渊于安流，濯下泉而潜浸。于是沈辞怫悦，若游鱼衔钩，而出重渊之深；浮藻联翩，若翰鸟缨缴，而坠曾云之峻。收百世之阙文，采千载之遗韵，谢朝华于已披，启夕秀于未振，观古今于须臾，抚四海于一瞬。"

刘勰在继承中国古典文艺理论的基础上提出"神思"，对艺术想象问题做了进一步的发挥。

刘勰阐明了作家在艺术构思前必须有几方面的准备。刘勰认为，为了更好地进行艺术构思，充分展开想象的翅膀，作家应该有几个必备的条件。这就是："积学以储宝""酌理以富才""研阅以穷照""驯致以怿辞"。

所谓"积学以储宝"就是要求作家通过学习来积累自己的知识。作家的想象虽然是属于主观的东西，但与作家的知识积累有极大的关系。如果一个作家学识渊博，古今中外政治、历史、天文、地理的知识很丰富，开展艺术想象就有更充分的条件和依据。

所谓"酌理以富才"就是要求作家辨明事理来丰富自己的才华。艺术想象虽然是感性的东西，但是也不能说与理性无关。对一个具体的事物，进行理性的分析，辨明事理，提高作家的认识能力，同样可以使作家的艺术构思，使作家的想象更丰富，更具有合理性。

所谓"研阅以穷照"就是要求作家参考自己的生活经验来获得对事物的彻底了解。一个作家对于事物的认识，并不是通过一次直观马上就可以认识透彻的，往往要结合自己的生活经历，结合自己过去积累的生活经验，把它联系起来认识，才能了解得更为透彻。作家有了丰富的生活经历，就可以帮助自己更透彻地观照事物的本质，也有助于作家的艺术构思。

所谓"驯致以怿辞"就是要求作家训练自己的情致，恰当地放言遣辞。作家的艺术想象，作家合理的艺术构思，如何通过语言表达出来，这也是个大问题，这里面就有一个训练自己情致、自己的文学修养的问题了。

第二，刘勰"神思"理论的创造性在于阐明了艺术构思的特点和艺术想象的无限性。

刘勰在《神思》篇里指出：作为一种精神活动的艺术构思，想象可以是无边无际的。当作家静静地思考的时候，他的思绪可以连接千年之远；而在他的容貌有一点儿微妙的变化时，他可能洞察万里之遥。作家在吟咏推敲之时，就像听到珠玉般悦耳的声音；当他注目凝思之时，眼前会出现风云变幻的景色。这就是刘勰所阐明的艺术想象的无限性。作家不仅可以艺术地描写他周围的事物，而且可以艺术地把握更为广阔的世界。

刘勰还阐明了艺术构思中"虚静"的重要性。他认为，构思的妙处就在于使作家的主观精神与客观事物融会贯通（"神与物游"）。精神蕴藏在内心，却为人的情志和气质所支配；外物接触到作者的耳目，语言就把它表达出来。语言表达得好，事物的形貌就可以完全描写出来。作家构思和酝酿作品时，最重要的在于"虚静"。所谓"虚静"，用今天的话来解说就是排除干扰，做到沉寂宁静，思考专一，使内心畅通。关于这点，刘勰在《养气》篇里也做过阐述。他根据人们的生理特点和创作的客观需要，指出在进行创作时，必须保持从容不迫的精神状态："夫耳目鼻口，生之役也；心虑言辞，神之用也。率志委和，则理融而情畅；钻砺过分，则神疲而气衰；此情之数也。……故宜从容率情，优柔适会。若销铄精胆，蹙迫和气，秉牍以驱龄，洒翰以伐性，岂圣贤之素心，会文之直理哉！"刘勰的意思是说，文思的通塞与作者精神的盛衰有关。这是《神思》篇中阐述的一个重要方面，也是创作中的经验总结。

第三，刘勰还阐明了艺术想象的特点和如何运用想象的问题。他在《神思》里指出："夫神思方运，万途竞萌，规矩虚位，刻镂无形，登山则情满于山，观海则意溢于海，我才之多少，将与风云而并驱矣。方其搦翰，气倍辞前，暨乎篇成，半折心始。何则？意翻空而易奇，言征实而难巧也。是以意授于思，言授于意，密则无际，疏则千里，或理在方寸而求之域表，或义在咫尺而思隔山河。是以秉心养术，无务苦虑，含章司契，不必劳情也。"他的意思是说，作家创作构思一开始，思路千头万绪，一想到登山脑子里便充满青山的景色；一想到观海心里便荡漾着大海的奇观；不管作者的才华多少，他的构思都可以随着风云的变幻而变化。作家在刚拿起笔的时候，气势非常旺盛，等到文章写成，比开始时大大打了折扣。为什么呢？因为想象比较容易，但落实到语言上就困难了。想到的和写出的往往有距离。有时候某些道理就在自己心里却反而到天外去求索；有时意思本来近在眼前却好像隔着山河。可见创作这种精神活动，是有规律可循的，不必过于强求。

刘勰一方面强调了想象的重要性，另一方面又指出作家必须通过想象落实到文辞上。刘勰在《神思》里指出：同样进行艺术构思，同样是艺术想象，作家的才气功力不同，作家的文思就有区别，成功的效果也就有很大的距离。因为"人之禀才，迟速异分；文之制体，大小殊功"。他认为，有些人因为文思敏捷，所以很快就能写成功；有些人因为多所疑虑，所以要较充裕的时间才能写好。写作的难易虽然不同，但都依靠多方面的训练。

刘勰的见解可以说是作家经验的总结。通过上面的解读可以获知，刘勰的"神思"强调作家的主观要与客观相结合。这个开拓了人的精神自由和审美自由的主张，是有较高理论价值的。

沈约听了刘勰解释"神思"，很有感触地说："你的《神思》写得好，可谓深得文理呀。"

刘勰听到沈约的称赞，从内心里发出会心的微笑。

## 六、阐文理再探风骨

沈约同刘勰就《神思》问题已讨论了半天。刘勰表示不想多耽搁沈大人的时间和精力了，准备告辞。

沈约说："你先别走，我对你的《体性》和《风骨》也很感兴趣。我已告诉下人备饭了，中午在这里吃饭，下午再讨论一下。"

刘勰听说沈大人要留吃饭，自然感激不尽，也就"客随主便"，留下了。

沈约稍稍休息，接着同刘勰讨论《体性》和《风骨》两篇文章。

沈约对刘勰提出的"体性""风骨"也很感兴趣，问道："你提出'体性'和'风骨'之说是什么意思？"

"我所说的'体性'，就是强调作家写作时要有自己独特的文风。所以我在文章的开头就这样写：'夫情动而言形，理发而文见，盖沿隐以至显，因内而符外者也。然才有庸俊，气有刚柔，学有浅深，习有雅郑，并情性所铄，陶染所凝，是以笔区云谲，文苑波诡者矣。故辞理庸俊，莫能翻其才；风趣刚柔，宁或改其气；事义浅深，未闻乖其学；体式雅郑，鲜有反其习；各师成心，其异如面。'我这里所谓'体'指作品的文风；'性'是指作者个性。'体性'连在一起，就是说明作品的文风与作家个性的关系。至于《风骨》所谈的，也是'体性'内容的延续。

风骨是作家作品的最独特的风格，需要单独加以论述。"

刘勰关于"体性"和"风骨"的理论，也是中国古代文论中具有创造性的理论。为了理解他这个理论的内涵，我们可以做这样的解读：

第一，刘勰的"体性论"和"风骨论"，是中国古代文学理论的继承和发展。孔子说："《关雎》乐而不淫，哀而不伤。"司马迁说："《国风》好色而不淫，《小雅》怨诽而不乱。若《离骚》者，可谓兼之矣。"曹丕对于各家辞赋的评论，也提出了"文气"问题。

刘勰对于中国古代文论关于"体性"的论点做了发挥。刘勰的"体性"理论，最重要的一点就是讲清了作家的才性与作品风格的关系。

刘勰认为，作家的才、气、学、习，与文学作品的风格有着密切的关系。他写道："然才有庸俊，气有刚柔，学有浅深，习有雅郑，并情性所铄，陶染所凝，是以笔区云谲，文苑波诡者矣。故辞理庸俊，莫能翻其才；风趣刚柔，宁或改其气；事义浅深，未闻乖其学；体式雅郑，鲜有反其习；各师成心，其异如面。"他的意思是说，作家的才华有高低，气质有刚柔，学识有深浅，习惯有雅俗。人们的不同性情就造成了创作的千变万化，犹如天上流云，海底波涛，变化无穷。所以作品的高下与作者的才华密切相关，作品的文风情趣由作家的气质决定，作品所叙述的事情和意义的深浅超不出作家的学识，而文风的雅俗与作家的习惯相连。作品的文风就像每个人的面容一样多种多样，各有不同。

第二，刘勰认为，作家的个性决定了作家的文风。刘勰把作家的体性分成八种类型："若总其归途，则数穷八体：一曰典雅，二曰远奥，三曰精约，四曰显附，五曰繁缛，六曰壮丽，七曰新奇，八曰轻靡。"他认为这八种"体性"（风格）都有各自的来源。其中"典雅"是熔铸着经典的内容，是向儒家学习所导致的。"远奥"是文采比较含蓄，是向道家学习造成的。"精约"主要表现为字句简炼，分析精细。"显附"是文辞直率而意义晓畅，给人入情入理之感。"繁缛"是比喻广博，文采丰富，显得光华四射。"壮丽"是具有议论高超，文采不凡的特点。"新奇"就是抛弃传统而追求一些光怪陆离的情趣。"轻靡"表现为辞藻浮华，内容空泛庸俗。

刘勰认为，这八种文风与作家"情性"有关，与作家刻苦学习和创作修炼有关。这八种文风之所以变化不同，固然是由作家的气质不同所形成的，但其成功的关键与作家的学习也不无关系。作家的才华虽有一定的天赋，但一开始就要注意学习，正像制木器和染织品一样，如果等到器皿制成了，颜色染定了，再改变就不容易了。所以作家要从追求纯正的风格出发培养自己的习惯，根据自己的性格来培养自己的写作才情。

第三，刘勰的"风骨"论，进一步阐述"文风"问题。刘勰认为"体性"和"风骨"是两个不同的概念。他在《风骨》篇特别指出："诗总六义，风冠其首，斯乃化感之本源，志气之符契也。"

刘勰认为，"风"和"骨"两者是不可分离的元素。他说："是以怊怅述情，必始乎风，沉吟铺辞，莫先于骨。故辞之待骨，如体之树骸，情之含风，犹形之包气。结言端直，则文骨成焉；意气骏爽，则文风清焉。若丰藻克赡，风骨不飞，则振采失鲜，负声无力。"

刘勰还强调，"风骨"与"守气"有着密切关系。他说："是以缀虑裁篇，务盈守气，刚健既实，辉光乃新，其为文用，譬征鸟之使翼也。故练于骨者，析辞必精，深乎风者，述情必显。捶字坚而难移，结响凝而不滞，此风骨之力也。若瘠义肥辞，繁杂失统，则无骨之徵也。思不环周，索莫乏气，则无风之验也。昔潘勖锡魏，思摹经典，群才韬笔，乃其骨髓峻也；相如赋仙，气号凌云，蔚为辞宗，乃其风力遒也。能鉴斯要，可以定文，兹术或违，无务繁采。"这些论述是很有见地的。

刘勰的"风骨"论是对中国古代文论创造性的继承和发展。"风骨"是中国古典文论中提出的一个特殊的概念。"风骨"的概念由来已久。春秋时期左丘明所编《国语》中，就有"风""风德"的说法。《论语》中记载孔子论乐也使用了"风"的概念。孔子在与几个学生对话时问："点，尔何如？"曰："莫春者……浴乎沂，风乎舞雩，咏而归。"夫子曰："吾与点也。"孔子赞成学生点的意见。

孔子还在评价诗歌时谈到诗风问题，指出乐"可以善民心，其感人深，其移风易俗，故先王著其教焉"（《乐记·乐施篇》）。《乐记》中开始提到"气"的问题，认为"初气主物，物生有声，声有刚有柔，有浊有清，有好有恶，咸发于声也"（《大戴礼记·文王官人》）。西汉经文学家刘向提出"乐者德之风"的观点，说："雅颂之声动人而正气应之；容好之声动人而和气应之；粗厉猛贲之声动人而怒气应之；郑卫之声动人而淫气应之。是以君子慎其所以动人也。"（刘向《修文》）

魏晋南北朝时期曹丕把孟子的"养气"之说来解释创作，用气之清浊来说明作品风格和作家气质个性的关系。曹丕说："文以气为主，气之清浊有体，不可力强而致。譬诸音乐，曲度虽均，节奏同检，至于引气不齐，巧拙有素，虽在父兄，不能以移子弟。"（《典论·论文》）曹丕还用"气"来论作家的风格。他说孔融"体气高妙"，说徐幹"时有齐气"，说刘桢"（时）有逸气"等等，都是重"气"。陆机的《文赋》也有"济文武于将坠，宣风声于不泯"的说法。

也有人使用"风"的概念来品鉴人物。《汉书·霍光传》里说："天下想闻其风采"；《汉书·王莽传》里说："莽色厉而言方，微见风采。"可见，中国历代文人是很重视"风"的，把风看作是作品风格的标志。

"风"和"骨"是相联系的。所以古人谈"风"的时候，必牵涉到"骨"。《史记·淮阴侯列传》中就有"贵贱在于骨法"的说法。而王充的《论衡》专设有《骨相篇》，其中说："人曰命难知，命甚易知，知之何用？用之骨体。人命禀于天，则有表候于体，察表候于知命，犹察斗斛以知容矣。表候者，骨法之谓也。"

王充所谓"骨相"，多少含有宿命论的观点。后来，"骨法""骨相"的概念被引申到对于绘画方面的艺术评论中。东晋顾恺之《论画》中已有"重迭弥纶有骨法""有奇骨而兼美好"的说法。谢赫的《古画品录序》里谈到的"六法"中就有"骨法用笔"这一法。南朝刘义庆所编《世说新语》记述了晋时士大夫的言行，对"风""骨"也有所论及。"王右军目陈应伯，垒块有正骨"，"戎子万子，有成之风"，"盛德之风，可乐咏也。"(《赏誉》)"韩康伯虽无骨干，然亦肤之。"(《品藻》)"李元礼风格秀整，高自标持。"(《德行》)"阮浑长城，风韵气度似乎。"(《任诞》)这些都是刘勰之前关于"风骨"的理论阐述。

"风骨"作为一个完整概念连起来用的也不是从刘勰开始。在《世说新语》中，已经把"风"和"骨"连起来用了，成为一个独特的概念。如"旧目韩康伯，将肘无风骨"(《轻诋》)。成于齐初的《古画品》第一品中评曹不兴作品时说："不兴之迹，殆莫复传，唯秘阁之内而已，观其风骨，名岂虚成！"沈约在其撰写的《宋书》，也有高祖"身长七尺六寸，风骨奇特"以及"玄见高祖，谓司徒王谧曰：'昨见刘裕风骨不恒，盖人杰也。'"还有不少理论家在品鉴人物和绘画、书法时，也使用过"风骨"这样的概念。

在"风骨"理论上，最具开创性的是刘勰。刘勰首先把"风骨"作为一个独特的美学概念运用到文学中来。刘勰再三说的"风"究竟是什么？《文心雕龙》全书使用"风"字的地方有好几十处。例如："益稷陈谟，亦垂敷奏之风。"(《原道》)"夫子风采，溢于格言。"(《征圣》)"文能宗经，体有六义……二则风清而不杂。"(《宗经》)"惊才风逸，壮志烟高。"(《辨骚》)"江左篇制，溺乎玄风。"(《明诗》)"是以师旷觇风于盛衰。"(《乐府》)"无贵风轨，莫益劝诫。"(《诠赋》)

作为一个美学概念，刘勰的所谓"风"用在对文学的要求上，主要是侧重于"情""志""意""气"这样一些属于内容的方面。刘勰一再强调文学作品应该有"风清"、有"风力"等等，可以看出他所要求的是骏爽之风、清丽之风、强劲之风。"风"是由充沛而清峻畅达的感情内容产生的艺术感染力，风就是表现在文学作品中的一种刚劲有力、引人向上的艺术风格和艺术感染力。

刘勰一再强调的"骨"是文章的"骨力"。《文心雕龙》全书谈"骨"的地方也有二十多处。例如："观其骨鲠所树，肌肤所附"(《辨骚》)；"遂使繁华损枝，膏腴害骨"(《诠赋》)；"骨鲠训典"(《诔碑》)；"甘意摇骨体"(《杂文》)；"有橄移之骨焉"(《橄移》)；"骨采宜耀"(《章表》)；

"骨鲠得焉""次骨为戾""虽有次骨"(《奏启》);"故辞之待骨""结言端直,则文骨成焉""风骨不飞""故练于骨者,析辞必精""此风骨之力也""繁杂失统,则无骨之微也""群才韬笔,乃其骨髓峻也""骨劲而气猛也""若风骨乏采""采乏风骨""若骨采未圆""则风清骨峻""严此骨鲠"(《风骨》);"深极骨髓"(《序志》)。刘勰的"骨"的含义虽然不是单一的,其中有指生理上的"骨",但主要是指文章的"骨力"。刘勰所要求的文学中的"骨"主要就是形式方面的要求,就是要求作家在表现形式上也达到刚健有力的气势和艺术感染力。

刘勰的"风骨"论虽包含着文意和文辞两方面的要求,但从创作理论的角度来说他更注意情采的统一。因此,又提出了"风骨"与"辞采"的关系。他认为,"风"是"化感之本源,志气之符契"。也就是说,"风骨"是进行教化的源泉,是表达思想的关键。所以抒发内心的感情时要注意风力,用文字表达内容时就要注意骨力。文章之有风骨,就像人的形体之内要有骨骸和活气一样,这是不可缺少的。如果用辞准确端庄,文骨就形成了;表达了作者爽朗的气概,文风也就鲜明有力了。刘勰在这里十分强调文章风骨的重要性以及"风"与"骨"的关系,认为风骨和文采兼备有之,才是理想完美的作品。

刘勰还强调作家要努力掌握"缀虑裁篇"的本领,使自己的作品具有"风骨"和文采。刘勰说"缀虑裁篇,务盈守气,刚健既实,辉光乃新"。他强调作家"务盈守气",就是要求作家有饱满的热情。有了饱满的热情,文章才能写得刚健,具有新的光彩。作家在创作中一定要防止两种毛病:一种毛病是内容少而文辞拖沓("瘠义肥辞"),杂乱而缺乏条理("繁杂失统")的文章就没有骨力;另一个毛病就是思想不周密("思不环周"),枯燥而气势不足("索莫乏气")的文章就没有风力。一个作家只有认真做到风教彰明、文骨峻拔,他的作品才能闪灿着耀眼的光芒。

第四,刘勰认为,在文学创作中应该"熔铸经意"才能达到具有风骨的境界。刘勰说:"若夫熔铸经典之范,翔集子史之术,洞晓情变,曲昭文体，然后能孚甲新意，雕画奇辞。昭体，故意新而不乱，晓变，故辞奇而不黩。若骨采未圆，风辞未练，而跨略旧规，驰骛新作，虽获巧意，危败亦多。岂空结奇字，纰缪而成经矣？周书云：辞尚体要，弗惟好异。盖防文滥也。然文术多门，各适所好，明者弗授，学者弗师。于是习华随侈，流遁忘反。若能确乎正式，使文明以健，则风清骨峻，篇体光华。能研诸虑，何远之有哉！"（《风骨》）刘勰认为一个作家如果能"熔铸经典之范，翔集子史之术"，他的文章就能达到"风清骨峻，篇体光华"的境界，这是刘勰"风骨"论的点睛之笔。说来说去还是他的"原道""宗经"那一套思想。

## 七、变则可久通不乏

沈约和刘勰接着还讨论了"通变"问题。

刘勰在写完《神思》《体性》和《风骨》之后，接着又写了一篇《通变》。

沈约在读了刘勰的《通变》以后，问道："刘勰，我读了你的文章，觉得你谈'通变'似乎有复古倾向，你怎样看？"

"我不认为是复古。其实'复古'是一种表面现象。我在文章开头就说：'夫设文之体有常，变文之数无方，何以明其然耶？凡诗赋书记，名理相因，此有常之体也；文辞气力，通变则久，此无方之数也。名理有常，体必资于故实；通变无方，数必酌于新声；故能骋无穷之路，饮不竭之源。然绠短者衔渴，足疲者辍途，非文理之数尽，乃通变之术疏耳。故论文之方，譬诸草木，根干丽土而同性，臭味（睎）晞阳而异品矣。'我说的'通变'贯穿古今。说的变，是参古定法。我认为不能说这是复古。"

沈约听了刘勰的解释，点点头，似乎有了一些理解。

文学或文艺中的"通变"，或者说继承和革新是个重要的理论问题。

对刘勰这个理论我们可以做这样的解读：

刘勰的"通变"说，是对中国古代美学思想的继承和发展。在刘勰之前，中国古籍中就已经有"通变"的说法了。《周易·系辞上》中记载："子曰：知变化之道者，其知神之所为乎。易有圣人之道四焉，以言者尚其辞，以动者尚其变，以制器者尚其象，以卜筮者尚其占……参伍以变，错综其数。通其变，遂成天下之文，极其数，遂定天下之象。非天下之至变，其孰能与于此？"其中还写道："子曰：圣人立象以尽意，设卦以尽情，系辞焉以尽神。……是故形而上者谓之道，形而下者谓之器，化而裁之谓之变，推而行之谓之通，举而错之，天下之民谓之事业。"这里对"通"和"变"又做了进一步的解释。所谓"化而裁之谓之变""推而行之谓之通"，就是说"变"是一种发展变革，而"通"则是传统的继承和推广。

到了魏晋六朝，"因""革"理论又有新的发展变化。扬雄提出的"因"与"革"，同《周易》中所述"通"与"变"，实际意思是差不多的。后来，陆机的《文赋》说：他"作文赋，以述先士之盛藻，因论作文之利害所由。他日殆可谓曲尽其妙，至于操斧伐柯，虽取则不远，若夫随手之变，良难以辞逮，盖所能言者，具于此云"。陆机所说的"取则不远""随于之变"，说的"则"和"变"，也接触到继承与变革的问题。但是，他们的论述，也还是比较零碎的。刘勰对于"通变"的论述就比他们全面得多了。

刘勰的"通变"理论也吸收了前人的成果。诸如"参伍以变，错综其数""变则通，通则久"等等，都是他的前人讲过的。

刘勰说："名理有常，体必资于故实；通变无方，数必酌于新声。"（《通变》）就是阐明"通"与"变"的关系。"通"是为更好地继承，变是为更好地革新，也就是革故鼎新的意思吧！

刘勰之所以要提出"通变"，是贯彻他"补偏救弊"的文学主张。在"通"和"变"这一对矛盾中，他强调"通"，即强调它的继承性，在当时是有积极意义的。刘勰论文主张"征圣""宗经"。他认为，"圣人之情，见乎文辞"，所以在创作中，虽然"繁略殊形，隐显异术"，但是，"抑引随时，变通会适，征之周孔，则文有师矣。"（《征圣》）尽管文章变化无穷，风格多种多样，只要认真向周公孔子这些儒家老祖宗学习，写作上就算找到老师了。

刘勰正是基于"宗经""征圣"的思想，所以他在分析文学的发展变化时，特别强调创作思想继承性的一面。

刘勰在写《通变》时，对于他那个时代出现的不良现象甚为不满。他认为，楚汉以后，与"黄唐淳而质"的情况大不一样了。他有针对性地写道："楚汉侈而艳，魏晋浅而绮，宋初讹而新，从质及讹，弥近弥澹。何则？竞今疏古，风味气衰也。"他认为楚国和汉代的作品铺张而崇尚辞采；魏晋两代的作品浅薄而靡丽；刘宋初期的作品新奇得反常。从质朴到乖讹，越到近来越浅薄。这是什么原因造成的呢？是因为作家们忽略向古人学习而竞相模仿近代之作，所以文坛的风气越变越坏。

刘勰有师古倾向。但他同时也注意到了文学不能一味师古，只有"变"，文学才能有长远的生命力。当然，刘勰所谓"变"并不是要革除古代圣贤的一切旧文旧法，创造新奇的内容，他强调的是革除淫靡的世俗之文。"所谓变者，变世俗之文，非变古昔之法。"

沈约在读《通变》时，对刘勰提出了一些疑问，看来，他对刘勰的"通变"理论，没有完全赞同。是有支持，也有保留的。


## 八、因利聘节必有势

沈约对刘勰的"定势"理论很感兴趣，但也有些疑问。他不知道刘勰为什么要写《定势》。

沈约问道："你专门写篇《定势》是什么意图？"

"我写《定势》是为了强调文学创作能够有个法度，让它中规中矩地正常发展，所以我开头便写道：'夫情致异区，文变殊术，莫不因情立体，即体成势也。势者，乘利而为制也。如机发矢直，涧曲湍回，自然之趣也。圆者规体，其势也自转；方者矩形，其势也自安；文章体势，如斯而已。是以模经为式者，自入典雅之懿；效骚命篇者，必归艳逸之华；综意浅切者，类乏酝藉；断辞辨约者，率乘繁缛；譬激水不漪，槁木无阴，自然之势也。'我写'定势'主要是讲清楚写文章必须有气势、有法度。"

沈约说："啊，你写'定势'是讲文学的气势法度，这个提法很好，很重要啊，写文章必须有法度。"

刘勰关于"定势"的理论，是美学中的主要问题，为了对它有更深入的理解，我们需要做些解读。

"势"是什么？

"势"是刘勰文艺理论中的一个重要美学概念。刘勰的"定势"理论也是对我国古代文艺理论的继承和发展。我国古代，把"势"这个词运用到文艺理论中，比较早的要算晋代的艺术评论家顾恺之。他在《魏晋胜流画赞》中多次使用了"势"这个概念。他说"《孙武》……若以临见妙裁，寻其置陈布势，是达画之变也"；"《壮士》有奔胜（腾）之势，恨不尽激扬之态"；"《三马》，隽骨天奇，其腾罩如蹑虚空，于马势尽善也"；"《七佛》及《夏殷与大列女》，二皆卫协手传而有情势"；"《清游池》不见金镐，作山形势者，见龙虎杂兽，虽不极体，以为举势，变动多方"。顾恺之的《画云台山记》也用到"势"这个概念："西去山，别详其远近，发迹东基，转上未半，作紫石如坚云者五六枚，夹冈乘其间而上，使势蜿蜒如龙。……画丹崖临涧上，当使赫嵫隆崇，画险绝之势。"（见《中国画论类编》）

南北朝时期在评论书法时，也有人把"势"作为一个专门术语来运用。南齐时代的王僧虔在《书赋》中说："情凭虚而测有，思沿想而图空，心经于则……妍靡深功……故其委貌也必妍，献体也贵壮，迹乘规而骋势，志循检而怀放。"王僧虔又在《条疏古来能书人名启》中谈王献之的书法时指出："王献之善隶槀，骨势不若父，而媚趣过之。"梁武帝论书法，其《草书状》说："……但体有疏密，意有倜傥，或有飞走流注之势，惊竦峭绝之气，滔滔闲雅之容，卓荦调宕之志，百体千形，巧媚争呈，岂可一概而论哉！"他在《观钟繇书法十二意》中又说："……逸少至学钟书，势巧形密。"梁代袁昂论书法，在其《古今书评》也谈道："薄绍之书，字势蹉跎，如舞女低腰，仙人啸树。""萧思话书，走墨连绵，字势屈强，若龙跳渊门，虎卧凤阙。"其《书评》又说："王右军书，字势雄强，若龙跳渊门，虎卧凤阁。故历代宝之，永以为训。"(《全梁文》)古人论书画，都是把"势"作为姿态。

刘勰在《文心雕龙》中，把前人书画论里作为"姿态"的"势"的概念，转变为文论中作为"风格"的概念，在美学理论上是一个创造。

在《定势》里，刘勰主要是阐明"体"与"势"的关系，即文体与风格的关系。他用自然界的一些现象来比喻文艺。他认为：像自然界一样，机弩一发，箭势矢直；涧流曲转，水势迂回。用圆的东西去规体，它的形体必然是圆的；用方的东西去矩形，它的形体必然是方的。刘勰的观点是来于自然，又回归自然。

刘勰认为文章之美，文章的风格，同自然界的现象是一样的：模拟《五经》的作品，自然会有典雅之美；仿效《离骚》写的诗赋，必然开出艳丽之花；浅薄的文章必定不含蓄；用辞精约可以避免繁琐。总之，这一切都是非常自然的现象。文章风格的形成，大致是这样的：不同的内容要求采用不同的文体；不同的文体自然有不同的风格。所以刘勰认为："是以括囊杂体，功在铨别，宫商朱紫，随势各配。章表奏议，则准的乎典雅，赋颂歌诗，则羽仪乎清丽；符檄书移，则楷式于明断；史论序注，则师范于核要；箴铭碑诔，则体制于弘深；连珠七辞，则从事于巧艳，此循体而成势，随变而立功者也。"刘勰所谓"循体而成势"，就是根据不同的文体创造不同的风格。

刘勰这个观点是对前人理论观点的继承和发挥。曹丕和陆机都有过此类论述。不过，他们虽然看到了不同文体应该具有不同的风格，但是没有对这种现象进行理论上的概括。直到刘勰，才用"势"概括了这个现象，总结出"因情立体，即体成势"这个创作规律。

刘勰在《体性》篇，论述作家的个性气质与风格的关系，概括出文章的八种风格，即前面所说的"八体"，来表述作家风格的差异。但又指出，风格的差异不仅与作家的个性气质有关，而且与文体有关。例如章表奏议要求典雅的风格；赋颂歌诗则要求清丽的风格；符檄书移要求明断的风格，等等。

为什么说刘勰《定势》篇里所谈的"势"就是指风格呢？关于这点，刘勰解释过："然渊乎文者，并总群势；奇正虽反，必兼解以俱通；刚柔虽殊，必随时而适用。"他还说："然文之任势，势有刚柔，不必壮言慷慨，乃称势也。"他所谓"刚"即阳刚之美，雄浑豪放的风格皆是。所谓"柔"即阴柔之美，柔婉闲淡的风格皆是。"奇正"也是风格问题。刘勰再三说"势有刚柔"，是说风格有雄浑柔婉的分别。

刘勰在《文心雕龙》中提出"定势"，是为了解决两个问题：

一是从理论上阐明内容、体裁和风格这三者的关系，指出内容多种多样决定了体裁也应多种多样，体裁的多样化也就决定了风格的多样化，因此不能只肯定某种体裁，肯定某种风格而否定其他。

二是指出文章的风格受内容的制约，作家要创造独特风格必须先从内容方面着手，内容有了"意新"，然后才能在风格上得巧。如果只是玩弄文字游戏、穿凿取新，决不能创造新颖的风格。

沈约在与刘勰的研讨中，经过刘勰的解释，才知道他写《定势》，原意是为了阐明风格的多样性和风格的独创性。

沈约对"定势"论表示赞同，并称赞他的看法"深得文理"。


## 九、文质彬彬为君子

沈约是大文学家，对文章作法甚有研究，他看了刘勰写的《情采》

很感兴趣。

沈约问道："我知道你整部书都重视情采，为什么要专写一篇《情采》来论述文章的情采呢？"

"是的，我整部书都是讲'情'讲'采'的。但这篇文章不单讲情，也不单讲采，而是讲情和采的关系。所以我在这篇文章的开头就说：'圣贤书辞，总称文章，非采而何？夫水性虚而沦漪结，木体实而花萼振，文附质也。虎豹无文，则鞟同犬羊；犀兕有皮，而色资丹漆，质待文也。若乃综述性灵，敷写器象，镂心鸟迹之中，织辞鱼辞鱼网之上，其为彪炳，缛采名矣。故立文之道，其理有三：一曰形文，五色是也；二曰声文，五音是也；三曰情文，五性是也。五色杂而成黼黻，五音比而成韶夏，五（情）性发而为辞章，神理之数也。'我在这里强调情与采的关系。"

刘勰的"情采"理论，谈的是美学中的一个关键性问题，非常重要。

刘勰所讲的"情""采"，用今天的话来说就是内容和形式。关于刘勰的情采论，我们可以做这样的解读：

文学艺术中的内容和形式、内容美和形式美的关系，是中西方文学理论家们普遍关注的问题。

在西方，例如毕达哥拉斯学派早就提出过"美是和谐与比例"的看法。他认为："一切立体图形中最美的是球形，一切平面图形中最美的是圆形。"他主要从形式的角度来观察和断判美。赫拉克利特则开始注意到形式美与内容美的结合。他说："身体的美，若不与聪明才智相结合，是某种动物性的东西。"这些西方早期的美学家，或从内容上或从形式上论述美，但都还没有能够辩证地解决内容和形式关系的问题。

在我国古代，早于刘勰的文学家与美学家们对文学艺术中内容和形式关系有过各种论述。左丘明在《国语·晋语五》中谈到"情"与"文"的关系时说："夫貌，情之华也；言，貌之肌也。身为情，成于中。言，身之文也。言文而发之，合而后行，离则有衅。"他在这里注意到了内容和形式不能分离。

孔子谈"文"与"质"的关系时说:"质胜文则野,文胜质则史。文质彬彬,然后君子。"(《论语·雍也》)孟子则提出了"不以文害辞"的观点:"故说诗者,不以文害辞,不以辞害志;以意逆志,是为得之。如以辞而已矣。"(《孟子·万章上》)

老子的观点则相反。他把内容与形式两者截然对立起来,认为:"信言不美,美言不信。"(《老子·八十一章》)在他看来,真实的言辞不应该有修饰之美,而修辞美的言辞必然不真实。这样就绝对化了。

庄子把形式与内容割裂开来,提出"得意忘言"的说法:"荃者所以在鱼,得鱼而忘荃;蹄者所以在兔,得兔而忘蹄;言者所以在意,得意而忘言。"(《庄子·外物》)认为有了内容就可以抛弃形式,就把形式的作用估计得太低了。

韩非子反对孔子的"文饰礼乐"的主张。他说:"夫恃貌而论情者,其情恶也;须饰而论质者,其质衰也。何以论之?和氏之璧,不饰于五采,隋侯之珠,不饰以银黄,其质至美,物不足以饰之。夫物之待饰而后行者,其质不美也。"(《韩非子·解老》)认为美的质是不用修饰的,从根本上轻视形式的作用。这种观点也是有很大片面性的。

《大戴礼记》中注意到在一个美的事物中,其所以"美",首先是"美质在其中",说:"盖有人可知者焉:貌色声众有美焉,必有美质在其中矣;貌色声众有恶焉,必有恶质在其中矣。"(《大戴礼记·四代》)这是重视内容的决定作用。

《淮南子》里探讨了事物的内质和外饰的关系,并认为本质上美的东西,可以表现为多种多样的形态,美的质如果没有相应的美的形式也可以表现为丑。作者说:"今夫毛嫱西施,天下之美人。若使之衔腐鼠,蒙狶皮,衣豹裘,带死蛇,则布衣韦带之人过者,莫不左右睥睨而掩鼻。"(《淮南子·修务训》)像毛嫱、西施这样的天下美女,如果打扮得丑陋可恶,也会使路人侧目掩鼻,可见外形美也是十分重要的。

扬雄认为"言不文不成经",强调文饰之重要:"或曰'良玉不雕,美言不文,何谓也?'曰:'玉不雕,珏瑶不作器;言不文,典谟不作

经'。"（《扬子法言·寡见》）

王充主张文章应该"外内表里，自相副称"，做到内容与形式、情与辞的统一。

陆机的《文赋》在谈到文与质的关系时，强调"理扶质以立干，文垂条以结繁，信情貌之不差，故每变而在颜"。他在这里指出"质"（也就是内容）是"主干"，"文"是"枝条"，是依附于主干的东西。

刘勰关于"文质"和"情采"的观点，是总结前人正反两方面的经验而提出来的，他的见解超过了前人在理论上达到的高度。归纳起来，刘勰"情采论"的创造性观点可归纳为：

首先，刘勰肯定文艺作品中内容和形式是互相依存、不可或缺的。他在《情采》篇里所说的："圣贤书辞，总称文章，非采而何！"意在说明：古代圣贤的著作都称为文章，都由于它们具有文采。因为水性虚柔所以产生波纹，树木坚实才有花朵开放。虎豹的皮如果没有附着在上面的斑斓的花纹，就看不出它和犬羊的皮有什么分别；犀牛的皮虽然有做盔甲的用处，但是只有涂上丹漆的颜色才会有美丽的光彩。这是"质"（内容）有待"文"（形式）来加以表现。至于抒写作者的思想感情，描绘事物的形象，在文字上用心琢磨，然后组织辞句写在纸上，其所以能够光辉灿烂，就是因为它文采繁茂的缘故。这段话说得很有道理。

其次，刘勰在内容和形式的关系的论述中，总是把内容放在首位。他注意到，在形式和内容的有机统一中，内容是起决定作用的。刘勰说的："故情者，文之经；辞者，理之纬；经正而后纬成，理定而后辞畅，此立文之本源也。"他强调，涂脂抹粉虽然可以修饰人的容貌，但顾盼妍美却决定于人的美好姿质；文采虽然可以修饰人的言论，但辩说之美却决定于内容本身。做文章犹如织网一样，内容好似它的经线，文辞好像它的纬线，先确定了经线，然后才织上纬线。所以写文章也要首先确定内容，然后才能使文辞流畅，这是文学创作的根本原则。所以他特别强调内容起着决定性的作用。他的这些观点是针对当时"体情之制日疏，逐文之篇愈盛"的创作风气而发的。

其三，在对内容和形式关系的认识中，刘勰也不轻视形式对内容的反作用。刘勰再三阐明，形式美是不能忽视的："圣贤书辞，总称文章，非采而何！""孝经垂典，丧言不文，故知君子常言，未尝质也。""老子疾伪，故称美言不信，而五千精妙，则非弃美矣。""庄周云：'辩雕万物'，谓藻饰也。""韩非云：'艳采辩说'谓绮丽也。"（《情采》）刘勰举凡这些圣哲的言论，都不外乎说明，美丽的艺术形式是不能废除的。他在反复说明内容的重要性的同时，总是兼顾到形式美的意义。形式对内容具有相对的独立性和一定的反作用。在文学创作中，如果相同的内容，艺术形式的优劣好坏就影响着内容的表达和艺术感染力的高低强弱。相同的内容可以用不同的形式来表现，同一种文学形式又可以表现不同的内容。因此，忽视形式对内容的反作用，同样是错误的。

刘勰强调内容的重要性又不忽视形式，对当时唯美主义倾向的尖锐的批评，不仅具有理论价值，而且有着实际意义，对于纠正当时形式主义的文学倾向起着"力挽狂澜"的作用。

沈约对刘勰的这些观点，也表示赞同，不断点头称赞。


# 十、规范本体剪浮辞

刘勰重视文章作法，特别重视文学作品或文章的剪裁，因而写了《熔裁》篇，专门探讨文学写作中的剪裁问题。

沈约对刘勰的"文章作法"的理论也很重视，他们还特别讨论了刘勰对剪裁问题的论述。

沈约问："你是怎样看待文章剪裁的？"

"我在文章中写道：'情理设位，文采行乎其中。刚柔以立本，变通以趋时。立本有体，意或偏长；趋时无方，辞或繁杂。蹊要所司，职在熔裁；櫽括情理，矫揉文采也。规范本体谓之熔，剪截浮词谓之裁。裁则芜秽不生，熔则纲领昭畅，譬绳墨之审分，斧斤之斫削矣。骈拇枝指，由侈于性，附赘悬疣，实侈于形。一意两出，义之骈枝也；同辞重句，文之疣赘也。'"

刘勰在谈了自己的观点以后，恭敬地对沈约说："您是文坛前辈，诗文高手，是我们写文章的楷模，晚生不敢多言，还是请老先生指教。"

沈约说："你的《熔裁》中，许多观点都很精彩嘛！"

刘勰说："我写'熔裁'是谈自己写文章时对剪裁的一些看法，不知对不对？"

"熔裁"是什么意思？关于刘勰的"熔裁"理论，我们可以做这样的解读：

第一，刘勰提出艺术剪裁在创作中的重要意义。这里所讲的"熔裁"，有点儿像我们今天文艺理论中所说的"艺术剪裁"这个概念。作家进行创作，在篇章组织结构过程中艺术剪裁非常重要。作家搜集了丰富的材料，如果毫无取舍地都写进一部作品里，这部作品必然臃肿不堪，成为材料的堆砌，谈不上艺术的美，甚至不成其为艺术品了。因此需要进行艺术剪裁。刘勰认为艺术剪裁就是作家根据一定的标准对材料进行处理的一种功夫，正像缝衣匠根据一定的标准对衣料进行裁剪一样。

刘勰把艺术剪裁称为"熔裁"，自己解释说："规范本体谓之熔，剪截浮辞谓之裁。"用我们今天的话来说，"熔"就是对作品内容的规范，"裁"就是对繁文浮词的剪截。文学创作通过"熔"和"裁"，从而达到"情周而不繁，辞运而不滥"的目的。文学创作中如何熔炼文意和裁酌文辞，对提高创作的质量具有重要的意义。实践证明，文学创作中有了精巧的艺术构思和个性化的艺术风格，还有待于熔炼文意和裁酌文辞，所以刘勰设《熔裁》篇讨论熔意裁辞问题。

第二，刘勰强调了文学创作中"命意""修辞"是核心问题。刘勰认为，文章的写作（不限于文学创作）大体上是"命意"、"修辞"两方面的功夫。命意是内容方面的要求，修辞是形式方面的要求。内容确立了就要选择适当的表现形式。有了合适的表现形式，内容也就能充分地表达。这两者是互相依存，不可或缺的。所以刘勰说："情理设位，文采行乎其中，刚柔以立本，变通以适时。"作品内容有了一定的部署，然后再运用文采；首先确定作品刚或柔的基调，再考虑它的形式的变化。这是做文章的一般的原则。在创作过程中，往往又会出现许多毛病。从"命意"（即内容）方面说，有两个缺点，一个是芜杂，一个是枯竭。内容芜杂就没有条理；内容枯竭就不能表达自如。从"修辞"（即形式）方面说，往往也有两个缺点：一个是枯燥，二是繁杂。辞藻枯燥就无法表达内容；辞藻繁杂就显得浮泛杂乱。有了这两方面的毛病，就要采取措施加以解决。内容和形式的枯竭就要加强学习，丰富自己的知识；繁杂的毛病就要进行熔裁。所以刘勰说："立本有体，意或偏长；趋时无方，辞或繁杂。蹊要所司，职在熔裁。""裁则芜秽不生，熔则纲领昭畅。"

第三，刘勰"三准"是创作论中的重要原则。

什么叫"三准"，刘勰写道："凡思绪初发，辞采苦杂，心非权衡，势必轻重。是以草创鸿笔，先标三准：履端于始，则设情以位体；举正于中，则酌事以取类；归余于终，则撮辞以举要。然后舒华布实，献替节文，绳墨以外，美材既斫，故能首尾圆合，条贯统序。若术不素定，而委心逐辞，异端从至，骈赘必多。"（《熔裁》）

由此看来，刘勰的"三准"是针对文章中的"情""事""辞"提出来的。他认为一篇作品无论它的体制大小，体裁异同，都是由"情""事""辞"这三种因素构成的，作家在创作过程中进行艺术剪裁时，都不能不涉及"情""事""辞"三个方面。

"设情以位体"是内容方面剪裁的标准，即"櫽括情理"的标准，也就是所谓炼意的标准。刘勰所谓"情"，实际上是孔子赞《易》时所说的"意"："书不尽言，言不尽意"，也是孟子在《孟子·万章上》说："不以文害辞，不以辞害志。"刘勰认为，"情"在作品中是最重要的，是作品的灵魂，是决定的因素。因此创作中"设情"就是个特别重要的问题。刘勰强调"设情"（安排内容）必须能"位体"。"位体"是指树立骨干，建立作品统一的思想体系。刘勰认为，作家在进行艺术剪裁时，应该考虑到作品中所写的具体内容是否能树立起文章的骨干，是否符合作者所要表现的思想体系。作品的艺术力量取决于内容本身，但是作家能否把内容表达好，在很大程度上取决于作家艺术剪裁的功力。剪裁得好，内容就能够得到充分的表现，主题思想也就突出鲜明；剪裁不好，不仅内容得不到充分的表现，主题思想也受到妨碍。这是很有见地的。

"酌事以取类"是用事用典的原则，对事类进行剪裁的具体标准。"酌事"就是选择事义，"取类"就是取其相类者。刘勰指出，古人作诗文喜欢用事用典，喜欢"据事以类义，援古以证今"（《事类》），这种风气很早就形成了。孔孟的著作里引成言成事；屈宋的辞赋里也常征引古事。到了汉魏，文士撰述必本旧言，或资于训诂，或引录成言，或综辑故事。不仅学术著作用事用典，而且"吟咏情性"的诗歌里也大量使用典故。六朝时代兹风靡甚，作者们"竞须新事""拘挛补衲"，致使"文章殆同书钞"。刘勰认为，作家在选择事义的时候，应该注意这个事义是否与自己所要表达的内容相类似。也就是说，所择之"事"与所表之"情"是否相吻合。因此作家在艺术剪裁时，就应该进一步斟酌，把那些不切合主题思想，无助于表现内容的事义删掉。

"撮辞以举要"是用辞的原则，对文章的辞采进行剪裁的标准。刘勰认为，作家选择的文辞要足以表达内容的意义。在一篇作品中，"情"（即作品的内容）是主体，而"辞"是表现这个主体的外在形式。在"情"与"辞"的关系中，"辞"是为"情"服务的，因此在创作中，如何撮辞就要根据内容来决定。但无论选择什么"辞"，都必须以能表达内容的要义为原则，不能充分表达内容的辞是不好的。作家进行艺术剪裁，除了对材料事义进行选择取舍之外，对于文辞也要注意，把那些不能表现内容的繁杂的辞采应当剪去，做到"情周而不繁，辞运而不滥"。

刘勰的这个"三准"，是他关于创作的三条原则，也即他对文章中"情""事""辞"三方面进行艺术剪裁所提出的具体标准，而不应把它理解为创作前或创作过程中所必须经历的三个步骤或三层程序。

刘勰在写作中是实践"三准"的典范。他才赡学博,不仅精研佛理,而且谙熟古代哲学家、思想家、文学家、史学家的各种著作,因此在《文心雕龙》里大量引证了前人的言论。

沈约同刘勰经过讨论,对于刘勰的"三准"理论表示赞成,认为也是"深得文理"的。

## 十一、附辞会义总文理

沈约和刘勰还讨论了《附会》篇的内容。

沈约问:"你为什么要专门写篇《附会》呢?"

"我写《附会》也是有具体目的的。我在文章开头就说:'何谓附会?谓总文理,统首尾,定与夺,合涯际,弥纶一篇,使杂而不越者也。若筑室之须基构,裁衣之待缝缉矣。夫才(量)童学文,宜正体制,必以情志为神明,事义为骨髓,辞采为肌肤,宫商为声气;然后品藻玄黄,摛振金玉,献可替否,以裁厥中;斯缀思之恒数也。'我就是要强调写文章要做到'杂而不越'。"

沈约对刘勰说:"在《附会》篇,你用拟人的笔法论述很有意思。把情志比作神明,事义比作骨髓,辞采比作肌肤,宫商比作声气,很生动。你提出的这些看法很重要啊!"

刘勰关于文章结构问题的看法是他的重要美学思想。关于这点,我们可以做这样的解读:

第一,刘勰的《附会》主要是谈文章结构,也就是探讨文章中内容和形式两方面的处理问题。"附会"一词,最早见于《汉书·爰盎传赞》:"虽不好学,亦善附会。"《后汉书·张衡传》也谈道:"衡乃拟班固《两都》作《二京赋》,因以讽谏,精思傅会,十年乃成。"刘逵《蜀都吴都赋序》亦有"傅会辞义,抑多精致"之言。《汉书》的原意,据张晏注是"因宜附著会合之"的意思。

刘勰把"附会"运用到文学理论中，实指谋篇命意，和我们今天文学理论中所说的"结构"这个术语是相近的。所以《附会》篇所谈的，也就是写文章的篇章结构问题。《附会》的中心议题是探讨作品诸因素中的联系，也就是讲创作中如何统筹兼顾问题的。既有首尾圆合，首尾一体之言；又有纲领昭畅，内义脉注之论。而总文理定首尾之术，必宜专门的论述，这就是要单写一篇《附会》的原因。

刘勰"附会"的论述就是综合全篇的条理，使文章的首尾联贯。他认为决定文章的取舍，把各部分都融合起来，组织成一个整体，使复杂的内容层次分明，正像建房子要注意基础结构，做衣服依靠缝纫一样。学习写文章，必须先正体制，以作者的思想感情为作品的神经中枢，以体现内容的事义为作品的骨骼，以辞章文采为作品的肌肉，以声调音节为作品的基调。明确了这些，就对作品的统筹安排有一定把握了。

第二，刘勰指出结构在创作中的重要性。刘勰认为，写文章好像做房子和缝衣服一样，做房子需要把建筑器材结构成房子才能住人，否则还是一堆器材；做衣服需要把布料缝缉成衣裳才能穿，否则还是布料。

文章需要组织结构，也是同样的道理。刘勰认为，作家不把众多的材料组织成一个有机的整体，就不成其为文章，而仍然是一堆材料。只有通过结构，一篇文章才能是一个和谐的有机体，才能使文章中"众理虽繁，而无倒置之乖，群言虽多，而无棼丝之乱"，才能使文章首尾周密，表里一体。

刘勰还指出，结构的目的是为了使文章成为完整的有机体，骨干突出，条理分明。通过组织结构，达到"驱万涂于同归，贞百虑于一致"。他把作品中"情""事""辞""调"这几个组成部分比作人体内各种机能。文章中的情志犹如人体内的心脏，事义就像人的骨髓，辞采就像人有肌肤，而宫商声调恰似人的音容。他认为，文章的各种成分，具有它的不同的作用，虽然有主有次，但都是不可缺的机能。作家在组织结构文章时必须注意文章中各种组成部分之间的关系，注意"情""事""辞""调"

这些成分在作品中的地位，何者为主，何者为次，它们之间如何联系都应该明确，这就是艺术结构应掌握的原则。

第三，刘勰还提出篇章结构的基本任务。即：一、总文理；二、统首尾；三、定与夺；四、合涯际。这四者都很重要。现在我们分别做一些分析。

"总文理"用今天的话来说就是综合全篇的条理，搞好总体结构。《熔裁》提道："草创鸿笔，先标三准……然后舒华布实，献替节文；绳墨以外，美材既斫，故能首尾圆合，条贯统序。"《附会》篇做了进一步的补充。他指出，文章中所要涉及的问题，必须为突出这一中心思想服务，使百义而伸一意。一切材料也必须围绕着表达中心思想来加以安排，把主要内容放在适当的位置上。作文中这种规模大体，明立骨干，确立主脑，显示本意的功夫，就是陆机所说的"扶质立干"。

"统首尾"是篇章组织结构的另一项重要任务。一篇文章，一部作品，不管它的体裁如何，篇幅大小，都是一个艺术整体，它的各个部分都是有机地联系着的。文章中这种有机的联系表现得更为突出，而这种联系又突出反映在首尾呼应互相连贯上："启行之辞，逆萌中篇之意；绝笔之言，追媵前句之旨；故能外文绮交，内义脉注，跗萼相衔，首尾一体。若辞失其朋，则羁旅而无友，事乖其次，则飘寓而不安，是以搜句忌于颠倒，裁章贵于顺序，斯固情趣之旨归，文笔之同致也。"（《章句》）这就是说，一篇文章或一部作品，它一开头，就应当为后面的内容理下伏线；文章的结尾应该和前面的思想相衔接。一方面篇中要曲折绮错，意态横生；另一方面又要防止缺乏条理，颠倒顺序，乖违次第。文章如果前后不相称，必然会使文风不畅。"若首唱荣华，而媵句憔悴，则遗势郁湮，馀风不畅。此周易所谓臀无肤，其行次且也。惟首尾相援，则附会之体，固亦无以加于此矣。"（《附会》）意思是说，如果开头写得很好，很华美，而结尾写很差，形容憔悴，那么作品的收尾就没有力量，正像一个人臀部没有皮肉，走路就走不快是一样的道理。因此，"统首尾"若处理得不好，既影响了内容的表达，也损害了形式的完美。

"定与夺"是谈文章的组织结构中对材料的取舍。关于这个问题，刘勰在谈剪裁时做了比较详细的分析。刘勰指出，写作文章，先须就正文体，认清文章中各种组成因素的不同作用。"然后品藻玄黄，摛振金玉，献可替否，以裁厥中。"意思是说，作家明确了文章各种因素的作用以后，就要像画家配色彩，乐师安排音节一样，适合的就选用，不适合的就删弃，以求做到恰到好处。作家在组织结构处理题材时，应该注意从大处着眼，不能只注意小节而忽略它的主要方面。不能像不高明的画师那样只注意头发而忽略人的容貌；不能像劣等射手那样只注意小处而失去了大的目标。

"合涯际"就是要检查一篇文章立论是否周密，有没有漏洞。刘勰认为，这点在篇章结构中非常重要。一篇文章无论是叙事文说理文或者其他文体，都应该做到周密没有漏洞。以说理文为例，其目的在于说服对方，因此必须论点明确，论据可靠，论述必须自圆其说，每一个提法都必须周密，没有任何漏洞。所以在《论说》篇里刘勰就谈道："原夫论之为体，所以辨正然否；穷于有数，追于无形，钻坚求通，钩深取极；乃百虑之筌蹄，万事之权衡也。故其义贵圆通，辞忌枝碎，必使心与理合，弥缝莫见其隙；辞共心密，敌人不知所乘；斯其要也。"他强调的是，论说这种文体是用来辨明是非的，因而必须进行深刻的分析，突破难点求得贯通，经过深入的探索之后再得出结论。这就要求道理讲得圆满而通顺，不能断章取义，应该说得合情合理，没有一点儿漏洞，使论敌无机可乘。这是写论说文的要点。

刘勰提出的"总文理，统首尾，定与夺，合涯际"这四个方面，谈的是篇章结构过程中四项主要任务，看来好像是技巧问题，实际上是谈艺术整体美。这是刘勰的整体美的思想在篇章结构中的体现。

沈约是文章大家，著述甚多，经验甚丰，所以对刘勰论文章作法的理论也很赞赏："这篇文章虽谈具体问题，但内容很切合实际，值得写作者们重视啊！"

## 十二、析辞尚简文为美

沈约作为一个诗人，同时也是个语言学家，对文章的修辞甚有研究，他读了刘勰几篇谈文章修辞的文章很感兴趣，对刘勰说："你在书中写的几章文章，表面看是修辞问题，但不限于修辞，极为重要，很值得文章写作者重视。"

刘勰说："沈大人过奖了，不过这几章都涉及语言问题，确实应该重视的。"

沈约指的是哪些文章呢？全书中，比较集中探讨语言修辞方面的就有七篇：《声律》《章句》《丽辞》《比兴》《夸饰》《事类》《练字》。其中《比兴》《夸饰》不仅是技巧问题。在这里我们着重解读刘勰对语言修辞方面的美学要求。刘勰对语言美的要求，有下列几个方面很值得我们重视：

第一，刘勰对文学创作提出"声律美"的问题。刘勰写道："故言语者，文章神明枢机；吐纳律吕，唇吻而已。古之教歌，先揆以法，使疾呼中宫，徐呼中徵。……今操琴不调，必知改张，摛文乖张，而不识所调。"又说："夫吃文为患，生于好诡，逐新趣异，故喉唇纠纷；将欲解结，务在刚断。"（《声律》）这就是着重讲求声律之美。

我国古代的诗歌创作讲究声律，注意双声、叠韵、平仄配合以及和声、押韵等等，所以创作上的语言运用不能不讲究声律。刘勰是把声律提到很重要的地位来认识的。他说："古之佩玉，左宫右徵，以节其步，声不失序。音以律文，其可忘哉！"（《声律》）意思是说，古代的人身上佩带玉器，通过左右发出的"宫""徵"的声音来调节步履，用音韵来调节文词，怎么能够忘记呢？"故言语者，文章神明枢机，吐纳律吕，唇吻而已。"对音律的要求，主要也是要它和人的口吻协调。不过，他对作品中的音韵的要求还是非常严格的，特别是反对"好诡""逐新"的倾向，他说："夫吃文为患，生于好诡，逐新趣异，故喉唇纠纷，将欲解结，务在刚断。左碍而寻右，末滞而讨前，则声转于吻，玲玲如振玉，辞靡于耳，累累如贯珠矣。"（《声律》）他认为文章音律不美的病根，在于作者爱好奇诡、追逐新奇。他认为，要想纠正这种毛病，就要割断一些怪僻的爱好，使作品像振动的玉器那样玲玲作响，像成串的珍珠那样惹人喜爱。这才是美文。

第二，刘勰提出分章造句要严密要有条理。刘勰认为章句构造对整个文章十分重要："夫裁文匠笔，篇有小大；离章合句，调有缓急；随变适会，莫见定准。句司数字，待相接以为用；章总一义，须意穷而成体。"（《章句》）又说："夫人之立言，因字而生句，积句而成章，积章而成篇。篇之彪炳，章无疵也；章之明靡，句无玷也；句之清英，字不妄也；振本而末从，知一而万毕矣。"（《章句》）在他看来，一篇文章的好坏，其篇、章、句、字都是联系在一起的。好的篇，章没有瑕疵；好的章，句子没有毛病；好的句，没有一个不恰当的字。所以他要求作家注意篇、章、句、字的完整的美，对各个环节都不能疏忽，如果任何一个环节出了一点儿毛病，都会影响全篇的语言美。

第三，刘勰要求写文章要做到雕章琢句、对偶工整。刘勰在《丽辞》篇里指出，"丽"就是"美"的意思。"丽辞"就是要求句子工整美丽。讲究对偶是我国文学中韵文创作的一个独特的要求。在对偶的形式上，刘勰提出了四对：言对、事对、反对、正对。刘勰写道："故丽辞之体，凡有四对：言对为易，事对为难；反对为优，正对为劣。言对者，双比空辞者也；事对者，并举人验者也；反对者，理殊趣合者也；正对者，事异义同者也。"在刘勰看来，"言对"是文辞上的对偶，这比较容易。"事对"是用两种前人的故实组成对偶，这就比较困难了。"反对"是事理相反但旨趣相合的对偶，这种对偶是上乘之作。"正对"是事虽不同但意义相同的对偶，这种对偶是比较拙劣的。刘勰提出这四种对偶方式，对于理解和分析古人的作品有一定的价值，但对我们今天就没有多少现实意义了。

第四，刘勰论语言修辞方法涉及到一个用典准确，即"事类"问题。这里所说的"事类"就是创作时引用故实和典故。刘勰写道："事类者，盖文章之外，据事以类义，援古以证今者也。……观夫屈宋属篇，号依诗人，虽引古事，而莫取旧辞。……"（《事类》）《事类》篇所讲的，一是文学作品中引用史实和前人的事例，即所谓"用典"；二是引用前人或古书中的言辞，犹如今人引用导师、先哲或智者的语录。刘勰认为写文章引用"事类"是有意义的。举人事是为了"征义"，引成辞是为了"明理"。一个作家立意写文章，通过笔来表达思想，这里面作者的才华是主要的，学识起着辅佐的作用。如果既有才华，又有学识，那么创作上就能取得重大的突破。如果才学两个方面都欠缺，虽然能取得小的成绩，但不可能有大成就。这同刘勰一贯主张的"博观"，强调学识的美学思想是一致的。

第五，刘勰提出用字要谨慎、准确。刘勰的《练字》是专门研究文章写作中如何用字的问题的。刘勰写道："夫文象列而结绳，鸟迹明而书契作，斯乃言语之体貌，而文章之宅宇也。苍颉造之，鬼哭粟飞；黄帝用之，官治民察。先王声教，书必同文，辁轮轩之使，纪言殊俗，所以一字体，总异音。……自晋来用字，率从简易；时并习易，人谁取难？今一字诡异，则群句震惊；三人弗识，则将成字妖矣。后世所同晓者，虽难斯易；时所共废，虽易斯难；趣舍之间，不可不察。"文字是一种语言符号，文章写作中如何用字，也是语言美应该注意的问题。《练字》篇讲文字的起源、变化以及运用文字的历史，我们今天在讨论创作问题时，可以不必去管它。这里面值得注意的是，刘勰提出了缀字属篇应该注意的几个问题。"是以缀字属篇，必须练择：一避诡异，二省联边，三权重出，四调单复。"这"四避"，即使在现在仍然有一定的实际意义。"一避诡异"就是避免奇形怪状的字；"二省联边"就是少用偏旁相同的字；"三权重出"就是避免相同的字出现；"四调单复"就是避免特繁、特简的字成行成列地出现。刘勰所说的这些毛病，对今天的写作来说，也许对诗歌、散文更有实际意义些，其他恐怕很少遇到这种情况了。

第六，刘勰提倡的"文约""辞简""言炼"对写文章也很有意义。他认为，语言求精炼求简约的目的在于更精确地表现内容。如果内容得不到充分的表达，语言的简炼是没有什么意义的。因此，不能把"简"作为一个绝对标准。有些作家把"简"作为一个绝对标准，认为凡是"简"就是好的，甚至完全不顾及内容，这样求"简"往往闹出笑话。举文学史上一个事例来说，苏子由（辙）作《古史》，为了求"简"，把《史记·樗里子甘茂传》中的"母，韩女也，樗里子滑稽多智"改成"母韩女也，滑稽多智"，又把"甘茂，下蔡人也，事下蔡史举，学百家之说"，改成"下蔡史举学百家之说"。经他一"简"，内容全变了，本来是樗里子滑稽多智，变成了其母滑稽多智；本来是甘茂学百家之说，变成为史举学百家说。这样求简，不但没有达到简炼的目的，而且损害了原意，弄巧成拙。

刘勰认为文学创作中，语言的运用，应该由作品的内容来决定，该充分描写的就应该充分描写，该简洁的就应简洁陈辞，必须以内容为转移，"风行水上，自然成文"，作家不必故意求"繁"把文章拖得很长；也不必刻意求"简"把文章压缩到难以充分表达内容的地步。因为文章往往"意少一字则义阙，句长一言则辞妨"（《书记》），所以作家应该掌握一个分寸。要求语言精炼，只就语言的风格来说的，并不是要求作家不顾内容而一味求简。刘勰明确地指出，文章的繁简各有所宜，因此作家应该学会不同的表现方法，以适应不同的内容和场合。文学作品中的语言既要求精炼，又必须丰富多彩。这就是刘勰所追求的语言美。

沈约和刘勰讨论了整整一天。最后沈约说道："你的《文心雕龙》我全都看完了。我想用'深得文理'四个字来概括你的成就。"

刘勰听后十分高兴，感激地说："谢谢沈大人的鼓励！"

从早上到下午，天快黑了。刘勰看到这位六十多岁的老人累了一天，有些疲倦了，他深情地说：“谢谢沈大人读我的书，并给我那么多指教。我今天告辞了，以后再向您请教吧！”

沈约看到这位年轻人的谦逊态度，非常高兴，便说：“以后再谈吧，以后如有机会，你还可以做做其他事嘛！”

沈约似乎在暗示刘勰，除了写作还可以通过别的途径去实现自己的理想。

过了不久，刘勰接到吏部的黄卷，要他“奉朝请”，准备入仕。不知道这是否得益于沈约的推荐。

# 第八章 奉朝请彦和入仕

是以君子藏器，待时而动。发挥事业，固宜蓄素以弸中，散采以彪外，梗楠其质，豫章其干。摛文必在纬军国，负重必在任栋梁，穷则独善以垂文，达则奉时以骋绩。若此文人，应梓材之士矣。

——《文心雕龙·程器》

天监初，起家奉朝请。中军临川王宏引兼记室。迁车骑仓曹参军。出为太末令，政有清绩。除仁威南康王记室，兼东宫通事舍人。时七庙飨荐已用蔬果。而二郊农舍犹有牺牲。勰乃表言二郊宜与七庙同改。诏付尚书议，依勰所陈。迁步兵校尉，兼舍人如故。

——《梁书·刘勰传》

# 一、待时机奉时骋绩

刘勰从沈府出来，一直在琢磨沈大人最后说的那句"你除了写文章还可以做些别的事"是什么意思呢？

刘勰虽是个穷困潦倒的知识分子，其实他是不安分的。他在《文心雕龙》"程器"篇里写的那句话："摛文必在纬军国，负重必在任栋梁，穷则独善以垂文，达则奉时以骋绩。"这是他的远大抱负和处世原则，也表明了他的心迹。

刘勰在定林寺住了十多年了，他一直没有入佛的原因是因为他"志不在佛"。他自信是"纬军国"的栋梁之才。只是因为当时的社会没有这个机遇，使他"屈才"了。

他年过三十，没有"奉时骋绩"机会，只好"独善垂文"了。

他屈居寺庙，没有"纬军国"的机会，只能帮助僧祐整理定林寺的佛经典藏，又花了几年时间写出《文心雕龙》这部文论专著，也算"穷则独善以垂文"了。

他为了实现自己的目的，想方设法去拜见沈约，把自己的书送到了沈约手里。

沈约读了他的书，而且单独约见了他，对《文心雕龙》做了肯定的评价，说它"深得文理"。特别是沈约鼓励他"可以做些别的事"，又燃起了他"奉时骋绩"的热望。

时机终于来了。由齐入梁，梁武帝实行了用人制度的改革。萧衍不再用家庭出身、士族庶族的单一标准"选人入仕"，一些有才能的穷苦知识分子也有可能出来做官了。

刘勰"蠢蠢欲动"，但他还不敢直接表露出来。定林寺的晨钟敲响，寺院里的每一个人都忙碌着做自己的事。刘勰却闲着。

忽一天，僧祐来到刘勰的住所。僧祐见刘勰闲着无事，便主动问他："彦和，如今定林寺的佛经已整理完毕，你的《文心雕龙》也写出来了，你有了名气，今后有什么打算呀？"

刘勰被恩师一问，一时不知怎么回答。其实，他心里早有打算，只是觉得师父问得太突然了。

刘勰摸了摸脑袋，装着若无其事的样子，回答道："我没有什么打算，还想跟师父住在寺里继续读经吧！"

僧祐见刘勰眼皮一眨一眨的，似乎还想说些什么，便追问道："你在定林寺住了十几年了，没有入佛，还是个'白衣'。恐怕还有自己的打算吧！"

刘勰见师父追问，藏不住了，干脆把自己的心里话吐露出来，说道："师父，我是有话想对您说，其实我的心里话在《文心雕龙》中的'程器'篇里已经透露过了，'君子藏器，待时而动，发挥事业……摛文必在纬军国，负重必在任栋梁，穷则独善以垂文，达则奉时以骋绩。若此文人，应梓材之士矣。'这就是我的心里话。"

僧祐听了刘勰文绉绉的回答以后，才恍然大悟，说道："是啊，我读了《文心雕龙》'程器'篇，里面有些弘愿励志的话，原来你是借文章表达自己的心迹呀！"

刘勰听到僧祐这番话，觉得恩师对自己的内心了如指掌。他有点儿兴奋起来，便进一步解释说："是呀，是呀，我在《文心雕龙》的'程器'篇里还说过前人的一些故事，我认为，一个人名誉的大小、地位的高低都是有原因的。文人之所以被选拔重用，是因为能办成事情。鲁国的敬姜不过是妇女中的聪明的人，但她能从织布机的原理推论出治理国家的道理。一个女人尚且能如此，哪有大丈夫学文而不通晓政事的？一个人只知道写文章不通晓政事就不会有大出息。扬雄、司马相如等人只有文才没有政治才能，所以最终地位低下。当然有另一种情况，例如，庾亮是文人，才华横溢，但他政治功勋卓著，掩盖了他的文名；一个人如果不想做官，那就以文才出名好了。不过文才武才还是互相配合为好。春秋时期的郤縠努力读书被举为晋国元帅，哪有好文而不练武的？《孙子兵法》辞采壮美如珠玉，难道能好武而不练文？君子身怀才识等待时机而有所作为，发挥才能做一番事业，那就应该积蓄才德以充实其内，焕发文采以文饰其外，像梗树楠木一样的本质，像豫木樟木一样的枝干。写文章务必论治理军国大事，治理军政大事起到栋梁的作用，一个人不得志就独善其身著书立说，得志就及时为国立功。这样的文人，才算符合《梓材》里所要求的文人了。"

僧祐听了刘勰这番表露心迹的话，更理解他写《程器》这篇文章的用意了。刘勰是在叙述自己的政治理想和政治抱负。他在定林寺住了那么多年，始终不肯皈依佛门，仍是"白衣"一个，是因为他的志向是要去"纬军国"和"任栋梁"，要做一番大事业。

僧祐虽然是佛家之人，但他很赞同这个年轻人有理想、有抱负，便笑着对刘勰说："彦和，'穷则独善以垂文，达则奉时以骋绩。'这才是你的真话啊！以你的才华天资，你应该在'纬军国''任栋梁'上做一番大事业才对！"

师父这一番话，正是说到刘勰的心里，只好真实地袒露自己的心扉，说道："不瞒师父，我是想在事业上有所作为的，只是眼下没有什么路子，只能老老实实待在定林寺里虚度年华。"

僧祐胸有成竹。他作为定林寺的掌门人，不仅在佛界很有地位，而且在朝廷里也有说得上话的人，于是决心举荐刘勰去"入仕"，到官场去干一番事业。僧祐对刘勰说道："路子是有的，你等待机会吧！"

僧祐离开刘勰的住所，回去忙自己的事。

僧祐走后，刘勰继续读他的书。每天都静静地等候着，真正"待时而动"了。

僧祐后来见到了沈约。沈约跟僧祐说："我们老人应该扶助刘勰实现他的理想抱负。"

过了几天，僧祐遇见刘勰，很有把握地对他说："彦和，你等着吧，奉时骋绩的机会很快就会到来了。"

果然，过了不久，官府便知会刘勰，要他到吏部去"奉朝请"。

"奉朝请"什么意思？用今天的话来说，就是要刘勰到组织部报到，等待分配工作。

刘勰得到吏部通知以后，心情很复杂。

一方面，刘勰舍不得自己的恩师僧祐，也舍不得离开定林寺的读书环境。

人要离别某个地方，往往会对某个地方产生无限的留恋。刘勰也是如此。几天来，刘勰在定林寺周围行走，将大大小小殿堂走了一遍，同熟悉的高僧们道别。

刘勰离开定林寺之前，到僧祐的禅房告别。刘勰舍不得呀，他抱着僧祐大哭了一场，哭得很伤心。他依依不舍地同僧祐道别。他没有家眷，孑然一身，孤独地离开定林寺，搬到了吏部行馆。

吏部行馆住着一百多人。据说都是像刘勰那样，等待分配工作的"奉朝请"。

刘勰得到了"奉朝请"的虚衔，在行馆里待着。

"奉朝请"不是实职，只是当官之前一个过渡性的虚衔。"奉朝请"三个字，本为臣僚见皇帝时的一种提法。古时候，春季朝见皇帝为"朝"，秋季朝见为"请"，故名"奉朝请"。此名源于汉朝，当时退职的官僚多以"奉朝请"的名义参加朝会，相当于今天由在任的领导向离退休干部开通气会传达精神通报情况。到晋代，"奉朝请"变成一种有名无实的虚衔，官阶很低。但是要做官的人都必须先经过这一级。

刘勰在天监初"起家奉朝请"，就是离家到吏部领俸禄等待分配。

刘勰从此走上了仕途。


## 二、临川王引兼记室

刘勰"奉朝请"之后，在吏部行馆一边读书，一边等待尚书府任命。

这一天终于等来了。尚书府通知刘勰，他被任命为临川王萧宏的"记室"。

"记室"是"主管文书"的官，是管文书的一个"大秘书"。官阶虽然不高，可是王室的要害部门。许多当"记室"的人都得到重用，很快做了大官。

刘勰任临川王萧宏的"记室"，也就是担任秘书兼档案室主任。这个临川王叫萧宏，是梁武帝萧衍的六弟。原来是南齐桂阳王功曹史，是个小官。萧衍平定建康（南京）以后，在朝廷握有重权。他用人唯亲，把这个弟弟提升为中护军、中军将军，负责卫戍京城，相当于今天首都卫戍司令，是个要害部门主官。

刘勰"奉朝请"之后，出任临川王萧宏的"记室"，算是高就。

当然，刘勰能担任萧宏的"记室"，与僧祐有很大关系。萧宏早年就信奉佛教，常来定林寺向僧佛顶礼膜拜，并拜僧祐为师。他们作为师徒，关系非常密切。刘勰写成《文心雕龙》之后又得到当朝宰相、尚书令沈约的推荐，在当时已有些名气了。萧宏信佛，需要找一个既通佛理又有文才的人做他的助手。经僧祐推荐，萧宏便让刘勰担任了"记室"这个职位。

刘勰担任"记室"之后，把萧宏的文书管理得井井有条，而且还为萧宏起草一些文书奏札之类的书奏，深得萧宏的信任。

萧宏步步高升，刘勰也因此得到升迁。萧衍当皇帝之后，萧宏被任命为扬州刺史，也就是大军区司令了。

不久，梁武帝举兵伐魏，任命萧宏担任前线总指挥，是伐魏大军的"统帅"。

萧宏觉得刘勰这个人可靠，便带他到了前线，并提升他为"车骑仓曹参军"，做武器弹药的登记工作，也就是梁军后勤部的"参谋"了。

刘勰主要工作是管理粮食和武器出入的账目，也就是相当于"后勤部长"的秘书或"副官"。虽不是要职，但也是能接近统帅的人。

梁武帝萧衍用萧宏做统帅统兵伐魏，其实是个错误的决策。萧衍手下本来有良将，如韦督就是统帅之才。但萧衍不用韦督，而用了腐败无能的萧宏。

萧衍如此重用萧宏，一个原因是他们有过一种特殊的关系。萧衍在登上皇位之前，只有女儿没有儿子。萧衍为了香火传承，便把六弟萧宏之子萧正德收为养子，做他的"接班人"。但事有凑巧。萧衍做上皇帝那年，丁贵妃怀孕生了个儿子萧统。萧衍便把自己亲生的刚一岁的儿子萧统立为太子，把萧正德送回给萧宏。因此，萧衍始终觉得亏欠了六弟萧宏的人情，处处顺着这个六弟，给他加官晋爵。派萧宏统兵伐魏就是明显的一例。

梁武帝本来雄心勃勃，要萧宏带重兵伐魏是想一举取胜。但萧宏实在不争气，与魏军刚交战接火，这个统帅一下子吓破了胆。洛口（今安徽怀远附近）一战，两军还没有怎么对阵，作为梁军统帅的萧宏自个儿带着几个卫兵坐小船逃回了建康。统帅当了逃兵，数十万大军溃败，兵败如山倒。洛水一战，梁军一败涂地，把梁武帝气得死去活来。昏庸无能的萧宏这次惨败，引起朝廷上下的不满，梁武帝无可奈何，只能撤了萧宏的职，让他赋闲回家。

刘勰自然也被搁在一边。不过还好，当时一位贤官夏侯详担任了"车骑将军"，把萧宏手下的一些低级官佐都保留下来。因而，刘勰也就被留下，成了夏侯详的僚属，在他的帐下过着一般的幕僚生活。

夏侯详深得皇上信任。当"车骑将军"不久，便调到湖南，任湘州刺史。《梁书·夏侯详传》曾记载："天监元年，（夏侯详）征为侍中车骑将军，论功封宁都县侯……三年，迁史持节、散骑常侍、车骑将军、湘州刺史。详善吏事，在州四载，为百姓所称。"

刘勰同夏侯详没有特别的关系。历史上对刘勰这段经历并无记载，只是夏侯详调任湘州刺史时，没有带刘勰去湖南。刘勰也只好留在建康，等待再分配的时机。

## 三、遭调查彦和离职

刘勰别无他事，只好读书打发日子。

这时，刘勰却摊上了一场官司，接受吏部的调查。

事情是这样的：萧宏从洛口前线逃回建康后，有人向梁武帝告发：萧宏之所以在洛口不战而逃，是因为他"私藏武器，以图谋反"，所以前线"军械乏匮，军容不振"。

梁武帝虽然用人唯亲，但对宗室也多有提防。他听到有人告发自己的亲弟弟谋反，心里有了警惕。因为当时宫廷宗室之中，谋反杀伐之事是经常的事。这个饱读经书的梁武帝萧衍，回忆起东晋以来五朝更迭的历历往事：

晋元帝时期，兴义郡的强族周玘的儿子周勰，为报父仇起兵谋反；

晋愍帝时期，豫州刺史祖逖部曲百余家渡江北上，在淮阴铸造兵器，募二千兵员，晋愍帝怀疑他谋反；

东晋时期，以桓玄为盟主的诸藩镇占据建康以西的州郡，政令无法通行，孙恩之徒盘踞浙江东部叛乱后，杀桓玄，废晋帝建立了刘宋王朝；

宋明帝时，朝廷内乱君臣疑忌骨肉相残，萧道成乘机扩张势力，灭宋朝建立齐朝；

齐明帝继位后大杀高帝武帝诸子，皆起内乱。他萧衍也正是趁齐内乱而灭齐建立梁朝的。

萧衍想到，虽然建立梁朝大量增设文武朝官和地方官，提高诸王的权力。但是人的欲壑难填，他虽然重用了六弟萧宏，但他有异心也不是不可能的。谋反，谋反，两个字在萧衍的脑子里嗡嗡作响。

梁武帝对有人告发萧宏私藏武器企图谋反，认为这是大事，不得不防。他的政策有两面性，一是维权防变；另一面是对亲族讲慈爱。他崇尚佛教戒律。每次对下属重断治罪之后，又涕泣半天表示慈悲。对士族特别是王侯犯罪一概宽免，甚至亲属犯罪谋反，他哭着教诲一番也就算了。因此纵容了官员们无恶不作，横征暴敛。

萧衍对于有人密告萧宏谋反之事，他既想查清楚，但又不想打草惊蛇。因此，他先让刑部进行外围查访，以弄清真相。

梁武帝下敕，刑部传唤了刘勰，试图从外围查清一些事实。

刘勰被传唤到刑部。这个书呆子战战兢兢地来到堂前，立即跪拜。吏部官员因为知道刘勰当过皇上六弟萧宏的"记室"，又当过萧宏的"车骑仓曹参军"，可以说曾经是皇帝身边的人。俗话说："打狗还要看主人。"虽是皇室下令调查，但在事情没有落实之前，萧宏还是皇上的亲弟弟，刘勰还是萧宏的秘书。刑部官员对刘勰不敢无礼，反而客气地说："刘记室，请起！"官员招呼刘勰坐定，再行问话。

刘勰起身，仍在堂前站立着。

吏部官员问话："刘记室，你在梁军伐魏期间担任车骑仓曹参军时，是专管武器弹药的吗？"

刘勰答道："是的。下官这个车骑仓曹参军，并无实权，只做登记工作。车骑仓曹内员将前军武器账报上来，下官只是过过目，登记造册，也就算是知道了。下官对武器使用并不过问。"

官员又问："你作为车骑仓曹参军，管理武器物资的账目，有没有什么人让你们将武器弹药转移到别的地方去？"

刘勰很干脆地答道："没有。萧大将军率兵攻魏国，武器精良，弹药也是很充足的，没有人指使我们把武器弹药转移到别的地方。"

刑部官员做了笔录。

刑部官员并不知道这次调查的目的是什么，只是要他们查明前线武器有没有转移就算完成任务了。他们从刘勰口中没有问出个究竟，只好作罢，让刘勰回家。

这个无头公案就此结束。再没有人过问了。

## 四、萧大人躲过一劫

刑部对刘勰的调查，只是开台锣鼓，为彻查萧宏案做个铺垫。下一步怎么办，没有人知道。

过了几天，梁武帝萧衍突然要去看望罢官归来的萧宏。圣上这次亲临六弟官邸是何目的？没有人知道。

萧衍銮舆出动，浩浩荡荡，来到萧宏在建康的官邸。那时节，虽是兄弟之间走动，但萧衍做了皇帝，他亲自去看望六弟也算是皇帝出行的大行动，一路鸣锣开道，煞是威风。

萧衍的銮舆来到朱雀门附近的萧宏官邸。萧宏听到鸣锣开道的吆喝声，立即率府邸内侍及家人，开启府门。萧宏在朱漆门前下拜道："皇兄亲临六弟寒舍，实为万幸，祝皇兄万福！"

梁武帝萧衍见六弟行君臣之礼，连忙说道："六弟平身，何必这般礼节。自从你从洛口回到建康，为兄没有亲临问候，实有不周啊！"

萧宏躬身又拜，忙着检讨自己："皇兄，六弟出师不利，实为罪臣，早该到朝廷领罪呀！"

萧衍怀柔有加，平静地答道："不用，不用，只要六弟身心安好，为兄也就放心了。"

萧宏听到皇兄这句安慰的话，心里踏实了许多，赶忙把萧衍领到太师椅前，让皇兄坐下，又招呼内侍上茶。

萧衍坐定以后，呷了呷清茶，接着说道："为兄朝内事务繁忙，一直还没有到六弟府上看看呢！"

萧宏本以为皇兄是来兴师问罪的，现在听到大哥如此客气，看来不像问罪，便说："为弟这里名为扬州刺史官邸，实在也很简陋。皇兄如有雅兴，可到院里走走！"

萧衍此行的目的其实是亲自察看萧宏是否私藏武器，听萧宏这一说，正中下怀，便说："好，好，到你府上走一走，带为兄去看一看。"

萧宏陪着萧衍在萧宅院内走动。

萧衍看到萧宏宅内有库屋百间，关闭极严。萧衍怀疑库屋中藏有武器，便说："六弟，库屋紧闭，藏什么宝贝，可否开门给大哥一饱眼福呀！"

萧宏以为皇兄是要看他藏的金银财宝。那时节，哪个大官不贪！萧宏知道大哥对于弟侄之辈拥有田产财富并不追究，于是大大方方地命管家打开房门让皇兄视察。

萧宏让家丁把一间间房门开启。萧衍不禁诧异，每看一间都"啊"的一声感叹不已。萧衍让六弟打开大半库屋，只见每间库屋都藏有金银财宝、绫罗绸缎。有人估摸，每间藏品价值都在一千万钱以上！萧衍每看一间库屋都啧啧称赞。

萧宏见大哥的表情，便转忧为喜，洋洋得意，以为皇兄真的要开眼界，便命管家开启其他房门。

萧衍没有再一一进去，只在房门口浏览，看见房内堆放的尽是财宝玉器、绫罗布匹、绢丝锦帛等物，不计其数。

萧衍对萧宏宅内深藏家财万贯是意料之中的事。他知道东西两晋为平衡财富曾试用素族来压迫士族。梁武帝吸收东晋的经验，认为不如用士族来压迫素族较为有利，因而就让皇亲国戚朝廷官员放肆盘剥百姓。他认为只要下属不造反就行，对他们如何剥削百姓并不追究。

萧衍看到萧宏巧取豪夺百姓财富并不发怒，反而宽慰有加。他知道这个六弟萧宏，是个奢侈放纵、贪得无厌的人，他盘剥百姓，巧取豪夺，田、宅、邸、店不计其数。单在建康就有店铺数十处。萧衍看后一边惊叹不已，一边也放下悬在胸中的疑问。他想：有人告发六弟私藏武器力图谋反，今亲临视察只见屋内金银财宝不见刀剑弓弩。可见"私藏武器，力图谋反"之说，纯属谎言。萧衍放下心了。

萧衍这次突然临驾，萧宏并未备宴。但皇上亲临府邸，又不能不客气一番，便假惺惺地说道："为弟未备宫宴，请大哥在寒舍喝杯薄酒吧！"

萧衍见视察的目的已达到，六弟没有谋反迹象，他无意留在这里用膳，便辞谢："不必了，不必了。"随即起驾回宫。

萧衍临走时放下一句话："六弟在家好好歇息一些日子，以后再担重任吧！"

果然，过了不久，梁武帝萧衍又任命逃跑元帅萧宏再度担任扬州刺史，掌握军政大权。萧宏本来怕查出赃物得罪皇兄，没想到经过这一检查，查出他是个不谋反的好官，贪财成为合法行为。诸王公侯效尤，贪财越发加剧，更加肆无忌惮地搜刮民财了。


## 五、助宝唱《众经要抄》

萧宏解职，苦了刘勰。

刘勰被解除萧宏记室以后，闲居建康读书打发日子。不过僧祐深念旧情，有时请刘勰去参加一些整理佛经之类的工作。其中最重要的是请他参与《众经要抄》的编纂工作。

《众经要抄》是梁武帝亲自下诏要编纂的一部佛书，命当时名僧宝唱住持这项工作。据当时史书记载："圣旨以为像正浸末，信乐弥衰，文句浩漫，鲜能该洽。以天监七年，敕释僧旻等备抄众典，显证深文，控会神宗，辞略意晓，于钻求者，已有大半之益。"（释宝唱《经律异相序》）史书又记载："天监七年，帝以法海浩瀚，浅识难寻，敕庄严（寺）僧旻，于定林上寺缵《众经要抄》八十八卷。"（《高僧传二集·宝唱传》）还有："《众经要抄》一部并目录，八十八卷……天监七年十一月，帝以法海浩博，浅识窥寻，卒难说究。因敕庄严寺沙门释僧旻等于定林上寺，辑撰此部，到八年夏四月方了。"

宝唱是这次撰经的组织者。《梁书·宝唱传》记载："天监七年……又敕开善（寺）智藏，缵众经理义，号曰《义林》，八十卷。又敕建元（寺）僧朗，注《大般涅槃经》，七十二卷。并唱奉别敕，兼赞其功，纶综终始，辑成部帙。"据《高僧传二集·僧旻传》记载："天监六年，制注《般若经》，以通大训，朝贵思宏厥典。又请京邑五大法师，于五寺首讲。……乃选才学道俗，释僧智、僧晃、临川王记室东莞刘勰等三十人，同集上林寺，抄一切经论，以类相从，凡八十（八）卷，皆令取衷于旻。"僧旻和宝唱是这项佛教文化工程的组织者实施者。刘勰是定林寺出来的，以前与宝唱同在定林寺。宝唱奉梁武帝之命做《众经要抄》这样一个佛学整理大工程，找刘勰来帮忙也是情理之中的事。

由此可见，《义林》《大般涅槃经》和《众经要抄》是梁武帝亲自下敕要当时高僧编纂的三部佛经著作，而宝唱是这三部书的总编纂。刘勰在定林寺因精通佛理而著名，但失去了"记室"职位，只能到定林寺做"临时工"而已。后来有人研究，说刘勰三次到定林寺撰经，第二次是他在任太末令时协助宝唱撰《众经要抄》。其实，他是在失去"临川王记室"之后，赴"太末令"之前。太末离建康那么遥远，交通又不方便，何能帮助宝唱？

刘勰被冷落了半年多时光。在帮助宝唱做完《众经要抄》之后，不久刘勰又被重新起用。

# 六、老上司举荐外任

刘勰"失业"期间待在建康，他仍然没有家眷，无天伦之乐可言，只好在落脚之地看书写字打发日子。

刘勰是个书生。在做夏侯详僚属时，同上司没有建立"个人关系"。离开夏侯详之后，同他也没有什么来往。闲暇之余，也就想起了老上司萧宏。

萧宏是皇亲国戚。这种特殊关系八辈子都受用不完。梁武帝虽然因其伐魏失利罢了统帅萧宏的官，但他实行保护亲属的政策，亲自查看萧宏官邸，没有发现萧宏私藏武器和"谋反"之心。对萧宏搜刮民财非但不加惩处，反而大加赞扬，仍然信任如初，继续让他享尽荣华富贵。

刘勰失业在家闲居，闲得无聊，也想走动走动。他想起去拜访他的老上司萧宏。

建康城天气晴朗，风和日丽。刘勰雇了马车，穿街过巷，不急不慢地到了萧府。

萧府因主人倒霉而格外冷清。和往日相比，萧府已是"门前冷落车马稀"了。

刘勰敲开朱门。萧府家丁看来者是刘记室刘大人，自然也就没有阻拦，让他进入萧府。

萧宏无官一身轻。刘勰看到正在喝茶的萧宏，便作揖施礼道："萧大人万福！"

萧宏转身一看，见是刘勰，甚为高兴，说："彦和，好久不见了，近来可安好？"说着便起身把刘勰让进客厅就座，并招呼家人斟茶。

萧宏知道刘勰的性格，很少主动与人来往。这次突然到访可能有事相求，便说道："彦和，先喝茶，有事慢慢谈！"

刘勰平时不求人，这次主动拜访萧宏，真是有事相求。便说："萧大人，扬州回来之后，我已经在家赋闲了。"

萧宏"哦，哦"地听刘勰诉说。

萧宏虽然官气十足，但对像刘勰这样的下属还是乐意帮忙的。萧宏暂时失去官职，没有了军权。但他是皇帝的弟弟，树大根深，办点儿不大的事，还是有把握的。

萧宏感叹道："熟人好办事，无钱官难当呀！"刘勰对老上司这阴阳怪气的话很不理解。其实萧宏是在暗示刘勰太傻了。在他手下当"记室"时没有捞到什么钱财，还是穷书生一个。萧宏没有了权，不能提拔他。这一次想让刘勰出京当一个有实权能捞钱的官，不知刘勰干不干。

萧宏是大官，可心理上是"小人"。他想到，刘勰是个穷书生，穷得连老婆都娶不上，这次荐他一个美差，让他去捞点儿钱吧！萧宏从吏部得知，东阳郡当时有个"太末令"的空缺，等着朝廷差遣。

萧宏想：对，这是个美差呀。

自东晋以来，建康一直是长江流域政治经济文化的中心。皇室及各级官吏在各地搜刮财物都集中到建康纵情耗费。梁武帝时建康已成为南北各四十里、拥有二十八万户的大都市了。官员们穷奢极欲，挥霍浪费。地方官也不例外，甚至更加厉害。地方官所以贪婪，是由于风俗太奢靡。做一任地方官可得银万两。地方官捞到钱财之后就回京享受。有人一次宴会费超过百金，家中蓄妓无数，极声色之乐趣。过了几年，这些贪官们钱财用完，又再出去做官捞钱。

萧宏问刘勰："彦和，你在我身边多年，鞍前马后一直跟着我，如今我赋闲在家，你的'记室'也当不成了，是不是可以考虑到外地去做事呀？"

刘勰说："外地本地都无妨，只要有事做就好。"

萧宏说："吏部说有个空缺太末令，你愿不愿意去呀？"

刘勰没有贪财之欲，却有"奉时骋绩"之志。听说萧大人有意荐他去当"太末令"，心有所动，便应承说："彦和一贯奉行'穷则独善其身，达则奉时骋绩'的处世原则。我从定林寺出来，走上了仕途，只好往这条路上走下去了。如果萧大人荐我出任太末令，那就万谢了。"

刘勰又在萧宏官邸坐了一会儿，说了一会儿话。他告别萧宏回到馆舍，独自一个人坐在书房里沉思："太末令""太末令"。他不知道他的命运将会如何！

过了一些日子，刘勰果然接到吏部官书，要他出任"太末令"。

第九章

# 太末令政有清绩

天监初，起家奉朝请，中军临川王宏引兼记室，迁车骑仓曹参军。出为太末令，政有清绩。

——《梁书·刘勰传》

## 一、别建康太末赴任

"太末"在哪里？刘勰翻阅了官书和地舆志，这才知道："太末"是汉朝设置的一个县治。魏晋南北朝时期属会稽郡，齐代属东阳郡，梁时仍属该郡。这是个山区小县治，当时还是一片蛮荒之地。在现代地图上，此地域是今浙江省衢县和龙游县管辖的地界。

刘勰接到吏部官令以后，开始收拾一些衣物、图书……

刘勰想：这一去不知何时才能回京城。萧宏是自己的老上司，这次又推荐自己去担任"太末令"。在离建康之前，应该去萧大人府上告个别才是。

刘勰知道萧宏是个贪官，要钱要物是寻常事。不管什么人送什么礼物他都会"笑纳"的。刘勰这次去拜访，一是去感谢，二是去告别，总得准备一些礼物吧！刘勰是个书呆子，在担任"记室"期间，虽然是个秘书职位，但他守规矩，遵法度，没有"捞"到什么钱财。这回给萧大人送什么礼呢？他想来想去，还是送他一部书吧。刘勰花了几天时间将自己的《文心雕龙》工工整整地手抄了一部，作为礼物。另外又把前些年跟随僧祐到三吴讲律时购得的几件古玩翻检了出来，用红布包好，准备送给萧宏。

刘勰雇了一台大轿，装着官人出行的样子，去朱雀门附近的萧府官邸。

刘勰在萧府门前下轿。萧府朱门紧闭，门前冷清，只房顶四角边上的风铃还在"叮当，叮当"不停地响动。这景象比萧宏先前当扬州刺史时府前车水马龙的风光要差多了。

刘勰敲开萧府的朱漆大门。家丁将刘勰引到书房。

此时，萧宏穿着闲服，正在书房练字。刘勰见到老上司萧大人，立即作揖施礼："萧大人万福！"

萧宏见是先前的"记室"刘勰来访，便放下毛笔，起身让刘勰落座，并招呼家人斟茶。

刘勰坐定，尚未开言，萧宏就问道："彦和，接到吏部的任命了吧？"

刘勰听到这问话，便立即施礼回话："谢谢萧大人举荐。吏部已下黄卷，命我为'太末令'了。"

萧宏笑着说："太末这个地方在东阳郡，虽然有些偏僻，老百姓也不富，但当一任县令，也会有不少好处的，你就去吧！"

刘勰心怀感激地说道："皇恩浩荡，大人荫护。谢谢萧大人举荐。下官不辱使命，正在做准备呢！只是下官一向是舞文弄墨之徒，从来没有当过地方主官，不知如何为政，请萧大人指点指点。"

萧宏听到刘勰求教，便以教导的口吻说道："县令，县令，虽是七品小官，不过县太爷有生杀予夺大权，老百姓还是害怕的。"

刘勰听得出萧宏这话是在教唆自己，到了任上可以随意盘剥百姓，鱼肉民众。这是刘勰所不愿意干的，于是便敷衍地回答说："是呀，我不会做官，还得边做边学呢！"

刘勰一边喝茶，又同萧宏又说了一些不着边际的闲话，便告辞。萧宏"笑纳"了刘勰的礼品，没有留饭。刘勰有自知之明，急忙打道回馆舍。临走时，刘勰说："萧大人，此次远调外任，以后我们见面的机会不多了，请多加保重。"

不幸言中。刘勰这次去拜访萧宏是他们最后一次见面。为什么？因为不久后萧宏又犯大事了。萧宏自从洛口惨败罢官回到建康，不但不好好反省自己，反而又干了一桩坏事。

萧宏再度任扬州刺史后，本性难改。他非但不感谢他的皇兄，反而同皇兄的大女儿永兴公主勾搭成奸。他们密谋篡逆，派了两个童仆去刺杀萧衍。因二童仆胆怯，事情败露。永兴公主无颜再见父亲，回宫后就自杀了。萧宏猜想：大哥这次不会再饶他了，等着处治。他由此忧惧成疾，不久就死了。刘勰自从那次去拜访萧宏之后，即去了太末赴任，此后就再没有见过萧宏了。

刘勰拜访萧宏之后，回到馆舍独自一人在发呆。他想：过去都说"为官一任，造福一方"，我这次赴太末，萧大人教我如何盘剥百姓，太不应该，我怎能盘剥老百姓呢？

如何去太末，刘勰心中没底。古时的东阳郡一带山水相连，水陆交错。从建康到太末，究竟是走水路还是走陆路各有说法，莫衷一是。

刘勰到处打听如何才能到太末，是否有官道可通行？最终他听了一个马车夫的话。这位车夫说，早年他曾送过一位官人到东阳郡赴任，走的是陆路。虽然是山川阻隔，但走陆路比水路安全。马车夫说这一带他很熟悉，可以送刘勰去太末赴任。

刘勰在建康准备了几天，把他在定林寺帮助僧祐整理的经书《出三藏记集》十卷、《弘明集》十卷、《法苑集》十卷，都检出来装在书箱里。这是他在定林寺整理佛经经典之后，又抄了备份，准备自己阅读之用的。这次到太末当县令，他想会有读书时间，因而就把这些备份书带在身边。他把自己前几年写的《文心雕龙》也抄了一份带在身边。这些必读的图书以及换洗的衣物一共装了两大木箱。由他的门生张水根陪同，乘马车上路。

南北朝时期，每个做官的都有一位门生服侍。"门生"大概相当于今天的"生活秘书"吧！驾驶马车的驭手就是那位熟悉路径的陈师傅。

天色黎明，刘勰和门生张水根坐上陈师傅驾着的马车匆匆上路。


## 二、遇歹徒幸运脱险

刘勰由门生张水根陪同，坐着陈师傅的马车，黎明时分离开都城建康。

刘勰一行昼行夜宿，晴雨兼程。他们经芜湖、宣州、湖州，然后准备过桐庐，经莫干山进入东阳郡的衢州、龙游。

有一天，到达莫干山下小村落梧桐村时已近傍晚。赶车的陈师傅说："刘大人，前面进入莫干山区，一路就是山道了，前不着村、后不着店，这梧桐村就是今天唯一能落脚的地方了，我们今天就住在这里吧！"

虽然天色还早，刘勰听陈师傅这么一说便做出决断："好吧，我们今天就在这梧桐村住下吧！"

刘勰一行三人到达山下的一座客栈前。陈师傅把车停下，将马拴在客栈前的一棵老梧桐树上。刘勰留在车上，陈师傅和张水根下车走到客栈门前，叫了一声："老板，我们住店，有房吗？"

"有，有，欢迎官人住店。"店内有人爽快地回答说。随即一位肩上搭着白毛巾的店小二出来招呼道，"今日几位客官到店里歇脚呀？"

"我们一共三人。"陈师傅回答道。因为刘勰交待过，一路上都不要暴露身份，住店歇息，吃饭喝茶，都说我们是过往路人，在这里歇歇脚就是了，千万不要暴露刘大人是前去赴任的县令。

"客官，是住私家会馆还是住普通客房呀？"坐在店堂里的老板走上来问道。

陈师傅和张水根都不知道这小小的山村客栈还分等级，便问道："什么叫私家会馆，什么是普通客房，有区别吗？"

老板答道："客官，我们这里虽然是山州草县，但也是来往要道，有些官府要员路过这里又不肯住官府，便在我这里投宿。本客栈设有私家会馆和客栈两种客房。私家会馆是专门招待达官贵人的高级馆所，有特殊的伙食，还有灵秀女子侍陪。在这馆舍里，山珍海味能吃到，美女娇娘能享受到。不过，这个不对外公开，只要客官出示官书和出付银钱就行了。请问客官是否要住私家会馆呀？"

陈师傅和张水根听到这些，都好奇地望着客栈老板。

客栈老板也望着两位来客，等着他们回话。

陈师傅胸有成竹。因为刘大人早有交待，一路上都不要暴露他们的身份，吃饭住宿按一般过往客商报身份就可以了，便回答道："老板，我们是一般过路之人，随便安排普通客房住一夜就可以了。"

陈师傅和老板互相对视了片刻，无话。

客栈老板把店小二叫到身边，吩咐道："你去看看车上还有什么人？"

店小二跑到老梧桐树下看了看马车，回来便向老板耳语。

老板知道车上还有一位官人，又问道："你们车上不是还有一位官人吗？他是什么人？你们问问他要不要住私人会馆？"

陈师傅答道："呵，呵，那是我们家师父，是佛寺传道之人。这回他是应朋友之约到东阳讲律的。我们出门在外，随随便便住一般房间就可以了。"

客栈老板见没有招到贵客，没有捞到"大鱼"，脸上现出不快之色，也就一般应付应付，他招呼店小二："小顺子，到楼上开两间客房，招待几位客人歇息！"

客栈安排妥当，张水根把刘勰接下车，跟着小顺子上了楼上的客房。陈师傅提着刘勰的两个大箱子也上了楼。

刘勰被安顿在一间较大的客房里。陈师傅和张水根在隔壁一间房子住下。他们把行李放下，小顺子又招呼他们三人在楼下吃晚饭。

餐桌上摆了一大盆米饭和炒鸡蛋、水萝卜两盘菜。三人囫囵吃过晚饭，也就各自回房安歇了。

刘勰在房间里刚刚宽衣，把小油灯移到床边小桌上，准备看一会儿书再睡觉。

刘勰打开他带来的《弘明集》。这是刘勰亲自抄录的讲经的书，厚厚一大卷帙。他一本一本地翻开浏览。其实他也只是消遣，并非真正读书。

他先拿了第一卷《理惑》。翻了一下，觉得这是已经读得烂熟的一卷，翻了几页便放回桌上。

然后翻看第二卷。有孙绰的《喻道论》和宗炳的《明佛论》，看了几页，也放下了，因为读过。

接着又翻第三卷。里面有宗炳居士的《答何中丞书难白黑论》和颜光禄的《难何中丞大性论》。也没有多大兴趣，随手放下。

刘勰又翻看第四卷。其中有僧绍的《正二教论》和周刿颙的《难张长史融门律》。

刘勰又翻看第五卷。里面有道恒法师的《释驳论》，慧通法师的《折夷夏论》，僧愍法师的《戎华论》和玄光法师的《辩惑论》。

刘勰看到自己用工整的毛笔抄写的几位法师的文章，不觉兴致上来，便拿起这些为佛说教而写的论文津津有味地哼起来。他觉得这里面说的佛道有些新奇，与自己在《文心雕龙》中所阐明的儒道是完全不同的道理。

他摇摇头，自己也觉得可笑。

他为什么笑？他觉得这些佛家大师把佛理讲得头头是道，但同复杂的社会问题相距遥远！

刘勰正看得聚精会神时，房门被人一脚踹开了。突然进来几个满脸横肉的大汉，凶神恶煞地呵斥道："把你的银子交出来！"

刘勰一听，摸不着头脑。"银子，我有什么银子！"刘勰被这闷棍"打"来，"闷"了一会儿，突然醒悟过来：心想，坏了，这是土匪抢劫来了，便赶忙回答道："好汉，我是一个出家之人，没有什么银子！"

那汉子又凶神恶煞地来一句："什么出家之人，你坐着宽敞的马车，有门生陪同，明明是一个做官的！"

刘勰心头一震，随即又镇定下来，回应道："好汉，我不是做官的，你看我带的这一箱子书，都是佛家经卷，没有什么官府文书，哪里是做官的呢？"随即将自己正在翻阅的《弘明集》交给那汉子，说，"你看看，这不是佛书吗？"

汉子又凶了起来，说："我不认识字，看什么看！"汉子把刘勰给他的《弘明集》扔到桌子底下。

刘勰心里难受，弯下身子小心翼翼地把扔在地上的书捡起，又对那汉子说："好汉，你不认识字，我就念给你听吧！这里面写的是：'至道宗极，理归乎一。妙法真境，本固无二。佛之至也，则空玄无形，而万象并印，寂灭无心，而玄智弥照。幽教潜会，莫见其极。冥功日用，靡识其然。但万象既生，假名遂立，梵言菩提，汉语曰道。'"

刘勰还想继续念下去，那汉子抢过书又把它扔在地下，呵斥道："什么梵言菩提，汉语曰道。我不知道你在胡诌些什么，还是那句话，把银子拿出来！"

刘勰半是拖延半带求饶地说："好汉，我真的没有银子。我们佛家有句话叫'善有善报，恶有恶报'，好汉，这回你就放过我吧，将来对你也有善报的。"

那汉子不知道"佛教"是什么意思，但他们村里也有信佛行道之人，他也听说过"善有善报，恶有恶报，不是不报，时候未到"这句话。这个汉子狠狠地看了刘勰一眼。心想，这位住客倒像是一个信佛行道之人，想到"善报""恶报"之类的话，心中有了一点儿畏惧，准备放过这位店客了。

这劫匪歹徒也有"行善"之心吗？后来听说这行劫的汉子有些来历，在莫干山一带有不小名气。这汉子原来是朝廷命官的一个马夫，姓李名良根。他家有老母在室，靠他的一点儿差俸供养着。这汉子看到这世道甚为不平。当官的娇妻美妾，锦衣玉食，挥霍无度，而自己则是赤身一条，连老母都养不起。有一天官老爷公差乘轿外出赴宴，小妾王氏待在家里。马夫李良根在马厩里喂马。小妾王氏看到李良根在喂马，便走上前去问道："李大哥，在喂马呢！"这李良根是个单身汉，二十多岁，正在青春期，却没有尝过女人的滋味。这时看到这个娇艳的娘子前来搭讪，便不顾一切，干柴烈火般情欲爆发，向这王氏扑过去，将王氏放倒在地。这王氏却毫无反抗地顺从了他。两人如胶似漆地在马厩里缠绵一番。云雨过后，李良根突然醒悟过来，自己抱的这个艳丽女子可是他家官老爷的小妾啊，一旦事情败露，自己必死无疑。他顿时决定：跑！他想一不做二不休，便对那小妾说："娘子，我们今天做出这等事，老爷一定不会饶了我，我必死无疑，恐怕你也要受连累。我决心一走了之。不知娘子是否愿意跟我一起走？"那女子一听，觉得有道理。她家官老爷是个杀人不眨眼的魔鬼，听说前两年就处死过一个"不贞"的小妾。这回她也犯了大忌，死定了。便心一横，说道："李大哥，我跟你走吧！"于是李良根带着官大人的小妾王氏策马逃出官府，来到这莫干山落草为寇。李良根成为这山寨匪首，王氏便成了压寨夫人。

这莫干山匪首李良根也有一些特别，他是个靠抢劫夺财为生的大盗，但他"盗亦有道"。他的抢劫是有选择的。他对手下人发话说，只许"越货"，不准杀人。他还定下"三不准八不抢"的规矩。"三不准"是：不准杀人，不准投毒，不准烧房子。八不抢是：红白喜事不抢；鳏寡孤独不抢；出家僧尼不抢；行善郎中不抢；手艺工匠不抢；妓女弱妇不抢；教书先生不抢；乞讨贫丐不抢。李良根遵守自己定的规矩，这回看到这位住客确实像一个出家僧徒，也属于"出家僧尼不抢"之列，因此准备收手，拔腿退出。

刘勰看到这匪盗放下砍刀不准备向他下手，心里也就安定了许多。待到这歹徒离开房间，刘勰深叹道："这世道，也是官逼民反呀！"

刘勰看见歹徒拔腿离开了客栈，呆呆地坐在床上，好半天都缓不过气来。车夫陈师傅和张水根听见匪徒已经下楼，静了下来，就过来看刘勰，并安慰道："刘大人，受惊了吧！"

刘勰说："没有什么，没有什么。"

过了一会儿，客栈老板也上楼来安慰："客官，你们受惊了！我知道这里的匪盗不抢出家僧尼，既然各位是到东阳那边讲佛传播佛道，也是属于出家僧尼之列，他们是不会抢的，更不会杀人放火……他们也是这世道逼的啊！"

刘勰听了客栈老板的一番话，长长地叹了一口气："这世道……""官逼民反"这句俗话不断地在这位即将赴任的太末令的脑海里翻腾。

### 三、拒收贿美女黄金

刘勰一行人朝行夜宿，跋山涉水，经过将近一个月的旅途劳顿，盘缠也用得差不多了，终于到达了东阳郡的太末县境。

太末，在今天的地图上找不到，查阅当时的《地舆志》，对比一下，便知道"太末"就是现在的浙江省衢县和龙游县相接的这块地方。衢县，当时的状态不得而知。龙游，当时是一个重峦叠嶂的山区。

刘勰一行乘坐的马车到达太末县，并无人来迎接。他们东打听西询问，才找到县衙所在地。一进县府衙门，便见一片破败不堪的景象。这县衙虽在城关的中心地带，但这城关镇没有几间房舍，店铺更是寥寥，同他们长期生活的繁华闹市建康大不一样。

南北朝时期全国没有统一的中央集权。太末是个山区小县，可以说是"山高皇帝远""政令不达""鞭长莫及"的地方。南朝首都建康虽然繁华了，但所辖郡县或侨郡还是穷困不堪。

太末县这么穷困的原因是：西晋末天下大乱，黄河流域汉族人大量南迁，其中士族只有少数，绝大多数还是劳动民众。他们带着北方比较先进的生产技术来到南方，在南方原有生产基础上加入新的生产技术，因而生产力有了一些提高。但是，南朝各代实行的户籍制度又使江南的生产发展受到了阻碍。朝廷把原来实行的土断制改为侨郡制。在侨郡制度下，士族贵胄有了很大的特权。南朝齐高帝时实行侨郡制度，朝廷不问侨寓士族们所占田亩数，不征租税和徭役，岁月积久，士族兼并愈甚。于是土断和侨寓两种主张成为政治上的严重斗争。

南朝户籍制度的不平等和士族特权使当地百姓民不聊生。统治者依靠士族立国，法禁宽弛，列入朝廷《百家谱》的大士族固然特权很大，不入谱的北来的士族以及东南原有的士族也享有各种特权。特权之一是"挟藏户口，以为私附"，即把若干户合并为一户，士族出名做户主。

户主势力愈大所附私户也愈多。朝廷不问侨寓士族所占田亩数，不按田产和人口征租税和徭役。租税就摊在当地百姓身上，因此当地民众向朝廷纳赋税很重。由于赋税制度的不公平，所以东南各郡贫富差距甚大，富的金银满屋，贫者早朝断炊。东阳郡的太末一带就是这种境况。

刘勰到达太末，付了车钱打发马车夫返回建康，自己就带着张水根到县衙行馆住下。

太末的县衙行馆像许久没有住过客人似的。刘勰问行馆的看门人太末为什么这样冷落。看门人说："这太末以前有过县令，但半年前他就带着金银财宝离开太末，回京城建康享福去了。"

刘勰在行馆住了三五天，没有什么人来办事，更没有什么案卷交接，他成了这太末县的光杆司令。刘勰初到，无政可问，只好在行馆看书写字。

过了几天，有位衣冠楚楚仪态恭谦的绅士模样的人来到行馆门前。他的随行小厮敲了敲刘勰的房门："刘大人，刘县令在吗？"

刘勰听到门外有称"刘大人"的人在喊话，以为有民众求见，便赶忙整了整衣冠，打开房门。只见外面站着一位绅士向自己作揖行礼："刘大人，公务繁忙啊！"

刘勰见是一位乡绅，也就赶忙还礼，问道："这位先生是……"

正要问话，随这位绅士来的小厮随即应话说："刘大人，这是我们家老爷，太末城关的乡绅郑启泰郑大人！"

刘勰拱手回礼道："呵，郑乡绅，郑先生，久仰！"

那位乡绅又作揖道："不敢，不敢。在下是太末一介小民，听说刘大人日前来县上任，有失远迎，失敬了，失敬了！"

刘勰赶忙招呼郑启泰坐下，说道："郑先生请坐，请坐。"

郑启泰坐定，从宽袖中取出一张红帖递给刘勰，谦恭地说："刘大人，贵县令来太末，郑某未尽地主之谊，实在抱歉。郑某拟于明天设便宴请大人赏光，也算郑某为刘大人接风洗尘吧！"

刘勰顺手接下红帖，看了看，推辞道："刘某到太末已有些天了，何须再搞什么接风洗尘！不必了，不必了。"

郑启泰说："不叫接风洗尘也可以。郑某在小小城关有一席之地，就算请县太爷来寒舍做客小聚吧！"

刘勰听他这么一说，心里动了一下。他想：来到太末县，首先要熟悉乡俗民情。自己初来乍到，对这里乡风民习一无所知，可谓两眼一抹黑。今天有人找上门来，请自己到他家做客，何不借此机会了解一下太末的县情呢！刘勰出于这一想法，便答应道："郑先生如此厚意，请刘某到府上做客，那就恭敬不如从命了。"

郑启泰看刘大人接下红柬，又听到他答应亲临赴宴，心中十分高兴，连忙作揖谢道："感谢刘大人赏光，那郑某明日就扫径相迎，在家恭候了。"

彼此寒暄了几句，郑启泰便带着随从小厮离开县衙行馆，打道回府了。

郑启泰为了请刘县令到郑府赴宴是做了一番准备的。刘勰一到太末，郑启泰便着人打探这刘县令的为人、行状、习惯、爱好。郑绅士派出"包打听"探出两个信息：一是这位刘县令清贫。没有带什么贵重的财物，几件衣服两箱经书，如此而已。二是刘县令没有家眷。刘大人年过四十，未有婚娶，至今还是光棍一人。

郑启泰了解到刘勰这两个信息，便有针对性地做了准备。他估计这刘县令缺什么就会接纳什么。他缺的两个：一是金钱，二是美女。郑启泰觉得这两件事都好办，都办得到。对他来说，是小事一桩，小菜一碟。

郑启泰着手在这两方面做准备。

一是准备了一些金条。这些年来郑家虽没有人做什么大官，但他凭着自己的士族家庭背景放高利贷，盘剥了大量民财。有人说，他家里光黄金就有多少多少斤，白银多少千两，还有绫罗绸缎、布匹若干，真是黄金满屋，拿出斤把金条算什么，而且这次是真的有事求他这个县太爷了！

　　二是准备了一位美女。郑启泰是个士族之家，家中有许多附户家的女子，也就是养着许多家奴。江南美女多得是。

　　从官府行馆刘县令那里回来的第二天，郑启泰就把家奴中的一个漂亮女子莲莲叫到家中，问道："莲莲，现在有一件事要你去做，从今以后你就不要下地种田了。"

　　莲莲问道："老爷，莲莲我自小只会种田，还能做什么事呀？"

　　郑启泰说："莲莲，如今县里新来了一位县太爷，他没有家眷，孤身一人来到太末，怪寂寞的，生活又没人照顾。现在我想让你去照顾县太爷刘大人……"

　　莲莲一听，心里有点儿害怕。因为她从来没见过什么县太爷，不知道应该怎样去服侍他，就迟疑地说："这个……"

　　郑启泰说："没有什么这个那个的，我已决定了，你就准备一下吧！我让管家给你制几套好衣裳。你洗干净身子，穿上新衣服，从今天晚上开始你就去服侍刘大人……"

　　莲莲不好意思地低下头，也不敢反抗。

　　郑府今晚开夜宴，客人就是尊贵的刘县令，刘勰大人。

　　郑府在客厅里摆了一桌大宴席。郑府的厨师、侍从、婢女们说，这是郑府多年来最排场的一次宴会，餐桌上摆满山珍海味，还有莫干山区才有的野生动物穿山甲、蟒蛇、黄猄等山珍，真是"满台席上珍"啊！尤其特别的是郑府内经常出面的丫环使女都不让出场，换了一个从附户中挑选来的青年妹子莲莲。江浙一带山明水秀，多出美女，这莲莲眉清目秀，美貌出众，一头黑发，眼睛水灵，修长有度，肤如凝脂。莲莲在堂上一站，简直是光彩照人！

　　刘勰由张水根陪同来到了郑府。家丁一开门，莲莲立即迎上前去，手扶着刘勰刘大人往厅堂的茶桌前就座。

　　刘勰长期生活在定林寺，没有机会接近女色，这莲莲一上来扶他，他便感到浑身不自在，像满身爬了蚂蚁，但又怕失礼让主人难堪，不敢轻言让她走开。

莲莲服侍刘大人坐定，便为他斟茶。这时郑启泰出场了。他来到茶座前，端起莲莲送上的茶说道："刘大人，请喝茶，这是我们东阳郡出产的名茶！"

刘勰端起茶碗，轻轻地呷了一口，说道："好茶，好茶，郑绅士家里果然茶道过人呀！"

郑启泰说："君子之交淡如水，不就是一杯清茶吗！"

刘勰说："那是，那是。"

郑启泰看到刘勰很随和地来赴宴，到府后又没有什么装模作样的作态，以为他已经上钩了，便招呼刘勰入席。

刘勰是新来的县令，又是主客，自然是坐了首席。

郑启泰示意莲莲给刘勰斟酒，刘勰说："我在定林寺多年师从僧祐大师，不曾学会吃酒，这回就免了吧！"郑启泰自然也没有多劝。

莲莲侍奉在侧也觉得无事可做，手脚无处放，显得很不自在。

酒席宴上，郑启泰只谈喝酒吃菜，没有言及其他。

酒宴之后，刘勰便要告辞。郑启泰说："刘大人，不忙走。您初来乍到，又没有家眷，在行馆起居十分不便，我已经安排了我的侄女莲莲跟您一起去，就让她侍奉刘大人起居，这样便于您在县衙内忙碌公务！"

刘勰一听，让莲莲跟着自己走，在县衙行馆服侍自己，这不是"送美女"吗？这样怎么行呢？便拒绝道："郑先生，我刘某在建康一个人过惯了，不习惯有人在身边。再则吏部已经派了门生在帮我打理日常生活，不再需要什么人侍奉了。"

刘勰这番话，分明是在拒绝莲莲跟他走。郑启泰心想："美人计"这一招失败了。他在内心里狠狠地骂道："刘彦和，你这个书呆子，像莲莲这样的美女打着灯笼也找不到，如今送到你身边你不要，简直是不识抬举，没有人性！你这个县令难道是个废物吗？"

此计不成，又施一计。郑启泰让太太陈氏从私房里拿了一个红包出来，里面沉甸甸的。

郑启泰从陈氏手里接过这红布包，笑盈盈地对刘勰说："刘大人来太末，一个人在这里还需要一些花销，郑某为刘大人准备了一些碎小银子，请您笑纳。"

刘勰一瞄，看出这个红包包的像是金条。心想这郑绅士还真有两下子：送美女不成，又来送金条了。刘勰拒绝道："郑先生，小官来太末，行馆里生活必备的东西都有，衣食住行都很方便，自己没有什么花销。这个东西就免了吧。"刘勰用手挡住郑启泰，不接受他递来的红包。

刘勰心里估摸着，真是来者不善，美女黄金背后一定有什么交易要做的。赴什么宴，简直是"鸿门宴"！心想，还是赶快离开这个是非之地为好。

刘勰让张水根为自己穿好外衣，匆匆离开了郑家宅院，打道回府。

刘勰回到行馆，心里仍在琢磨着刚才在郑府的事：又是送黄金又是送美女，郑绅士为什么要在自己身上花那么大的本钱呢？这里面一定有名堂，说不定有什么重要交易呢！

果然。过了几天，一个衣衫褴褛的老伯来到行馆，一见刘勰便跪下，哀求道："刘大人，您一定要为小民做主啊！"

刘勰摸不着头脑，赶忙让这位老伯起来，说："老伯，您先请起来，有话慢慢说！"

这位老伯还是跪着不起，刘勰走上前去扶他。老伯起来后，结结巴巴地对刘县令诉苦道："刘大人，您一定要为小民做主啊！"

刘勰问道："老伯有什么冤情就尽管说吧！"

这时，老伯才开始申诉冤情，说道："刘大人，我是太末城关镇附近的一个小民。今年过春节时，我儿子在城关卖些竹笋、山鸡、香菇、木耳等土产，郑启泰的儿子郑国安把土产拿走不给钱，我儿子上前同他理论，这郑公子二话不说，拿起秤杆就往我儿子头上敲打，接着又捡起地上的铁秤砣猛击我儿子的头部。我儿子立即倒地，第二天一早就死了。事情闹到县衙，县太爷审理，以'杀人偿命'判决郑公子'立斩'。但是，郑家有钱，他们给县令送了金条，郑公子没有被'立斩'，直到如今郑公子还逍遥法外。前些时，办案的县太爷被调走了，郑公子的事也就搁置下来。但在公堂上判了'立斩'，这是全县人都知道的，他个人无法翻案。现在新的县令来了，郑家正想翻案。听说他们还宴请县太爷，想让新县令重新审这个案子。"

刘勰听了老伯的申诉，联想到前几天郑启泰又是宴请又是送美女送金条，是为了他儿子改判的事呀。他深深地叹了一口气，啊，原来如此！好险啊！

刘勰庆幸自己没有上郑启泰的当，没有接受他的美女和金条。想到这些，刘勰冒出一身冷汗。

刘勰送走老伯后，立即把此案卷宗找出来看，又派人去了解了当时的案发经过。经分析、判断后，刘勰决定在县衙内再次升堂。经过重新审理，刘勰重申宣判："前任县令判处的县城恶少郑国安的案子，判决无误，仍按原县令判决的'立斩'执行。"

第二天，郑国安在县里的刑场被执行"斩首"。太末县的一个恶少人头落地，大快人心！


## 四、县太爷微服私访

刘勰重新判决恶少郑国安的案子后，躺在太师椅上重重地叹了一口气，自言自语："好险啊，我差点儿当了贪官，当了糊涂官了。"他感到初来乍到，真不知道这小小的太末县水有多深！

刘勰每次升堂，都有民众来喊冤。

一个县令如何才能听到老百姓真正的声音？当了太末令的刘勰想起了当朝皇帝的一招：萧衍登上皇帝宝座之初，鉴于齐国灭亡的教训，特设立"谤木函"纳谏。萧衍诏令于东府前设立"谤木肺石函"各一座。凡布衣文士欲指陈时事有所建议，可投书于谤木函中；凡功臣才士如有功劳未达才不尽用，也可投书于肺石函中。刘勰不敢像皇帝那样设立

"谤木肺石函"。但他学了梁武帝"纳谏"的土办法。凡百姓庶民如有不平之事，可以在某日到府衙堂前击鼓喊冤，县太爷坐堂听诉。用今天的话来比喻，就是由县领导亲自接待"上访"群众。

有一天早上，刘勰吃过早饭，正准备上堂视事，忽听到外面乱哄哄地嚷嚷起来，就赶紧朝县衙走去。只见几十位衣衫褴褛的百姓聚集在县衙门口。刘勰不知道这些百姓要做什么，也就从侧门进到县衙堂。

刘勰坐定，升堂鼓敲响。几十位百姓拥进衙堂下厅，齐刷刷地跪下叩头。刘勰站起来望了望跪在下厅不敢抬头的一大片百姓，说道："诸位百姓父老请起，你们有什么事要向本官诉报？"

当时，跪在堂下的众人听县太爷叫大家起来，就都慢慢站起来。一位身着短衫的青年站起后说："刘大人，我们这里山高水远，土地瘠薄，收成不好，官府要我们缴纳的赋税太重，实在负担不起呀！老百姓个个都饿得像火柴棍了，哪里缴得起那么重的官税呀！"

这个青年话音刚落，一片喊声迭起，都是呼官叫府，要求免减赋税的呼声。

刘勰看着这些面有菜色的百姓，不觉眼神黯淡。他说："本官听到你们的申诉了。大家先回去吧。待本官择日到县内察访，据实向上禀报减免赋税等事项……"百姓听他此言，只好慢慢散去。

刘勰下堂以后，心里一直想着这些衣不蔽体面有菜色的百姓。又想到自己在定林寺衣食无忧，潜心写书，真不知道世间百姓活得这么艰难，不觉为之动容。

过了几天，刘勰带着张水根化装成小商贩带着一个伙计下乡收购山货。刘勰肩上背着一杆秤，张水根挑着一对竹箩担子，一路上吆喝道："收购山货啰！收购山货啰！"他们走村串户。张水根一路吆喝，都无人回应。

刘勰和张水根走累了，便在一座土地庙前坐下，恰似一对生意伙计在此歇息。

过了一会儿，一个蓬头垢面的妇女带着一个七八岁的小孩在此路过，望了望这两个收购山货的小贩。

"收购山货啰！"张水根对那个路过的妇人又吆喝起来。

妇人停下脚步，看着两个收购山货的人，好似有意要搭讪似的，说道："两位货郎，我们这里什么东西都被搜刮干净了，还有什么山货可收购呀！"

刘勰坐在一旁不语，还是由张水根说话："大嫂子，您说你们这里一切都被搜刮干净了，是谁把你们的东西搜刮干净了呀？"

妇人答道："那还用问，一是官府，二是财东呗。"

张水根问道："大嫂子，您这话怎么讲？"

妇人答道："自古以来都要缴皇粮，这是天经地义的事！可是这些年来皇粮也太重了，老百姓哪里负担得起呀！"妇人停了一下，接着又说，"唉，现在缴皇粮也不是按先朝的规矩那样做，种多少田缴多少皇粮。现在按户口算，大户人家田亩多，养了很多人为他们耕田种地，但他们却按户口纳税。这样有权有势的大户人家只缴纳一户人的税，而没有权势的人只种了一点儿田地，却跟大户人家纳一样多的税。田里种的粮食纳税都不够，哪有自己吃的呀！"

张水根问："大嫂，你们家纳税也很重吧？"

妇人回答说："可不是吗！我们家纳完税，自己一点儿粮食都没有了。佃户人家把自己种的粮食都缴了皇粮，自己只好去挖野菜草根充饥了。我们家男人在山上采些野菜回来还是饱不了肚子，妇儿家只好到外面讨饭了。"

刘勰听到张水根和农妇的对话，虽然没有插话，但看在眼里，记在心上。从这个妇人的话中，也看到了百姓真为赋税所累，实在活不下去了。他心里浮出孔老夫子一句话："苛政猛于虎"，他没有说出来。

刘勰把挂在肩上的秤拿下来，两手用力一掰就把秤杆折断了，喃喃地自语道："什么秤，老百姓的话才是真正的秤呢！"

刘勰内心很不是滋味，但不好再说什么，便对门生说："水根，我们走吧，看看下面那个村子老百姓是怎么过的。"

刘勰带着张水根继续往前走，看到路边那些饿得面有菜色的百姓，便偷偷地抹眼泪。

刘勰二人走到另一个村子，看见这里有十几户人家，都是用茅草搭成的房子。他们准备在这个村里进行察访。

张水根放开嗓门大声吆喝起来："收购山货啰！干的湿的都要！"

呼喊半天，还是没人回应。

刘勰抬头看了看，太阳已上中天，知道已近中午。这时应该是家家户户烧火做中午饭的时候了。但他没有看到一家烟囱上冒烟。刘勰便叫张水根在一棵大树下坐下，继续吆喝道："收山货啰，有山货的拿出来，现钱交易！"

张水根连着吆喝了多次，仍没有人出来搭理他们。他俩又走近一处房子门口吆喝。不一会儿，从茅屋里出来两个老人，对他们很不耐烦地说："你们喊什么呀喊，我们连糊口的杂粮都没有了，还有什么山货卖呀！"

两位老人说话间，又从屋里出来两个光着屁股的七八岁的小孩。刘勰看到，老人和小孩都面黄肌瘦、骨瘦如柴。刘勰问道："老人家，吃中饭了吗？"老人怒气冲冲地说："什么中饭，早饭还没有吃呢，衙门官人把我们的粮食连杂粮都搜刮干净了，我们还有什么吃呀！"

刘勰听后，没有答话，心里又是连连叹息："老百姓太苦啦！孔夫子说得对呀，'苛政猛于虎'，这不正是吗？"他长长地叹息后，不再说话。

刘勰他们在大树下坐了足足一个时辰没有说话。张水根看到刘大人在发呆，也只好陪着他坐在这里发呆。

刘勰和张水根这时已是饥肠辘辘。过了片刻，刘勰招呼说："水根，我们回去吧，到县衙后我再做打算。"

刘勰带着张水根悻悻地离开村子，回到县衙行馆。

## 五、开粥棚施舍民众

刘勰从乡下微服私访回到县衙，好几天没有到公堂视事，一直待在行馆里冥思苦想。

他在想什么？他看到"民有菜色""野有饿殍"的景象，心里在隐隐作痛。他想，朝廷把他从京城派到这个小地方做县令，也就是把这个地方交给自己治理了，如果在自己的治下还是"民不聊生""野有饿殍"，不仅自己面上无光，简直是对老百姓犯罪啊！

怎么办？怎么办？

刘勰一直苦苦地思索这个问题：如何"救人于水火""解民于倒悬"？

刘勰想到，在定林寺跟随僧祐十多年，从僧祐大师那里得到了"救民于水火""解民于倒悬"的一些启发。

刘勰不完全信佛，但又想起佛家语言："救苦众生，阿弥陀佛！"

刘勰想，老百姓都嫌赋税太重，怨声载道。能不能减轻一点儿赋税呢？他想，赋税是皇上定的。当今皇上颁布什么法令是皇上的事。我们这地方"山高皇帝远"，皇帝也有"鞭长莫及"之处，我们是不是可以在太末县减少一点儿赋税，减轻老百姓的负担呢？

刘勰便想如何减少赋税，减少徭役。刘勰想到的较为平等的办法，就是按耕种田亩多少来交税，一个农户耕了多少田就按规定交多少税。过去一些大户靠"依附户"而逃了很多税，使衙门税收损失。现在县衙规定每户种了多少田就交多少税，不管小户还是大户人家，也不管你家里有多少口人，都按耕种的田亩数来交税。这也不失为"公正"之举。

刘勰开始按这个办法推行，不久便遭到许多原先逃税的大户人家的非议和反抗。但是当地人慢慢了解到：这刘大人也是有来头的，他是从皇帝身边来的人，他敢于在赋税上做一些减免，不让大户人家逃税，他这种做法是不是来自皇室的主张？一般地方富户人家也摸不着头脑。如今刘大人执行这种办法，也许有些来历，下面的土财主不敢反抗，都乖乖地给衙门纳税。这样一来，就减少了普通百姓的负担。刘勰的减赋税的措施得到了太末百姓的拥护。

刘勰还想"远水解不了近渴"。如今太末县许多穷苦百姓揭不开锅了，能不能想些临时办法，解决他们面前的困境而不至于饿死？刘勰想起建康一些寺庙搞"舍饭施粥"的善举。建康一些大的寺庙，每天做几大锅粥摆在寺庙门口，凡有饥饿而难于度日的百姓，每天可以到这里领粥。老百姓的愿望容易得到满足，每天能领到一碗粥，能保住性命就满足了。

刘勰决定在太末县实行施粥。在哪里发粥呢？总不能在县衙门口设"粥棚"，让老百姓到县衙排队领粥吧。他想到了乡间的寺庙。南北朝时期由于皇上信奉佛教，各地都建有许多寺庙。这些寺庙一方面盘剥百姓，一方面又搞些"施舍"善事。刘勰决定，由县衙出资，各地寺庙承办，在寺庙前搭些粥棚，每天由寺庙出面施粥。这样一来，各地真正穷得难于度日的老百姓都可以到粥棚领粥，渡过难关。

太末来了刘县令，太末县便兴起了一个"施粥"的行动。寺庙给穷苦百姓"施粥"成为习俗。中国寺庙施粥的慈善事业一直延续了几千年。

刘勰当了三年太末令，留下了"慈善"的习俗，留下了"好官"的清名。所以《梁书·刘勰传》里留下了"为太末令，政有清绩"八个大字。

刘勰，这个以《文心雕龙》名世的人，三年"太末令"留下了一世清名！

## 六、留遗憾未探龙窟

刘勰在任太末令时，正逢南北朝大建寺庙之时。朝廷下令各地都要大建寺庙。寺庙越建越多，越建越豪华。建寺庙是需要银两的呀！上面不给钱，就从老百姓中摊派。可是像太末这样的穷地方哪里有钱建寺庙？

刘勰在想：如果能少花一点儿钱，让百姓出点儿力，建一点儿修一点儿，把一些旧寺庙翻修一下，也算是一个向上面交差的好办法。因此，他准备带着张水根到县内各村走走，了解一下寺庙情况。

有一天，刘勰到了龙游西北部凤凰山附近的一个村庄。进村后见村民们围在一起，不知在说什么。

刘勰和张水根走到近处，听到其中一个村民在哭诉说，他的牛在山上走丢了，他和几个村民一起在山上找了半天也没找到，后来又打着火把到一些山洞去找，到现在也没找到。这个村民愁眉苦脸，丢了牛对他家来说是件大事，是个大损失啊！

刘勰还听到一个村民说："我们为找牛，进到一个很大的山洞里去，但始终没有找到。看见那个山洞很奇怪，洞窟从矩形洞口开始，垂直向下延伸，顶部呈'倒斗形'，深度有几十米……"

刘勰听到这里，很感兴趣，不禁向这位村民发问："你们看到洞里有什么东西？"

村民们一看，见是两位陌生人，大家都不说话了。张水根赶紧介绍说："各位乡亲，这位是太末县令刘勰刘大人，今天来村里视察民情。"

村民们听说过刘大人，更听说过他开粥棚赈济百姓，减轻赋税，为百姓做了些好事。大家一下就变得活跃起来。刚才那位说话的村民接着说："我们凤凰山人，过去只知道凤凰山下有个石门洞，洞口长满杂草。神神怪怪的传言很多。有人说这个洞进得去出不来，因此从来没有人敢进去。"大家都安静地听这位村民说。

村民接着说："洞窟里黑压压，看不太清楚，寻牛的人用火把照了照，好像是石窟，顶部和四周有人工开凿的痕迹，有朝向一致的平行斜纹……"

刘勰问："能看清凿的是什么吗？"

村民答道："看不清楚，只是模模糊糊地看到一点儿影子。"

刘勰听后，"哦"了一声，又问道："你们有没有听说过在凤凰山发生过什么大事吗？"

另一村民说："过去老辈人说，这石窟是春秋战国时期越王勾践卧薪尝胆挖洞屯兵的地方，准备将来复仇。"

刘勰接着又问："还有什么说法？"

又一村民说："还有人说这里是陵墓。但从未听说里面放有棺材葬物，也没听说过出现盗墓贼的故事。"

刘勰越听越觉奇妙，又"哦"了一声，似乎想起了什么，意识到什么。接着又"哦"一声，自言自语地说："石窟，石窟。"

刘勰想起什么来了？他想起了汉时的"丝绸之路"，想起了东晋时期的魏国，想起了最近朝廷的诏令。这些都与"石窟"有关啊！

刘勰想起北魏的历史。刘勰虽然没有到过北魏，但他博古通今，对北魏的历史很熟悉。北魏灭凉后，因魏太武帝崇道毁佛，佛教一度衰落。魏孝文帝迁都洛阳后，几代太后都信佛，佛教在北魏又开始盛行，洛阳就有佛寺一千三百多座，北魏全境达三万多座。魏孝文帝还在龙门山开凿大小洞穴石窟，安放大小佛塑像几千尊，还有帝后礼佛图等。

刘勰想起丝绸之路。古代开辟丝绸之路以后，敦煌成了从内地到西域的咽喉。西域北路的龟兹国，南路的于阗国，都开凿了石窟，供奉佛祖菩萨，其中有壁画、塑像，形成西域式和天竺式相结合的石窟艺术。

刘勰想起了敦煌东南的鸣沙山。那里开凿了六百多个窟洞安装佛像和壁画。

刘勰还想起了山西的大同。大同开凿了云冈石窟。那里共有大小几十个洞，安放着十万尊佛像。天山的麦积山，也有大石窟……

刘勰沉思了片刻，又问村民："你们龙游的凤凰山洞窟有多少个？"

进过洞的那位村民想了想，说："我们急着找牛，没有认真数过，估计有二三十个洞。他的牛进了哪个洞也不清楚，因此，牛一直没找到。"

刘勰再次陷入沉思之中，他想：这凤凰山下的"龙游洞"，莫非是南朝官吏准备用来礼佛之用而开凿的石窟？他觉得这很有可能。眼下，朝廷下诏要各地多建寺庙。要建庙就要老百姓掏钱。老百姓赋税已经那么重了，哪里还掏得起钱来建庙呀！如果这些洞可以利用，把它们建成庙宇，既可以应付朝廷，又可让佛徒供奉，那不是一件皆大欢喜的好事吗！

想到这里，刘勰发自内心地喜悦，不觉露出笑容说："你们这里有这么多石窟，好！过些日子，我带人亲自进石窟去看看，看究竟是怎么回事，到时你们可要好好带路啊！"

村民们见刘县令表现出高兴的样子，也显得轻松愉快了些，说："好呀！刘大人能亲自来看看，太好了。听说刘大人在寺庙里住过十多年，又精通佛理，如果能看出什么名堂来，我们凤凰山会更出名啊！"

刘勰和村民们都哈哈大笑起来。

刘勰已经做好准备，择日带一些人去凤凰山看一看，考察考察。

不料过了几天，突然之间朝廷派来钦差，要刘勰急速返回京师。

刘勰最终没能到凤凰山亲自去看"龙游洞"。这也许是刘勰一生的遗憾，或许更多的是龙游这个地方的遗憾！

# 第十章 受器重太子爱接

天监（十年）……除仁威南康王记室，兼东宫通事舍人。时七庙飨荐已用蔬果。而二郊农社犹有牺牲。勰乃表言二郊宜与七庙同改。诏付尚书议，依勰所陈。迁步兵校尉，兼舍人如故。昭明太子好文学，深爱接之。

——《梁书·刘勰传》

## 一、遵圣旨急回京师

有天下午，平日很平静的东阳太末县城突然热闹喧嚣起来。一彪人马打着杏黄旗，鸣锣开道，气宇轩昂地高喊："太末令刘勰接旨！"

正在街上办事的刘县令的门生张水根看到这个架势，听到这般叫嚣，摸不着头脑，急急忙忙地跑回县衙行馆，一进门见到刘勰，便语无伦次地说："刘……刘大人，朝廷来……来了一彪人马……"

刘勰正在批阅案卷，看到门生张水根那失魂落魄语无伦次的样子，连忙安慰说："水根，不要急，有什么事慢慢说。"

这时，张水根心情平静了一些，接着说道："刘大人，朝廷来了人，说要太末令刘勰接旨！"

刘勰听到"接旨"二字，吓了一跳。他想："接旨"就是接皇帝的"圣旨"。钦差从建康赶来，要我这个小小的太末令接旨，莫非真有"皇帝圣旨"下达？事不宜迟，如果怠慢了这些钦差，他们回去参上一本，我这个小县令真是吃不了兜着走了。

刘勰立即放下案卷，匆匆走出官衙。迎面走到那彪吆五喝六的人马面前。他刚要启齿，又听到一声喝令："太末令刘勰接旨！"

刘勰见来的这一彪人马气宇轩昂，又见黄旗上"肃静"两字，来不及多想，便下意识地往地下一跪，答道："下官刘勰在，奉命前来接旨！"

刘勰伸出双手接住钦差颁下的黄卷，两手发抖地将黄卷展开，睁大眼睛，看见黄卷上几个大字："刘勰急速返京"。

前来颁旨的钦差说道："刘大人，圣上有旨，这会儿你就跟我们赶回京师吧！"钦差吐了这几个字，再没有多说别的什么。

刘勰听后，真是丈二和尚摸不着头脑。他想：如果我刘彦和在太末令任上犯了什么罪，罪该问斩，应该是桎梏加身，押回京师。可这个钦差一没有说"押回"，二没有给上"枷锁"，只说了一句"跟我们急速回京师"。这种做派不像对待一个"罪臣"，还很有一点儿礼遇的样子。

刘勰又想，如果我是罪臣，他们一定不会那么客气地待我。但皇帝直接下诏要一个小小县令火速赶回京师干什么？刘勰硬是猜不透。

刘勰也不敢问钦差。事实上问也是没有用的，钦差不会给明确答复，也许他们根本不知道什么，只是执行命令公事公办而已。

刘勰接旨之后准备回京城，便忙不迭地整理太末令任上的各种案卷。花了一个通宵，将案卷整理完毕。

案卷交给谁？没有人说。刘勰只好把这些案卷整整齐齐地放在官衙的公堂上，因为不知道什么人接替他的"太末令"，也不知道将这些案卷交给何人。刘勰一头雾水，满脸疑云。

第二天一大早，刘勰带着简单行李和他两箱书，同门生张水根一起跟着钦差上路。他们分乘三辆马车，从太末启程回京师建康。因为刘勰没有家眷，没有家财，所以也就没有拖泥带水的事。他"一身轻"来到太末，又干干净净地离开太末……

刘勰急匆匆地离开太末。太末人也猜不透：一个小小的县令由皇帝直接下诏调回京师，这里面有什么来头呢？

来头确实不小。这与当朝皇帝梁武帝有直接关系。确实是他亲自下诏把刘勰召回的。

梁武帝萧衍是个怪皇帝，一个性格怪僻、举止反常的皇帝。他既是武人，也是文人。他提倡过儒学，也笃信佛教。他由文人沈约、范云帮他夺取了政权，又被武人侯景逼得走投无路。萧衍在登基做皇帝之前也是个文化人。他常去萧子良的"西邸"谈文论艺，交了一批文人朋友，史称"竟陵八友"。他也经常去定林寺供佛事佛，同一些高僧们很熟悉，定林寺的掌门人僧祐就是他的好朋友。

僧祐的徒弟刘勰写成《文心雕龙》后，经沈约推荐很出名。萧衍读过《文心雕龙》和刘勰撰写的碑铭，知道他是个很有才华的文人。

刘勰是个小小的"太末令",也就是"七品芝麻官"吧。一个"七品"小官,要由皇帝直接下诏,把他调回京师,实在太特殊了。

这是有原因的。萧衍要把刘勰从东阳郡调回来,为的是他的两个儿子。一是要为他的第四子萧绩选一个"记室"。萧绩当时只有七岁,就受封为"南康王",又封为"仁威将军"。七岁孩子能干什么?还不是读书学做人。萧衍认为刘勰有学问,为人又老实忠厚,不会阴谋诡计。让刘勰担任仁威将军南康王萧绩的"记室",他放心。二是为了物色一个贤才担任他的长子萧统的"东宫通事舍人"。萧统被立为太子后,五岁移入东宫。由于萧统智慧过人,为人仁爱,到了十四岁就帮助父亲打理朝廷的公务了。此时,下面来的许多奏章书札直接送到东宫,因此需要物色一个"通事舍人",帮助他管理奏章。萧衍于是又想到了刘勰。

这两个职务都与萧衍有直接的关系。因此他亲自干预,下诏把刘勰从东阳郡调回京师,就有了刘勰奉旨急速回建康的一幕。


## 二、南康王引为记室

刘勰随着朝廷派来的钦差,日夜兼程急速从太末回到了建康。

刘勰在建康也无官宅,回来后便住在吏部的行馆里,也就相当于如今住在"组织部招待所",等候朝廷钦命。

刘勰在吏部行馆住了几天,并无朝廷官员找他谈话,也无人告知他分配什么工作,更没有见到当朝皇上梁武帝萧衍。

刘勰只好在行馆等着。他有时同一些住在行馆待命的官员闲聊。同住在行馆的一位待命官员说:"朝廷早已有明诏,地方官吏有'声绩克举,厚加甄异',这次朝廷急速召你回京,说不定你要升大官,朝廷有重要的事让你去做呢!"这位官员也只是猜想,其实他什么也不知道。

刘勰没有太多的期待。他只是一介书生,并无做大官的欲望,又无做大官的技巧。朝廷会有什么重要的事让他做呢?他这样想。

又过了几天，吏部官员知会刘勰把任职的事通知了他："经由皇上下敕吏部议决：让你去担任仁威将军南康王'记室'。"

刘勰听后，没有兴奋，没有激动，也没有强烈的反应，反而觉得平淡无奇。因为去太末之前，他就担任过临川王萧宏的"记室"。

刘勰想，"记室"不就是听人使唤的秘书吗？他清楚地记得，几年前担任临川王萧宏的"记室"，就是帮助萧宏收发整理文书档案，代他起草文稿什么的。后来跟着萧宏出师伐魏，担任"车骑仓曹参军"，也只是个管理登记武器装备的文书。后来临川王萧宏带兵伐魏失利被解了职，自己也跟着上司萧宏倒霉，接受刑部调查后也就解了职，成了赋闲之人。这回从东阳回来又当"记室"。这回当"记室"可能比以前更糟，因为这个仁威将军南康王还是个孩子呢！

仁威将军南康王是个什么人呢？据《梁书·南康简王绩传》记载："南康简王绩，字世谨，高祖第四子。天监八年，封南康郡王，邑二千户。出为轻车将军，领石头戍军事。十年，迁使持节、都督南徐州诸军事、南徐州刺史，进号仁威将军，绩时年七岁……"这是正史，说得明明白白，这位被任命为"仁威将军"的南康王萧绩"时年七岁"。可悲啊，可悲。可笑啊，可笑。封建时代采取"世袭制"，老皇帝死了，王储继位，因而有三岁做皇帝的。"将军"也有世袭，七岁当什么将军？不就因为他是皇帝的儿子吗？

萧绩七岁就被封为"仁威将军"，并不领兵打仗，只是一个封号而已。刘勰做他的"记室"无异于去当个"大保姆"，至多是个"大管家"。

皇上有令，这个官还是要去当的。刘勰带着吏部的任命去拜见那个仅有七岁的"仁威将军"。

这仁威将军虽然只有七岁，但他是当今皇帝的第四个儿子。虽不是王储，却是王室贵胄，派头还是十足的。

将军府戒备森严。两个武士站在朱漆门前，腰佩宝剑，手持尖矛守候着。

刘勰到了将军府，卫士将他到来的事禀报府内侍臣。内府很快就让他入室登堂了。

刘勰进入"将军"议事厅，只见一位七岁孩童官服官帽，正襟危坐于堂上。不过，这个仁威将军长得比外面孩童高大，虽未够"七尺男儿"，也不像"乳臭未干"的小童了。"将军"毕竟是将军了。

刘勰站在仁威将军面前，确实有些尴尬。刘勰已经四十多岁，在当时就算"老人"了。他面对的上司是个孩子。在正常人伦来说，刘勰该是他爷爷辈的人了。但在那个"君君臣臣，父父子子"的时代，这个规矩是不能破的。刘勰仍然对他行官属之礼。

刘勰躬身作揖，对这位仁威将军萧绩行礼，言道："殿下万福！下官刘勰奉吏部之命为殿下担任'记室'，前来领衔奉事。"

萧绩也算乖巧。他虽然只有七岁，但学过一些礼仪，特别是面对着相当于"爷爷辈"的刘勰，也不敢太过傲慢无礼。他见刘勰行下属礼，便忙说："免礼，免礼！"

萧绩请刘勰在厅内的宾席坐定，两人面对面交谈起来。

萧绩有礼。想必皇上或这小主子的师傅已有交待：刘勰不是等闲之辈，是个名人，要礼遇之。因而萧绩一见刘勰便客气地说："彦和先生是当今大儒，文笔称世，让你来做'记室'，真是屈才了！"

刘勰回礼答道："谢殿下大恩。彦和能来将军府担任'记室'是下官之万幸，哪里说得上屈才呀？"

萧绩学着老人点点头说："好，好，以后你就帮助将军府做好文书方面的事吧！听说刘先生擅长辞章，以后除了做好文书来往事宜，还可写些文章！"

刘勰不断点头，表示一定听命。

刘勰担任南康王萧绩的"记室"不久，又被任命为"兼任东宫通事舍人"。这个兼职就不简单了。

如果说担任仁威南康王萧绩的记室，还只是接近王室，那么担任"东宫通事舍人"，却是直接同太子打交道，这个职务就非同一般了。

刘勰受到如此器重，被任命为"东宫通事舍人"，恐怕与僧祐有很大关系。僧祐与萧统的母亲丁贵妃有师生之谊。萧衍的丁贵妃笃信佛教，曾拜僧祐为师，对僧祐"崇其戒范，尽师资之敬"（《高僧传·僧祐传》）。丁贵妃也知道刘勰。萧统被立为太子之后，单住东宫，年幼而正在积学时期，有刘勰这样的"高才"为他的"舍人"，不是正合适吗？

萧统也能接受。因为萧统从小爱好文学，也写诗词歌赋，有刘勰这样的大文人帮助处理各种奏章书札，他也很信得过。由于丁贵妃和僧祐的促成，刘勰从此成了萧统的助手、臣僚。

## 三、好文章未被张扬

刘勰担任仁威南康王萧绩的"记室"之后，确实无多少事可做。这个七岁的小王子，还在读书呢，府里另有师傅教他读书习礼。"记室"有多少文书处理，有多少"公务"可办呢？

刘勰常常闲得无聊。

幸好，刘勰回建康以后，同定林寺的师父僧祐还有来往。僧祐有意识地在使用刘勰，找刘勰做些文字功夫，闲着的刘勰也乐于应从。

真是摊上一件好事了。天监十二年（513），梁武帝下敕要定林寺的僧祐监管建造剡山石城寺佛像。剡山并不在建康，更不挨着定林寺，而是在浙江省新昌县。梁武帝为什么要僧祐去监管剡山石城寺造佛像的事呢？

事出有因。据说这剡山石城寺佛像，原来由建安王监督建造，但造了几次都没有造成，还使建安王得了一场大病。当时僧祐有建筑方面的天才，皇室认定只有他才能完成这项事业，于是皇上亲自下敕要僧祐去建造这佛像。关于这件事，《高僧传·僧护传》里曾详细记载："齐建武中，招结道俗，初就雕剪，疏凿移年，仅成面朴。顷之，护遘疾而亡。……天监六年，有始丰令吴郡陆咸罢邑还国，夜宿剡溪。值风雨晦冥，咸危惧假寐，忽梦见三道人来告云：'君识信坚正，自然安隐。有建安殿下感患未瘳，若能治剡县僧护所造石像得成就者，必护平豫……

咸即驰启建安王，王即以上闻。敕遣僧祐律师专任像事。……像以天监十二年春就功，至十五年春竟。坐躯高五丈，立形十丈。"皇帝奉佛，执悟迷信，听到石像造成即可使建安王子病除，因此就下诏要定林寺的僧祐专管造像事宜。僧祐领了这件工程，即造石像。果然，石像造成，王子病愈。

石像造成，还得请人写个碑文。僧祐最信任刘勰了，于是专请刘勰为石像制文。

刘勰遵师父僧祐之嘱，立即写了《梁建安王造剡山石城寺石像碑》的铭文。这件事在梁武帝萧衍那里也留下深刻印象。

刘勰长于佛理，文章写得很漂亮。《梁书·刘勰传》里这样写道："然勰为文长于佛理，京师寺塔及名僧碑志，必请勰制文。"刘勰为哪些寺塔及名僧写了碑志，已不可详考，据史料记载，有《僧祐出三藏记铭》《法集杂记铭》《钟山定林上寺碑铭》《建初寺初创碑铭》《僧柔法师碑铭》《释僧祐碑文》《释超辩碑文》等等都出自刘勰之手。可惜，岁月悠远，这些碑铭杂记均已散失。所存碑铭仅有《梁建安王造剡山石城寺石像碑铭》一篇被保存下来，见于后人孔延之编的《会稽掇英总集》中。

《梁建安王造剡山石城寺石像碑铭》，是为建安王造剡山石城寺石像碑建造而写的碑文，其主旨也为宣传佛教的威灵，但全文写得很有灵气，文辞优美，是极富美学价值的一篇散文。今天读来仍余味无穷。例如描写剡山的景观："剡山峻绝，竞爽嵩华；涧崖烛银，岫嶂蕴玉。故六通之圣地，八辈之奥宇。始有昙光比丘，雅修远离，与晋世于兰，同时并学；兰以慧解驰声，光以禅味消影。"他把剡山的山势观色与游者的心境完美地融合在一起，韵味无穷。刘勰对于石城寺的描写也很有特色，引人入胜："至齐永明四年，有僧护比丘，刻意苦节，戒品严净，进力坚猛，来憩隐岳，游观石城。见其南骈两峰，北叠峻崿，东竦圆岑，西引斜岭，四嶂相衔，郁如鹫岳；曲阔微转，涣若龙池。加以削成青壁，当于前巇。天诱其衷，神启其虑，心画目准，愿造弥勒，敬拟千尺，故坐形十丈。于是擎炉振铎，四众爱始胥宇，命曰石城。遂辅车两寺，鼎足而处。克勤心力，允集劝助，疏凿积年，仅成面璞。此外则硕树朦胧，巨藤交梗，后原燎及岗，林焚见石，有自然相光，正环像上，两际圆满，高焰峰锐，势超匠楷，功逾琢磨，法俗咸㧐心惊观，金曰冥造，非今朝也！"文字极其优美，描述极为细腻，真是妙文。

文章对于石像本身的描写也极生动形象："及身相克成，莹拭已定，当胸卍字，信宿隆起，色以飞丹，圆如植璧，感通之妙，孰可思议！天工人巧，幽显符合。故光启宝仪，发挥胜相，磨砻之术既极，绘事之艺方骋；弃俗图于史皇，追法画于波塞。青腠与丹砂竞彩，白垩共紫铣争耀；从容满月之色，赫奕聚日之辉。至于顶礼仰虔，馨折肃望，如须弥之临大海，梵宫之跱上天。……"这段文字，把石像的神韵描写到极致，让人赞叹不已。

刘勰不仅在文学上极有才华，而且对美术、绘画的理解也极其精到，刘勰乃通才也。过去人们以为这篇文章是篇佛教文字，论者多未重视，文学选家从未作为文学作品加以遴选，也未作为文学作品加以置评弘扬，真是可惜了。说到对于寺庙盛况之描写，文学史家往往见誉于北魏文人杨衒之的《洛阳伽蓝记》，而不提刘勰的《梁建安王造剡山石城寺石像碑铭》。对于中国文学选本或评论来说，岂非遗珠之憾哉！今为刘勰立传，我特意加此一笔，不知能否启文人识珠之智！

## 四、《灭惑论》宣扬佛义

当然，不是刘勰的每篇文章都具有文学价值，值得今天宣扬。

刘勰当了仁威将军南康王记室之后，每天都要到"将军府"来"点个卯"，多数时间还是在读书写文章。

刘勰当时除了写了梁建安王造剡山石城寺石像碑的碑文之外，还做了一件大事：就是撰写了一篇论文叫《灭惑论》。这篇文章倒是引起当时社会的关注，也得到当朝皇帝梁武帝的欣赏。

事情的起因是这样的：南朝宋齐间举国上下爆发了一场道教和佛教的激烈斗争。宋末道士顾欢作《夷夏论》，竭力诬佛，引起两教的争论。《夷夏论》指责说："舍华效夷，义将安取？"认为国人有自己的礼制风俗，为什么要模效外国的礼制风俗？

到了齐梁时期，著名思想家范缜发挥汉末王充的学说，作《神灭论》反对佛教学说。

当时，儒、佛、道三教之间发生相互斗争，一个最严重的问题是生和死的问题。

儒家重生不重死。儒家所讲的是生前伦理道德和政治制度，对死后的事置而不论。"所谓不知生，焉知死"，"朝闻道，夕死可矣"。

道家不信死后有鬼神，着重在个人生前的适意求乐。它的支派魏晋玄学更是宣扬极端消极的享乐思想。东晋以后有些人把儒学和佛教结合起来，既要在生前享现世的乐，又希望死后享来世的乐。实际上玄学附和了神不灭论。

儒佛争论还有个问题是礼制问题。晋成帝时庾冰执朝政，主张沙门见皇帝应该行跪拜礼。佛教徒坚决反对，后来桓玄又提出跪拜问题同佛教徒反复辩论。宋孝武帝诏令沙门拜皇帝。他的儿子宋废帝则废除了宋孝武帝的诏令，僧徒不拜父母和皇帝，等于否定了儒家的根本理论。在这一斗争中，儒家的进攻敌不过玄佛两派的联合反抗。

正在这时，齐国的道教徒假托张融的名义作《三破论》，说老子闻道于竺乾古先生，说竺乾是天竺，古先生即佛，老子是佛的弟子。又说佛遣三弟子到震旦中国教化。儒童菩萨即孔子，儒家孔子也是佛教的学生。

范缜针对这些说法，写了那篇著名论文《神灭论》，成为当时思想界的峰顶之作。范缜是名儒刘瓛的学生，博通经术，尤精三礼，秉性耿直，敢发高论。范缜曾与萧衍、沈约、谢朓等人成为著名的"西邸文士"。

范缜是当朝皇帝萧衍的朋友，但他发表的《神灭论》观点为萧衍所不赞同。范缜在萧子良的竟陵王府，当着萧衍等人的面，驳斥竟陵王萧子良的言论。他当场设下三十多个问题自问自答。意思是：一、精神是肉体的作用，肉体是精神的本质；二、物质有多种多样种类；三、物质变化有一定的规律；四、心有病思想就错，精神是物质的产物；五、鬼神是没有的。后来萧子良又组织当朝名士来批驳范缜，但范缜没有被驳倒。

萧衍做了皇帝后，下了一道答臣下"神灭论"的敕书，硬说范缜违经背亲，语言可息，不让范缜再说话写文章，进行"封杀"。萧子良还设下圈套，让范缜、范云兄弟到魏国访问参观佛寺，但始终没有效果，因而范缜没有正式成为"竟陵八友"。

范缜《神灭论》发表后，不仅萧子良聚集众僧和范缜辩论，梁武帝还亲自出马，于天监三年（504），集道俗二万人，于重云阁手书《舍事道法诏》，公开声明信奉佛教，诏书说："弟子经迟迷荒，耽事老子，历叶相承，染此邪法，习因善发，弃迷知返。今舍旧医，归凭正觉，愿使未来世中，童男出家，广弘经教，化度舍识，共同成佛。"又敕门下撰文讲经，曰："道有九十六种，唯佛一道，是于正道，其余九十五种，名为邪道。朕舍邪外，以事正内诸佛如来。若有公卿，能入此誓者，可各发菩提心。"

皇帝光下诏书还不行。理论问题必须用理论来解决。但在梁武帝时尚无人能驳倒范缜的《神灭论》和张融的《三破论》。

有谁敢于同范缜的"神灭论"及张融的"三破论"叫板呢？据说，这时朝廷想到了刘勰。知道他不仅是个文论家，而且精通佛理，有人便来说服刘勰，要他写篇文章驳斥"三破论"。

刘勰于是遵命写了篇《灭惑论》，来同"三破论"较量。

"三破论"与梁武帝的立场针锋相对。而刘勰的《灭惑论》，则和梁武帝的《舍事道法诏》观点相同。

刘勰是站在佛教立场上为梁武帝的崇佛理论做辩护的。《灭惑论》说："九十六种，俱号为道，听名则正邪莫辨，验法则真伪自分。"这里在说明佛教为正教真教，其余则是邪教。这同梁武帝的诏书完全一致。

刘勰的《灭惑论》在辩论佛道两教的正邪真伪时说："且夫涅槃大品，宁比玄妙上清？"这同梁武帝的"诏"书的立场观点是一致的。

刘勰这篇文章写于担任仁威将军南康王萧绩的"记室"之时，当时刘勰即使有自己的独立见解，也不能自由发挥。因为刘勰当了朝廷的官员就要同皇帝"保持一致"，这样的文章不得不写。没有独立的人格和独立思想是当时知识分子的悲哀！

刘勰的《灭惑论》同张融的《三破论》针锋相对。

《三破论》说："道家之教，妙在精思得一，而无死入圣；佛家之化，妙在三昧神通，无生可冀，铭死为泥洹。未见学死而不得死者也。"

《灭惑论》则说："二教真伪，焕然易辨。夫佛法练神，道教练形，形器必终，碍于一垣之里；神识无穷，再抚六合之外。明者资于无穷，教以胜慧；暗者恋其必终，诳以仙术。极于饵药，慧业始于观禅。禅练真识，故精妙而泥洹可冀；药驻伪器，故精思而翻腾无期。若乃弃妙宝藏，遗智养身，据理寻之，其伪可知。假使形翻无际，神暗鸢飞戾天，宁免为鸟？夫泥洹妙果，道惟常住，学死之谈，岂析理哉！"

《三破论》说："若言太子是教主，主不落发，而使人髡头；主不弃妻，而使人断种，实可笑哉！明知佛教是灭恶之术也。伏闻君子之德，身体发肤，受之父母，不敢毁伤，孝之始也。"

《灭惑论》则说："太子弃妻落发，事显于经，而反白为黑，不亦罔乎！夫佛家之孝，所苞盖远。理由乎心，无系于发。若爱发弃心，何取于孝？昔泰伯虞仲，断发文身，夫子两称至德中权。以俗内之贤，宜修世礼，断发让国，圣哲美谈。况般若之教，业胜中权；菩提之果，理妙克让者哉！理妙克让，故舍发取道；业胜中权，故弃迹求心。准以两贤，无缺于孝，鉴以圣境，夫何怪乎？"

从上可以看出，这两篇文章，以对答方式辩论问题，文字虽有些生僻，但不加翻译今语也是可以理解的。

刘勰在《灭惑论》中对于佛教理论并没有什么创造性的发挥，但是刘勰审时度势，他是附和梁武帝所宣称的理论的。他宣扬梁武帝的观点："九十六种，俱号为道，听名则邪正莫辨，验法则真伪自分。"

刘勰的这篇文章如果不是梁武帝授意，至少是"迎合上意"而作。知识分子不同当朝统治者保持一致，是不允许的。何况刘勰是梁武帝儿子仁威将军的"记室"呢？

不过刘勰所持的还是一种折中态度。就在这篇《灭惑论》中，他写道："至道宗极，理归乎一；妙法真境，本固无二。佛之至也，则空玄无形，而万象并应；寂灭无心，而玄智弥照。幽数潜会，莫见其极；冥功日用，靡识其然。但言万象既生，假名遂立，梵言菩提，汉语曰道。"由此可见，即使当时佛和道有如此对立，刘勰也总想用折中的观点，来加以调和。


# 五、兼东宫通事舍人

刘勰调回京师担任仁威将军南康王"记室"不久，吏部又任命他兼任"东宫通事舍人"。

刘勰听到这个任命，心头为之一震。这"通事舍人"与"记室"就不同了。他想，萧绩只是个"王子"，担任萧绩的"记室"，只是在皇族里面做事，做七岁王子的"记室"没有多少事可做。而做"东宫通事舍人"却不同了。这是因为昭明太子已经长大，参与政事，每天奏章很多，需要选任一位"东宫通事舍人"，协助太子处理政事。

"通事舍人"是什么官？《宋书·百官志》里解释说："晋初，置舍人一人，通事一人；江左初，合舍人通事谓之通事舍人，掌呈奏案章。"这就是说，原来"通事"和"舍人"是两个职位，到了南朝就把"通事"和"舍人"合并为一个，主要是掌管奏章呈递事宜。这样一来，刘勰实际上是皇太子的贴身"大秘书"了。

刘勰兼任"东宫通事舍人"，是他一次难得的政治机遇，也是他人生的一大幸事。

"东宫通事舍人"顾名思义，既要通事，又是舍人，是个很有权力的官。东宫，是皇太子居住的宫殿。天监元年（502），萧衍刚刚登上皇帝宝座，年仅一岁的萧统被立为皇太子。《梁书·昭明太子传》里说："昭明太子统，字德施，高祖（萧衍）长子也。母曰丁贵嫔。初，高祖未有男，义师起，太子以齐中兴元年九月生于襄阳。高祖既受禅，有司奏立储副。……天监元年十一月，立为皇太子。"一岁当太子，还小，到了五岁，就让他单独住到东宫去了。到了东宫就需要有人招呼，萧统十四岁帮助皇帝处理奏章公务，于是就立了个"东宫通事舍人"帮助他。

刘勰兼任"东宫通事舍人"是他人生之幸。这是因为：

第一，萧统是个聪敏过人的太子。《梁书·昭明太子传》里记载："太子生而聪睿，三岁受《孝经》《论语》，五岁遍读《五经》，悉能讽诵。五年六月庚戌，始出居东宫……十四年正月朔旦，高祖临轩，冠太子于太极殿。""太子美姿貌，善举止。读书数行并下，过目皆忆。每游宴祖道，赋诗至十数韵，或命作剧韵赋之，皆属思便成，无所点易。高祖大弘佛教，亲自讲说，太子亦崇信三宝，遍览众经。乃于宫内别立慧义殿，专为法集之所，招引名僧，谈论不绝。……太子自加元服，高祖便使省万机，内外百司奏事者填塞于前。"

第二，太子为政仁厚宽和。《梁书·昭明太子传》里说："太子明于庶事，纤毫必晓。每所奏有谬误及巧妄，皆即就辨析，示其可否，徐令改正，未尝弹纠一人。平断法狱，多所全宥，天下皆称仁性。性宽和容众，喜愠不形于色。引纳才学之士，赏爱无倦。恒自讨论篇籍，或与学士商榷古今，闲则继以文章著述，率以为常。于是东宫有书几三万卷，名才并集。文学之盛，晋宋以来未之有也。"萧统小时候读遍儒家经典，到了十四岁，便参与朝政。他为政仁厚，宽和从容，值得称赞。

第三，萧统体恤民众、亲民爱民。太子为人俭朴，不爱宴乐，不养妓猎艳，对穷苦百姓施于仁爱。《梁书·昭明太子传》里说："普通中，大军北讨，京师谷贵，太子因命菲衣减膳，改常馔为小食。每霖雨积雪，遣腹心左右，周行闾巷，视贫困家，有流离道路，密力赈赐。又出主衣锦帛，多作襦裤，冬月以施贫冻。若死亡无可以敛者，为备棺椁。每闻远近百姓赋役勤苦，辄敛容色。……及薨，朝野惋愕。京师男女，奔走宫门，号泣满路；四方氓庶，及疆徼之民，闻丧皆恸哭。"确实是个受到民众爱戴的储君。

第四，昭明太子酷爱文学，与文人友善。他三岁能念《孝经》《论语》，五岁读遍《五经》，十岁尽通经义。他读书一目数行，过目能诵，难以匹比。萧统也善于吟诗作赋，每次游宴，他都要作诗赋词，随口成吟，不假思索。他与一般太子不同，他爱书不爱财，宫中不藏珠宝翡翠，却藏书三万多卷，宫中厅堂成了一个大图书馆。

萧衍下诏调刘勰来担任太子的"东宫通事舍人"，是因为需要一个有学问、能写文章的人来担此重任。萧衍是知道刘勰这个人的。在萧子良建"西邸"，与"竟陵八友"交往期间，因与定林寺的僧祐友善，曾见过僧祐的助手刘勰。后来刘勰写《文心雕龙》，受到沈约的称赞。萧衍是否读过《文心雕龙》历史并没有记载。他读过此书，也在情理之中。萧衍知道刘勰是一个"深得文理""善于辞章"的大文人，既可以做太子的"舍人"，又可以当太子的老师。太子知道刘勰，刘勰也膺服太子。当了"东宫通事舍人"之后，刘勰便有了更多接近梁武帝和昭明太子的机会，成了皇室的近臣。

# 六、皇太子"深爱接之"

刘勰自从兼任萧统的"东宫通事舍人"之后，他们之间建立了比较亲密的关系。《梁书·刘勰传》里曾经记载："天监……除仁威南康王记室，兼东宫通事舍人。……昭明太子好文学，深爱接之。"说明刘勰同萧统之间的关系非同寻常。

萧统为什么尊重刘勰，对其"深爱接之"？可能主要源于文学。

萧统"好文学"，两人爱好相同或很接近。王筠所作的哀册文中，说到太子"吟咏性灵，岂惟薄伎；属词婉约，缘情绮靡。字无点窜，笔不停纸；壮思泉流，清章云委"。萧统天赋聪敏，又勤于写作，所以在他仅有三十岁的短暂生命中，留下了大量的作品，他所著文集计有二十卷，撰古今典诰文言十卷，五言诗撰录为二十卷，还有由他担任总主编的《昭明文选》三十卷。他除了写诗文编文选之外，又经常招纳文士，形成了一个以其为核心的文学沙龙，在他引纳的才学人士中，有刘孝绰、殷芸、陆倕、王筠、到洽、王锡、张缅等名人。刘勰和萧统志趣相投，为萧统所"爱接"，也在情理之中。

萧统对刘勰的文才甚为赞赏。萧统和刘勰，一个是主子，一个是臣僚，虽然两人有君臣为序，贵贱有别，年龄悬殊（刘勰比萧统年长三十多岁），但萧统对刘勰的"文才"甚为景仰。萧统读了刘勰所著《文心雕龙》，甚为赞赏。沈约谓《文心雕龙》"深得文理"，常陈诸几案。萧统受了沈约观点的影响，对《文心雕龙》中诸多见解也是极为欣赏的。

萧统和刘勰还有着儒佛兼通的相同的思想基础。刘勰在《文心雕龙》中十分明确地表示，他崇拜儒家的正统思想，为文"原道""征圣""宗经"，尊周公孔子为师，而且为弘扬儒家思想"矢志不移"。他一生都力图为实现儒家思想而奋斗。萧统虽然也信佛，但他的骨子里还是崇儒的。他自幼遍读儒家经典，儒家的民本、仁爱、孝敬的思想深刻影响了萧统的理政和为人。比如他在参与理政以后，视察贫贱之民、体恤受灾之众等等。这些都说明两人在思想上有共同的基础，也就是人们常说的"同道"。

两人的文学观点也很接近。萧统正聚集当时文士编纂大型文选。萧统主张选录"事出于沈思，义归乎翰藻"（即内容和形式统一）的优秀文学作品。这同刘勰在《文心雕龙》所主张的"情采相济"（即内容与形式统一）的文学主张是一致的。萧统也是想让才华横溢的刘勰参与其事，听听他的意见。这也是爱接的原因。

他们之间还有个人的因素，也是不能忽视的。萧统心里也很清楚：

他父亲萧衍之所以要选刘勰做"东宫通事舍人",是想让他帮助这位王储处理一些奏章文书。僧祐是萧统母亲丁贵妃的佛教师父,有师徒之情。丁贵妃对僧祐的徒弟刘勰的事有所交待也是可能的。

正因为上述原因,刘勰同昭明太子成了"忘年交"。《梁书·刘勰传》里说道:"昭明太子好文学,深爱接之。"这就真实地记录了这一少一长上下级间亲密关系的由来。

萧统对刘勰很为尊重。刘勰同萧统的第一次见面就使他很感动。

那天,在东宫紫云殿里,潇洒英俊的昭明太子,穿着宫内太子的长袍,在厅内踱步,等待刘勰的到来。

刘勰从家里乘一辆普通马车来到东宫。宫里的通事把他引到紫云殿。

刘勰在紫云殿见到年轻英俊的萧统太子,立即躬身作揖行礼。不料,萧统却谦恭有加。他见到比他年长三十多岁的"舍人"到来,知道这就是他所敬重的大文人刘勰,便迎上前去先行迎宾之礼,说道:"彦和先生,久仰大名,屈驾来到东宫,今后得先生相助,十分欢迎呀!"

萧统贵为太子,为什么那么尊重前来担任东宫通事舍人的刘勰呢?因为他知道,刘勰今后虽是下属,却不是一个可以随便支使的仆从,他是一个大学者。

刘勰也不是庸俗地完全把太子作为自己的"上司"来侍候,而是把他作为一个有才有德的文人朋友相处。

刘勰到任以后,忠于自己的职守,每天都来到紫云殿。他坐在自己的案位前,翻查各种案卷,认认真真地把给皇帝的奏章、给太子的书札通通看一遍,分门别类地加以甄别,把他认为重要的都遴选出来,交给萧统太子一一过目。

紫云殿里忙得很,萧统忙得很啊!因为朝廷上下都知道,萧衍佞佛之后,常到寺庙礼佛,疏于朝政之事。许多重大政务都交给太子去处理。刘勰帮助萧统处理奏章,做得井井有条,太子对此非常满意。

刘勰也很钦佩太子的为人处世之道。有一天,刘勰陪萧统到东宫的花园去散步，同去的还有当朝一些名人文士。他们同游东宫园囿美景，亭馆台榭，目不暇接。陪同游园的侍臣向前征询："殿下，园中有丝竹管弦，有女乐美使，是否要他们专门为殿下奏乐，乐以助兴耶！"昭明太子回答说："不必了，山水有清音，何必丝与竹？"太子和游玩的文士，欣赏着这园囿美景，乐不可支。刘勰平日管的是文书档案，并不管游宴，但是这回听了太子的回答，很是感动。听说太子小时候，皇帝敕赐《大乐女妓》一部，他连看都不看，丢在一边。这次拒绝丝竹管弦助兴，正是他的这种品质的发扬。刘勰赞道："太子正派清廉呀！"

刘勰办事细密。每天从下面来的一大堆奏札中，挑选一些急需处理的或特别重要的奏章书札，交给太子过目定夺。有一次，东宫收到奏章一札，说的是："近日天降大雪，城中百姓深受其害，切盼朝廷派官员视察，赈济百姓。"刘勰认为这很重要，是百姓的呼声，当即把奏章交给了萧统。萧统看了这个奏札，愁眉不展，马上把太子詹事叫来，说："你率领东宫的随侍，立即到城内外受灾处所视察，如果见到有倒塌房舍棚户，即刻派人修复。如果看到有饿死冻死而无人埋葬的死者，即时备棺敛尸埋葬。没有粮食的，发放赈粮……"太子詹事接到指示后，立即率东宫随从人员冒雪下乡视察。过了些日子，太子又收到奏札，称道："太子如此辅仁厚德，真乃江山社稷、黎民百姓的洪福。"刘勰把奏札交给萧统，他看后笑笑说："应该的，应该的。"

刘勰由此了解到太子的秉性、喜好和仁慈义举。因之，凡牵涉百姓民生的奏章札帖，刘勰都于当天呈报昭明太子，太子必有回复。刘勰对其勤政爱民仁慈义举深为感动。

在紫云殿里，萧统和刘勰，一个是主子，一个是僚属。但他们相处得很默契。过了一段时间，他们成了"忘年交"。

## 七、编《文选》热心关注

萧统不仅勤于政务，而且十分热爱文学事业。他正在做着当时文化建设中的一件大事，希望得到刘勰的帮助。

萧统少时读遍儒家经典和历朝诗书，到东宫之后，在东宫紫云殿外设有"读书台"一座。这读书台其实是个大图书馆。内有经、史、子、集以及古今书籍三万多册。

这是一个广阔的平台。萧统广招才学之士几百人在此读书，研讨儒学，兼探佛理。萧统作为一个文人，他立志要编一部《文选》，用"事出于沈思，义归乎翰藻"的标准，遴选出上自周代下迄梁朝各种文体的代表作，集为一套名卷。

萧统为编辑这部《文选》，常和当时的文学名流在读书台议论文学问题。当时的文学名士，像王筠、萧子云、阮孝绪等都常常被请来，成为他读书台里的座上客。刘勰也是其中的一位。刘勰经常出席太子的文学聚会，同他的那些文友见面叙谈。

读书台有一天聚会，高朋满座。萧统把刘勰带到一位身着锦袍、头束长发、年近五十的文人身边，说："此乃我朝著名诗人王筠！"王筠，字元礼，琅玡临沂人，是位奇才，七岁能属文，十六岁写出《芍药赋》，以其文美为世人称颂。官居太子詹事，以博学喜文名垂当世。沈约曾赞誉他为"当今王粲"，说是"晚来名家，唯王筠独步"。刘勰听到萧统的介绍，忙作礼回敬，说道："久仰，久仰！"彼此互敬。后来刘勰和王筠成了好朋友。

萧统又把刘勰带到另一位书生面前。他介绍说："此乃当今目录学名宿阮孝绪。"阮孝绪，字士宗，陈留尉氏（今河南尉氏县）人。是位博学之士，少时就能背诵《五经》，一生不求显达，专攻目录之学。他所撰写的《七录》，将当朝的所存图书六千二百八十八种，共四万四千五百二十卷，分为经典、传记、子兵、文集、术伎、佛法、仙道，共"七录"。这是一个首创的目录。刘勰早就听过阮孝绪的名字，今日得以相见，表示出格外尊敬，连忙作揖行礼说："久仰，久仰。"

萧统接下来又把刘勰领到另一位学者面前。刘勰对这位学者似乎觉得面熟，但不知其尊姓大名。萧统介绍说："这位是萧子云，萧大公子。"呵，刘勰记起来了，他是齐高帝的孙子萧子云，字景乔，也是一个文人。他研究历史很有名。著有史书、杂记等多部。刘勰对他行礼道："大学问家，大学问家！"萧子云听到长者刘勰称赞，有点儿不好意思起来。

萧统把到场的大学者一个个介绍完之后，便招呼大家就座喝茶。萧统请各位名士发表高见。

许多文士都发表了见解。轮到刘勰，萧统说："请刘舍人说说吧！"

刘勰看到许多文人都发了言，也就不客气地说话了："太子殿下招募天下文学名士聚集一堂，潜心编纂《文选》，此乃华夏文学之盛事，太子殿下功德无量呀！"

萧统谦恭地答道："岂敢，岂敢。我把各位名流聚集一起，群贤毕至，遴选雅文，已届三载，事业未成，还有劳各位努把力啊！"

刘勰说道："那当然，当然。我华夏之地乃文学沃土，自孔夫子以来文人荟萃，佳作不胜枚举，编一部《文选》是需时多日呀！"

萧统说："选文并不难，关键在于标准掌握得好不好。我们并不是有文必录。自周秦以来直至本朝，文章汗牛充栋，不胜枚举，选得了那么多吗？不过我编《文选》有个标准，这就是'事出于沈思，义归乎翰藻'。也就是说，选文章以内容有无独到的真知灼见，有无动人心肺的文采。内容和形式俱佳的作品才入选！这样就要去芜存菁了。"

刘勰说道："对呀，对呀，鄙人在《文心雕龙》中说道'情志为神明，事义为骨髓，辞采为肌肤，宫商为声气'，就是讲文质并重，不可偏废的道理。"

萧统说："对，对，我在读你的《文心雕龙》时，已注意到这一点。

如何选文，还要请你出力呢！"

刘勰说："当然，当然。"

萧统带领各位名士奋力三年，一部大型《文选》编纂完毕。萧统作为这部《文选》的主编，义不容辞地为书写了"序"。《〈文选〉序》说："若夫姬公之籍，孔父之书……岂可重以芟夷加以剪截。老庄之作，管孟之流，盖以立意为宗，不以能文为本……至于记事之史、系年之书，所以褒贬是非，纪别异同，方之篇翰，亦已不同。若其赞论之综缉辞采，序述之错比文华，事出于沈思，义归乎翰藻，故与夫篇什杂而集之。"萧统提出"事出于沈思，义归乎翰藻"，也就是从文质并重的艺术美的角度选编，成为了中国"文选学"的一个经典。当时把文学与经、史、子、集这些与文学不同类型的"文章"区别开来，对文学本身的发展也起了很好的推动作用。萧统以三十岁之年早逝，但他的《文选》终于编成。善哉，文选家萧统功不可没。不过，这是刘勰死后的事。历史未载刘勰对《文选》的贡献，也在情理之中。

# 八、上书表陈言改制

刘勰在兼任东宫通事舍人以后，常有机会见到梁武帝，对朝廷的事也特别关心。刘勰曾上书梁武帝，表言对当时南北郊庙的祭祀形式进行改革，轰动了满朝文武。《梁书·刘勰传》里这样记载："天监初……除仁威南康王记室，兼东宫通事舍人。时七庙飨荐已用蔬果，而二郊农舍犹有牺牲。勰乃表言二郊宜于七庙同改。诏付尚书议，依勰所陈。迁步兵校尉，兼舍人如故。"刘勰为此受到提拔，梁书对这段历史记载得比较翔实，也符合当时的历史。

上面曾经说到，萧衍是中国历史上一个最古怪的皇帝，也是一个最两面派的皇帝。他用武力和阴谋两种手段夺得帝位以后，成了一个性格怪僻的统治者。他一方面对老百姓实行残酷的剥削统治；另一方面又用勤劳、节俭、谦恭、慈善来掩饰他的残暴。其中很有欺骗性的一招，就是改革全国祭祀方式。

梁武帝信佛奉佛，全国大建寺庙。当时每个寺庙都要用大量的牺牲（牛、羊等牲畜）来祭祀，杀牲千万，浪费巨大。后来梁武帝突然良心发现，下令全国进行改革，不准再杀牛宰羊进行祭祀。史书上曾有记载：《广弘明集》卷二十六《叙梁武断杀绝宗庙牺牲事》说："梁高祖武皇帝临天下十二年，下诏去宗庙牺牲，修行佛戒，蔬食断欲。上定林寺沙门僧祐、龙华邑正柏、超度等上启云：'京畿既是福地，而鲜食之族，犹布筌网，并驱之客，尚驰鹰犬，非所以仰称皇朝优治之旨。请丹阳琅琊二郡，水陆，并不得搜捕。'敕付尚书详之。"上林寺的僧祐和龙华邑正柏、超度是动物保护主义者，为杀牲事向皇帝告了御状。梁武帝收到僧祐等人的奏启书表之后，进行改革，在全国禁杀牺牲，甚至提倡全国素食，不准官员吃肉。梁武帝本人以勤劳、节俭、谦恭、慈爱的举动，以掩饰他在夺权时的罪恶。

梁武帝萧衍采取禁杀牺牲，禁吃荤肴的举动，可能是他的"良心发现"。历史上统治者为了夺取权力，往往是置百姓的死活于不顾的。萧衍正是这种人。他在夺取政权后，为了报仇，错误决策，一夜之间使几十万无辜百姓罹难，等于他亲手杀了几十万百姓。这就是震惊全国的"水淹寿阳"事件。

回顾历史，一夜置几十万百姓于死地的"水淹寿阳"事件是梁武帝萧衍一手造成的。曾记否？十五年前萧衍企图篡位之时，已经投降魏国的萧宝寅站在寿阳城头将萧衍骂得狗血淋头，并指天发誓要在寿阳城下砍下萧衍的狗头，为死去的齐室宗亲报仇，匡复齐室。

萧衍做了皇帝之后，哪里咽得下这口恶气。于是决心攻下被魏军占领的寿阳城，不惜利用敌将之诡计，攻打寿阳，以报一箭之仇。梁魏交战时，梁军捉拿到魏将王足。这个王足狡猾得很，以降将身份向萧衍进言道："寿阳乃魏之屏障，关系到五十二个城池的安危，先得寿阳，其他城郡皆唾手可得。今陛下威震天下，德感四方，兵强马壮，国库充盈，以此行兵，必成霸业。"萧衍听了这位降将的胡言很高兴，问王足有什么妙计可以得寿阳。王足进言："寿阳西去四十里，有浮山（今安徽嘉山县北），地处淮河南岸。淮水从山脚下流过，对岸有巉石山。如欲得寿阳，只要在浮山与巉山之间筑起长堰，拦住淮水，待其水位与浮山一般高时，派人掘堰。山堰决水，往寿阳一灌，寿阳全城人马皆入鱼腹之中，这样一来，寿阳唾手可得。"萧衍听了王足这些鬼话，立即表态赞成，并降旨任命王足为筑堰总督，拨十万大军由王足指挥筑堰。十几万人上阵，王足强令民夫昼夜不停，稍有懈怠便拳打脚踢，棍棒相加。但是这堰的基底不牢，一储水，坝塌地陷，筑成的堰荡然无存。

萧衍不敢言败，第二次筑堰又是失败。萧衍非但不吸取教训，反而一意孤行，对王足仍言听计从，又进行第三次筑堰。他调集几十万人马，连那些红颜少女也难免厄运，以十多万人的尸骨为代价，第三次终于筑成了浮山堰。堰成之后，萧衍志得意满地来到浮山南麓，设坛祭祀，祷告天地，并于当夜子时趁寿阳城士兵百姓熟睡之机掘堰放水。"轰"的一声巨响，如同晴天霹雳，声震天外，数十丈的浮山堰决坝，洪水如万只冲出牢笼的猛兽，奔腾沃野，一泻千里，势不可挡。寿阳城变成一片泽国，几十万百姓和驻守官兵以及村落城镇都被大水冲走，卷入东海……这就是"水淹寿阳"带来的灾难。

萧衍作为"水淹寿阳"事件的决策者，淹死几十万人。他罪大恶极，罪不可赦。萧衍一直不承认这次决策的罪恶，不向百姓道歉赔罪。反而想以事佛、行善的方式掩盖自己在浮山堰屠杀几十万生灵的罪行。萧衍想用"不杀牲"的举动来获得百姓的宽恕。

萧衍杀了几十万无辜百姓不认错，想用不杀牲来掩盖自己的罪行，有什么用？百姓是不会宽恕这种人的。

那些当官的也不听那一套，皇帝下令不杀牲不吃肉，各级官吏仍然我行我素，照样杀牲吃肉，萧衍也无可奈何。

刘勰这个书呆子对此又发火了。当时身为"记室"兼"通事舍人"的小官刘勰，完全可以不管这个事。但是，刘勰看到梁武帝"有令不行，有禁不止"，心里着急。刘勰决心向皇帝直接进谏，以表自己对皇上的忠心。

刘勰想了几天，才提起笔，用工工整整的小楷书向梁武帝写了一份表书——

圣皇陛下：全国上下皆遵陛下圣旨，天子七庙，三昭之穆，太祖之庙，祭献飨荐，均改为蔬果，而南北郊祭祀农神之地，仍用家畜牺牲，此皆有背于皇上之命也。臣建言：此后农社祀祭，亦应以蔬果代替牺牲。请皇上核准。

微臣　刘勰顿首

刘勰把这份"表章"呈给梁武帝。萧衍看后，觉得刘勰说得很有道理，可谓"正合朕意"。当即下诏："付尚书议"，即交给尚书府议决。用今天的话来说，就是最高领导立即批转给政府办公厅讨论。

皇帝亲自下诏，尚书府当即议决，"依勰所陈"，也就是"照刘勰的建议办"的意思。朝廷立即下诏照办不误。从此以后再不能杀牺畜牛羊祭祀了。所谓"二郊与七庙同改"是因为当时京城天子所在地都设有"七庙"。即三昭三穆，再加天子之庙。一直以来，七庙进行祭献，都用"牺牲"，也就是用活猪活羊之类作为祭品。梁武帝按照刘勰的表言所陈，进行祭祀改革，二郊之祭献也同七庙一样都改用蔬果，在神坛面前摆些蔬菜果品代替活猪活羊这些"牺牲"。这在当时来说，是一个很大的改革，而献计献策者就是这位书生刘勰——刘彦和。

关于刘勰这次上疏提倡"二郊"祭祀改革的事，史书也是有记载的，《梁书·刘勰传》里已经写得明明白白了。

刘勰上书梁武帝陈言二郊祀祭改制这一行动，得到当朝皇帝的器重。梁武帝萧衍对刘勰早有好印象了。他在定林寺和西邸都见过刘勰。刘勰入仕以后做过临川王萧宏的"记室"，做过太末令，而且很清廉，是他亲自下诏将刘勰从太末调回来做仁威将军南康王萧绩的记室兼萧统的东宫通事舍人的。他知道，刘勰很有文才，写过《文心雕龙》，又多为高僧佛寺书写碑文，这个人虽是府内小官，名声大得很啊。萧衍觉得此人可用。不久，刘勰被提升为"步兵校尉"，舍人如故。

这对刘勰来说是一次重要的提拔。据史书记载："步兵校尉"是汉朝设置的官职，掌握上林苑屯兵，是管警卫的官。这样看来，刘勰因上表有功，是皇室信得过的人，因而当上了管理东宫警卫工作的长官，步兵校尉掌握东宫警卫，位列六品。用今天的职务来类比，就是皇太子内宫中的警卫局长，是直接掌握皇太子命脉的近臣。

这是刘勰一生中最幸运之际遇。


## 九、受牵连彦和离宫

刘勰受到皇帝器重，在东宫担任步兵校尉，真正成了太子身边的人了。他与昭明太子萧统因文学而走得很近，如今又成了太子的"保镖"，关系就更加密切了。萧统经常把刘勰叫到身边，请他出主意，名为"舍人"，实为"军师"了。

但是事情发生了戏剧性变化。过去有句民谚："伴君如伴虎。"刘勰同萧统走得近了，萧统有了事，刘勰也受牵连而倒霉了。萧统因"蜡鹅事件"而失宠。刘勰也因萧统的失宠而遭受牵连。

"蜡鹅事件"究竟是怎么一回事？

先从梁武帝与萧统的父子关系说起。梁武帝对萧统十分宠爱，萧统一岁被立为太子以后，受到良好的教育。萧统聪颖好学，十几岁能尽通经义、善作诗文，成为英明太子。武帝年事渐高，崇佛佞佛，意志衰颓，便有意让萧统参与料理朝政。萧统十四岁时便开始帮助父皇省理政事。太子宽厚仁慈，持成稳重，喜怒不形于色；对下人视如兄弟，情同手足，从不责罚苛骂。他处事谨慎，明察秋毫；评判刑案入情入理。他理政勤勉，事必躬亲，从不懈怠。每日五更入朝，守候殿外。他生活俭朴，衣着不求奢华。勤于读书做学问，从不淫乐；他还救助病弱者，赈济贫寒百姓，甚得民意。知情民众都称他为难得的好太子。

梁武帝还知道，这位太子十分讲孝道，也信了佛教。为此梁武帝还在东宫内设慧义殿，让太子从事佛事活动。经过十多年的教育训练，梁武帝就把朝廷政务交给他，并望子早日成龙。

统治者年纪老了，也常常心有变态。对自己一向信任的人，有时又产生怀疑，深怕他"抢班夺权"。梁武帝对太子本来很信任，想让他早日登位。但统治者总是不愿自动退出历史舞台，一旦听说太子有异心，想早日登位，他又警惕起来，甚至"必欲除之而后快"。梁武帝萧衍当时就是这种心态。他听到手下人说萧统如何如何，马上就警惕起来。"蜡鹅事件"就是萧统的一起"飞来横祸"。"蜡鹅事件"让梁武帝心生疑忌，使这位青年俊才的太子蒙受了不白之冤。

"蜡鹅事件"是宫中小人制造的一次事端。这里有必要多说几句。事情是这样的：梁武帝萧衍到了晚年，猜忌甚多。有一天，萧衍身体不适，欲请御医看脉服药。恰在此时，身边随从内监鲍邈见萧衍脸色难看，额冒虚汗，便凑到萧衍近前神色诡谲地说："陛下，今日龙体欠佳，恐非药物能治。"萧衍见他的话弦外有音，便问道："何故？"鲍邈故作玄虚，见妃子侍女在身旁，便说："卑职不敢妄言！"萧衍感到此中有蹊跷，便挥手让妃子侍女们退下，言道："快快从实说来！"鲍邈立即跪倒在地，连连叩首，说："陛下，在下恐据实说来，引来陛下盛怒，有伤龙体。卑职罪该万死！"萧衍说："据实说来恕你无罪！"于是，鲍邈便大进谗言，道："自古立储，圣圣相传，班班可考，今东宫人主，自天监元年立为皇太子，也多年了。陛下春秋高迈，年已古稀，而殿下正当年华，却践祚无期，空怀壮志，能不寓情积怨，以求一逞？"萧衍问道："你根据何在？"鲍邈接着说："陛下深居内宫，不知殿下终日在东宫网罗天下名流，积蓄力量，以备日后。并常以小恩小惠施之于民，笼络人心。卑职曾服侍殿下多年，深知殿下早有怀才不能蹴就之忧。"萧衍听到这里急忙问道："有证据吗？"鲍邈便把在丁贵嫔居处挖出"蜡鹅"之事说了一遍。鲍邈说："去年丁贵嫔薨逝，东宫请道士陈羽生做道场。妖道陈羽生素来与东宫过从甚密。此人善识地理，精通阴阳，擅以异术中伤他人。丁贵嫔入葬时，陈道人见东宫志郁未伸，壮志难酬，便密与东宫计议，以压魔术咒陛下天年，以祈早登龙门，故此在临云殿里埋下蜡鹅。"把矛头直接指向萧统。萧衍听后，心里一片疑云，口里念叨："这蜡鹅，这蜡鹅，他要干什么呢？"

鲍邈为什么拿蜡鹅做文章呢？事出有因。这鲍邈本是太子萧统的内监，料理太子宫内一切事务。萧统的生母丁贵嫔死后，萧统哀痛万分，一连几天水米不进，原来健硕的身躯瘦了一半。丁贵嫔入葬时，一个自称会看风水的道士，说此处坟地不利于太子，要制作蜡鹅埋于坟侧，太子听了此计，宫内为丁贵嫔做了蜡鹅以"压邪"。本来事情早已过去，平安无事。因为别的原因，萧统疏远了鲍邈。此奸人早想借机报复，于是制造事端，添油加醋地将以"蜡鹅压邪"之事密告了梁武帝萧衍。梁武帝听到在临云殿掘出魔物蜡鹅后，以为是太子萧统真的在咒他早死，想早日夺权，便对萧统十分恼怒。萧衍触景生情，想起很多往事。他想到：亲人又怎么样呢？子女又怎么样？他对六弟萧宏那么宽容，这六弟却与自己的女儿永兴公主勾搭成奸，并密谋弑君篡位；他对萧统太子如此宠爱，太子暗埋蜡鹅咒他早死……想到这里不禁大动肝火。亲人，不可信啊！

鲍邈的诬陷果然奏效，从此以后，萧衍对萧统太子开始疏远，事事见疑，处处提防。不久后，萧衍传旨速擒妖道陈羽生斩首示众，同时准备将太子废掉，命文武大臣入朝面议废储之事。

萧统受到父皇的怀疑以及听说废储之议后，便整日忧心忡忡。本来很想进见父皇把真相告诉他。但萧统是个孝子，他想如果解释不清，反而会更伤父亲龙体，便默默地自己担着不忠不孝罪名，隐痛于心。萧统从受诬之后，终日郁郁寡欢，饮食少进，只字不读，闭门忧思，终日卧床，一病不起。

萧统太子受到诬陷，作为太子的通事舍人，又是"忘年交"的刘勰，也见疑于萧衍。萧衍暗暗地想，刘勰是个很有才华的文人，说不定会给萧统出什么歪主意，还是让刘勰和萧统分开为好。萧衍想了个"调虎离山"计，以派刘勰回定林寺撰经为名，先免去了他的步兵校尉职务，把他调出东宫。从此，刘勰离开了萧统。

刘勰离开了东宫，萧统病情愈重。东宫不敢报告他的父皇。直到太子危在旦夕，才把萧统"忍辱负重"的事禀报皇上。萧衍接报后，前前后后进行调查了解，知道自己上了当，他急忙赶到东宫去见太子。萧统已经病危，气息奄奄了。萧衍握着太子的手，掉下眼泪。此时太子已不能说话，只见太子微睁双目，头一歪，便溘然长逝。

事后有人疑问：萧统太子对刘勰"深爱接之"，为什么没有为刘勰写一句评价的话？刘勰在太子被诬后就离开东宫，死于太子之前。那时萧统自身难保，哪还有什么心思为刘勰写下纪念文字呢！这是笔者对一个历史之谜的解释。

萧统太子三十岁就过世了，没有成就帝业，却留下了一部《昭明文选》和后人编选的《昭明太子集》。

## 十、制表文悼念恩师

刘勰受到萧统"蜡鹅事件"的牵连，被免去步兵校尉不久，离开了东宫。

刘勰一直没有成家，更没有公馆豪宅，到哪里住？他只好回到了早年居住的定林寺，再度投靠他的恩师。

刘勰的恩师僧祐垂垂老矣。刘勰见到僧祐，两人抱头痛哭。刘勰父母早丧，终身未婚，无儿无女，在这世界上，僧祐就是他唯一的亲人了。

刘勰回定林寺不久，他的恩师僧祐大师重病不起。

俗话说"一日为师，终生为父"。刘勰不仅把僧祐看作恩师，而且当作自己的再生父母。

僧祐得病之后，刘勰一直待在大师的禅房，守候在大师身侧，像儿子一般奉侍着僧祐，为他端汤送药，喂水喂粥。

刘勰不断安慰师父，要他好好养病。刘勰道："师父，您的病会好起来的，全寺院的人都向佛祖祈祷呢！"

僧祐自知已经病入膏肓，很难痊愈，便用微弱的声音回答说："彦和，我这病看来是不行了，寺院里的事以后就要靠你和各位师兄了。"

刘勰安慰道："不要那么说，师父会好起来的。"

刘勰奉侍在侧，几天几夜一直未敢合眼。他看见师父心气平静，心也安定了些，正要合一合眼闭目养神，突然看到僧祐眼里流出泪水，还想说什么。

刘勰把耳朵靠近僧祐，静心听着僧祐的话。僧祐说话已不利索，只听得他断断续续地说："今生悟顿教门……汝等好住。今共汝别。吾去以后，莫作世情悲泣，莫受人吊问钱财，莫着孝衣……吾今此去，无动无静，无生无灭，无去无来，无是无非，无住无往，但然寂静，即是大道。吾去以后，但若修行，其吾在时一种，汝违吾教，吾住无益。"

僧祐说时虽然声音微弱，刘勰侧耳听之，也还听得清。僧祐所言全是佛语。但刘勰精通佛理，对师父的话，也已完全听懂了。僧祐师父是在教导他："我这一生可是想明白了……你们要好自为之。我今天和你们告别了。我死了以后，别以世俗之情悲伤痛哭，不要接受他人吊问的钱帛丧礼，不要穿着孝衣在那里悲伤。我会同以前一样无动无静，无生无灭，无是无非，无住无往，这就是大道理。我死后，你们该修行的修行，该做什么就做什么，和我在世时一样，不违背我的教导就好了。"僧祐说完这番话之后，又微微闭上眼睛，静静地躺着。

定林寺内，暮鼓沉沉，灯火明灭。刘勰在僧祐身边静静地坐着，守候着自己的恩师。他将油灯的灯芯草换了一根又一根，豆子大的灯光一闪一闪的。

夜到三更，忽然间油灯灭了。在冥冥中，僧祐无声无息地停止了呼吸。

僧祐圆寂的消息很快传遍了定林寺。晨钟尚未敲响，僧祐的禅房已经聚满了僧人，大家都在哭，为这位在定林寺劳苦一生的高僧感到悲恸。

刘勰遵照师父的教导没有号啕大哭，却在悲哀地抽泣。

刘勰和定林寺的高僧、住持、僧人一起，平静地有条不紊地为僧祐办丧事，没有收纳任何人的钱财，也没有披麻戴孝。

定林寺内，钟声阵阵，暮鼓沉沉。不知道当时有没有讣告之类的帖文。据《高僧传·僧祐传》记载："天监十七年，五月二十六日，卒于建初寺，春秋七十有四。因窆于开善路西，即定林寺之旧墓也。弟子正度立碑颂德，东莞刘勰制文。……"史书上这些记载，留下的是这样一些信息：僧祐于天监十七年（518）五月二十六日在建初寺逝世，享年七十四岁。葬在都城建康（今南京）开善路西定林寺的旧墓地里，弟子们为他超度，歌功颂德，刘勰为他写了碑文。

定林寺内，僧祐的葬礼肃穆而隆重。他的弟子们正式设坛超度，立碑歌功颂德。其情也悲，其言也切，令人感动不已。可惜，一千五百年的风雨经历，墓地找不见了，弟子们的颂文找不到了，连刘勰为他写的正式的碑文也已经散佚了，一代高僧僧祐就这样在这个世界上消失了。

佛教教义说：人死还有来世，僧祐有来世吗？他的来世托体于何处，人们不得而知。

僧祐的死，受到最大打击的人是刘勰。因为僧祐是他的再生父母，是他真正的引路人，是他的恩师，刘勰深情地缅怀自己的恩师。

在刘勰最困难的岁月，是僧祐收留他，在定林寺有了安身立命之地；

在刘勰初入定林寺的日子，是僧祐引导他读了许多经籍，整理了定林寺的佛教经典；

在刘勰立志著书之时，是僧祐帮助他完成了《文心雕龙》的写作，圆了"梦摘彩云"的少年之梦；

在刘勰立志要"纬军国""任栋梁"的时候，是僧祐和沈约等长辈，帮助他走上了仕途去寻找出路；

刘勰仕途漫漫。是僧祐教导他要"正直做人""清廉为官"，让他在太末令上获得了"政有清迹"的美名。

僧祐去了。僧祐为刘勰留下了做人做事的精神遗产。

……

僧祐的辞世，给刘勰带来巨大的打击，使他的心灵受到莫大的震荡。

僧祐的辞世，也给刘勰很大启示。如今是时候了，他要步僧祐的后尘，沿着师父的脚印在佛道上走下去。……

这也许是刘勰晚年决定皈佛的最主要原因。

# 第十一章　证功毕皈依佛门

　　刘勰为文长于佛理，京师寺塔及名僧碑志，必请勰制文。有敕与慧震沙门于定林寺撰经。证功毕，遂启求出家，先燔鬓发以自誓。敕许之。乃于寺变服，改名慧地。未期而卒。文集行于世。

——《梁书·刘勰传》

## 一、满朝文武皆崇佛

刘勰不幸。在定林寺暮鼓晨钟的佛教氛围中，送走了他的恩师僧祐，艰难地度过他的最后岁月。

他的仕途走到尽头了。刘勰怀着"纬军国""任栋梁"的理想入仕，但像他这样不善于"官场运作"的知识分子，仕途是没有什么出路的。他当中军临川王萧宏的记室时，贪官手下他不贪，依然一贫如洗。当太末令时他两袖清风，政有清绩。后来奉皇帝之诏回到京城，当仁威南康王萧绩的记室，当昭明太子的东宫通事舍人，也没有捞到升迁的机会，反而受东宫"蜡鹅事件"的牵连被解除了职务。五十多岁的人，官场上已经"穷途末路"了，还有什么指望呢？

刘勰早年为生活所迫来到定林寺，依僧祐生活了十多年。但为了自己的理想，他没有入佛。现在他的师父僧祐过世了，他又无依无靠了。他怎么办？他想，事到如今，只好走师父的道路，步师父的后尘，皈依佛门。这也许是最好的归宿了。

其实，刘勰晚年决定入佛，还有当时的大环境，促使他做出这样的抉择。

南北朝时期，上上下下，满朝文武，皆有佛化的趋势。刘勰"生于宋，著于齐，官于梁"，正是我国的佛教由小到大由弱到强，最后变成为统治阶级意志，由朝廷下诏号召文武官员皆信佛的时期。刘勰正是在这样时代氛围中，由尊儒走向崇佛这条道路的。

皇帝带头信佛奉佛。梁武帝萧衍当权之初，还是半儒半佛。在治国理政上还重视儒学，雅重儒术，设国子监，增广生员，设立五馆，录五经博士。萧衍本人早年也是一个勤奋博学之人才。他在政治军事上忙碌不迭，日理万机，犹卷不辍手，燃烛侧光，夙兴夜寐。他亲自撰写了

《春秋答问》《尚书大义》《中庸讲疏》《孔子正言》等计二百余卷。然而萧衍进入暮年，尤其是经多次政治事件的打击，竟逐渐看破红尘，转入佛门，成为中国古代唯一在位的和尚皇帝。他做了皇帝之后，信佛佞佛发展到难以自拔的地步。他为了便于祭拜佛祖，下令在宫城附近修筑一座名刹同泰寺，寺中供佛莲座，宝相巍峨，殿宇宏敞。为来往方便，又令宫城中开大通门直对寺门，萧衍早晚即可由此门入寺，拜佛参禅。普通八年（527）三月，亲临同泰寺，为表忠心事佛，竟舍身入寺做了三天的住持和尚，然后才返回宫中，并下令改元为大通。萧衍信佛之后，自己断绝女色，不食荤腥，而且下诏全国，今后祭祀宗庙神灵，不许再用牛羊猪等牺牲，只能用蔬菜水果。梁武帝奉佛之后，拜俗僧为师，亲自受戒。大通三年（529）九月，萧衍再去同泰寺，脱去御衣衮服，于寺中沐浴完毕即换上法衣袈裟，宛如一位入寺多年的老僧，当晚即在寺中僧房居住，素床瓦器私人执役（即生活自理），与寺中住持相似。次日天明，设四部无遮大会，萧衍着法衣亲自开讲言法座，为四部大众讲经，讲毕即再次将肉身舍入寺中，自号三宝奴，他在寺中如此过了十天。不归王宫，朝中无君，何以度日？因此，朝内王公大臣聚钱一亿万，请求赎回皇帝菩萨。文武百官集于同泰寺东门，奉表请皇帝还宫。萧衍答书语意恳切，对群臣用"顿首"之词，声称既已舍身就无返俗之意，群臣连上三表，萧衍才好不情愿地回到宫中。萧衍佞佛到了难以自拔的地步。

上有所好，下必甚焉。在萧衍奉佛之后，亲自下诏，令王公以下皆要奉佛。满朝文武皆为佛徒。当时全国有五万多朝廷权贵和各级官员仿效受戒，舍身为佛。

刘勰正是在这样的大背景下，决定走师父的道路受戒入佛的。

## 二、遵圣旨返寺撰经

萧衍对刘勰并非"冷酷无情"，他还考虑刘勰的出路。他罢了刘勰的官，总得给出路呀，于是给刘勰派了新的活计，要他同定林寺的慧震沙门一起撰经。

新年刚过，刘勰接到朝廷钦旨：梁武帝钦点刘勰与高僧慧震一起撰经。这一年，是天监十七年（518），刘勰五十四岁。对刘勰来说，这是很重要的一年，也是最关键的一年。

梁武帝钦点刘勰回定林寺撰经，虽是冠冕堂皇地处置刘勰，但也确有萧衍自身的需要。

一是梁武帝本人在这年四月正式受戒入佛，对佛经越研修越起劲了。他认为自从僧祐带领刘勰第一次校经、整理佛典已经过了十多年了。十多年来，西域的佛典以及国内佛徒的著作越来越多，这些经书需要重新整理一下，以利佛徒学习。

二是梁武帝本人受到"侯景之乱"的困扰，为后事担忧。如今僧祐已经过世，唯恐以后再没有人过问这些佛经了，"虑其散失"，不能不派人"抢救"这些文物，以保存佛教经典。

梁武帝一心要抢救佛典，撰写经书。谁能完成这样的任务呢？他想到两个人。一个是当时定林寺的掌门人慧震沙门，一个是"精通佛理"的刘勰。

梁武帝欣赏刘勰，认为他是当时很有才华而且很可靠的文人之一。刘勰写的《灭惑论》他很欣赏。特别是陈表言"二郊"祭祀改革立了大功，梁武帝提升刘勰为步兵校尉。刘勰掌管东宫警卫工作，也很细心。萧衍最忧虑的是佛经后继无人了，因而想起刘勰并正式下了诏书："着东宫通事舍人刘勰回定林寺与慧震沙门一起撰写佛经。"《梁书·刘勰传》里"有敕与慧震沙门于定林寺撰经"记载，说的就是这回事。

刘勰在接到梁武帝的圣旨之前已经回到定林寺居住。他送走了他的师父僧祐，如今是孤身一人。真如后人所说"无可奈何花落去，似曾相识燕归来"。

刘勰站在他生活多年的定林寺，凝视着寺内山门，感触颇多。这里已经物是人非了。

想当年，僧祐如父如兄地帮助自己，同心协力地整理经典，亲如一家人。

想当年，僧祐为他提供食宿，让他安安心心地写完了《文心雕龙》，圆了他的一个梦。

如今定林寺景物依旧，但高僧们一个个都过世了。物是人非，怎能不让他感到悲哀呢！

现在定林寺的住持是慧震沙门了。

沙门是个什么样的人他不熟悉，今后如何相处也是一个未知数。

刘勰第一次同慧震见面，印象不错。那天，慧震身着绛红色的袈裟，在经堂门口迎接刘勰。刘勰一到经堂前的甬道，慧震就谦恭地双手合十，拜礼相迎："阿弥陀佛！欢迎彦和归来。"刘勰是老前辈了，应该受到尊重和礼遇。

刘勰也双手合十以佛礼回敬慧震，答道："慧震师兄，我离开定林寺多年，对于这里的佛经、经藏都已经生疏了，圣上下诏让我们俩撰经，今后要向您请教呀！"

慧震作为定林寺的新掌门人，也快五十岁了。他已接到诏书，要自己与刘勰一起撰写佛经。

慧震把刘勰请进佛殿西侧的大师经堂，让他坐定，寒暄了几句，便进入主题。

慧震说道："如今圣上对于佛经典籍十分重视，上次僧祐大师整理经藏已经过去十多年了。这些年来西域有许多佛经传入中国，国内在佛学研究、佛学阐述方面又有许多著作散在各处。圣上为了在全国推行佛教，决心要保护好这些著作。圣上让我们两人来住持注经和整理经书这方面的事情，我们要不辱使命，全心全意做好这件事啊！"

刘勰真诚地回答道："是呀，是呀，这些年我担任通事舍人和步兵校尉，在东宫协助太子整理奏章，后来又管理太子的警卫工作，知道如今圣上愈来愈重视佛教了，要我们两人住持撰经，也是皇上对我们的信任呀！"

慧震点头，表示赞同刘勰的看法。他对刘勰说："彦和先生，圣上对我们如此信任，亲自下诏，我们要尽心戮力去完成这项圣上交给的事业啊！"

刘勰赞同地说："是啊，是啊，我们一定要通力合作，完成这项事业。"

这是刘勰第一次见到慧震，也是合作的开始。两人谈得投缘，也很愉快。

话毕，两人双手合十，互相拜辞，各自回自己的居所去了。


## 三、全力合作撰佛典

合作开始了。慧震把定林寺的一部分高僧和居住定林寺的文士集合在一起，开始了"撰经"的大事。

刘勰对于整理经典可谓"轻车熟路"。十几年前，他在僧祐的领导下整理经典，千头万绪，经过三五年的努力，整理了那么多经书。如今只是加工修订，算是锦上添花了。

慧震和刘勰"撰经"，从修改补充僧祐时期编撰的经书开始。

慧震首先搬出了僧祐早年编写的《释迦谱》。

慧震说："僧祐大师编写的这部《释迦谱》，内容丰富，很有参考价值，我们如何修订？"

刘勰说："这部书需要做些补充。我以前参加过这部书的编写，那时只写到佛教在西域传播的情况，现在看来佛教在中国的传播，释迦在中国的影响，也要添加进去。我们要翻查资料，增加内容。"

慧震说："对，对，就按彦和的意见办吧！"

刘勰领着几位助手，没日没夜地翻读经书，把从西域翻译过来的书摆在一起，分门别类加以整理。日日夜夜，焚膏继晷。

他们梳理佛教传入中国的历史，增加了佛教在中国传播的卷章。头一卷增加了中国的原始宗教巫术的内容，写邹衍结合五行与阴阳两种思想成为阴阳五行学。第二卷增加了秦汉统一中国后董仲舒开始说神怪造求雨，开创宗教的先河的内容。第三卷增加了王莽提倡符命图谶，神化孔子，把孔子变为教主，变儒学为宗教的内容。第四卷增补佛教在中国的流传，写天竺阿育王大弘佛法，派遣僧徒四处传教，佛教在西汉时传播。第五卷增补佛教得到合法的地位，作为谶纬的辅助开始流传起来。增添了"诵黄老之微言，尚浮屠之仁祠"的内容。当时皇帝在宫中立黄老浮屠祠，又派大臣到苦县祭老子。第六卷增补了朝廷派遣张骞等十二人至大月氏国学佛经《四十二章经》，归来后在洛阳城西造佛寺白马寺。第七卷增补朝廷皇室里的人对佛教由好奇转入信任。

刘勰领着一批文士，白天伏案，晚上在小油灯下对佛经进行梳理。耗时两年修订的《释迦谱》，成为定林寺的法宝。

接着，刘勰又把先前以僧祐名义整理的《世界记》《出三藏记集》《萨婆多部相承传》《法苑集》《十诵义记》《法集杂记传铭》等著作，拿出来重新修订，加以补充，增加了不少内容，使这些著作更加完善了。

刘勰领着文士们着手修订《弘明集》。

慧震说："这是一部大著作，是齐梁以来诸多佛家著作的合集，要尽可能搜罗齐全。"

刘勰说："是啊，要尽量把佛家著作都收入进去。"

刘勰打开《弘明集》的全部卷帙，真是洋洋大观。他们看到，里面有牟子的《理惑论》，孙绰的《喻道论》，宗炳的《明佛论》和《答何中丞承天书难白黑论》，颜延之的《难何中丞承天达性论》，僧绍的《正二教论》，周剋的《难张长史融门律》，道恒法师的《释驳论》，慧通法师的《驳夷夏论》，僧愍法师的《戎华论》，玄光法师的《辩惑论》，罗君章（罗含）的《更生论》，孙盛的《难罗重答》，郑道子的《神不灭论》，慧远法师的《沙门不敬王者论》《沙门袒服论》《答桓玄明报应论》和《因俗疑善恶无观验三报法》，何镇南的《难袒服论并答》，何尚之的《答宋文皇帝赞扬佛法事》，高、明二法师的《答李交州淼难佛不见形事》，司徒文宣王的《书与孔中丞稚珪释疑惑（并笺书）》，晋尚书令何充等的《执沙门不应敬王者奏》三首并诏二首，支道林法师的《与桓公（玄）论州符求沙门名籍书》，郗嘉宾的《奉法要》，王该的《日烛》等等。

慧震沙门看了这个目录，点点头说："这个目录很全了，把历代名僧法师的著作都集中在一起了，很好，很好。不过我记得彦和先生写过一篇《灭惑论》也很重要，起了很大作用，为什么书里面没有呀？"

刘勰说："我那篇文章就算了，我自己编书就不要收进去了吧！"

慧震说："不收进去不行，那是一个时代的代表作呀！"

在慧震沙门的提议下，刘勰的《灭惑论》补充到《弘明集》里。这就是后世疑惑刘勰的文章为什么进了《弘明集》，《弘明集》为什么从十卷变为十二卷的原因。

慧震和刘勰还重新整理修订了宝唱住持编写的《众经要抄》。宝唱是齐梁时人，是当时高僧，梁初受敕集众僧俗编《众经要抄》。《高僧传·宝唱传》载："天监七年，帝以法海浩瀚，浅识难寻，敕庄严寺僧旻于定林寺缵《众经要抄》八十八卷。"梁武帝下诏要庄严寺的沙门释僧旻等在定林寺辑撰此书。刘勰在赴东阳当"太末令"之前曾有一段时间赋闲，僧祐要他来帮忙参与其事。这次经慧震和刘勰加以修订，更加完善了，也算完成了萧衍的一桩心愿。

刘勰和慧震沙门以及他们带领的文士，经过两年的日夜艰辛，终于完成了定林寺的撰经大事。他们把这些经书抄好，摆在定林寺经堂的长案桌上。慧震和刘勰为完成了圣上布置的大业，都长长地舒了一口气。

## 四、梁武帝亲接经书

刘勰和慧震完成了定林寺的撰经以后，让人把这些经书重新抄写了几份。几十部经书摆在经堂里，为定林寺的佛经典藏增光添彩。

慧震志得意满，兴奋极了。这是他住持定林寺的重要"业绩"。这是当时皇帝亲自交待下来的要务，他们做得那么成功，那么出色，他作为定林寺的住持，怎么不兴奋呢？

慧震将他们在定林寺撰写的经书"大功告成"的喜事禀报给梁武帝。

梁武帝接报后，龙颜大喜。这位皇帝正式入佛已经两年了。他决定，这一回要以佛教徒身份，亲自到定林寺来接受刘勰、慧震的撰经成果。

定林寺的僧人们听说梁武帝要亲自到寺中同僧人见面，个个兴奋不已。他们为皇帝的"光临"做好了充分准备。

梁武帝临驾定林寺的日子到了。这一天，定林寺钟声阵阵，一片忙碌。从早上开始，定林寺的众僧们便开始演练。

场面非常壮观。钹声响起，几百位僧徒法轮轻转，伴着钹、铃、杵、云锣、法鼓、笙笛、管丝的乐声，整个定林寺都沉浸在庄严肃穆的氛围之中。他们要在今天迎接梁武帝萧衍的到来。大雄宝殿前，身披大红袈裟、头戴毗卢大帽的僧徒们，双手合十地长跪地上，口中默诵着经文，等候着那个庄严时刻的到来。

辰时正点，朝廷的銮驾浩浩荡荡来到定林寺。銮舆在大雄宝殿前停稳。演练了几个时辰的僧众精神振奋。

顿时，钹声响起。定林寺内似有一片佛光闪现。只见老态龙钟的萧衍身披锦缎袈裟头戴毗卢大帽缓步走下銮舆，由两位身着法衣的僧人搀扶着来到锦衣金身的释迦佛像前。人们意想不到的是，这位老皇帝恰似佛徒小僧扑通一声跪下，双手合十，双目微闭。左侧一位高僧敲着法鼓，右侧一位高僧敲着金钟，护拥着皇帝。

礼毕，老皇帝又起身来到绛红色的佛案前，垂着银色长眉，敲着斗一般大的木鱼。形若高僧的萧衍同定林寺的高僧们一起，在释迦佛像前一丝不苟地行着拜佛大礼。萧衍微闭双目，聆听着定林寺大雄宝殿前沉缓、铿锵、浑厚而又和谐的乐声。

萧衍虽面无表情，但内心十分喜悦。他自信佛以来，崇拜释迦老祖。他也许不知道，这位老祖是何年过世，葬于何处，但他虔诚地崇信佛道，天天都要叩拜他们的佛界老祖的神座。

萧衍这次到定林寺叩拜佛祖的动作是如此规范，如此符合佛道，使定林寺的老僧们叹服不已。萧衍确实是佛门的"老资格"了，因为他一边做皇帝，一边当和尚，几次舍身佛寺。他在皇宫侧门修了条通道，每天都到同泰寺去拜佛做法事，功课做得很圆满。

萧衍在定林寺里威严不减。虽然衣着袈裟俨然是个老僧，但他还是皇帝。今天，萧衍要以皇帝兼佛徒的身份，在这里接受定林寺的高僧慧震和刘勰献的大礼。

慧震和刘勰缓缓地来到萧衍面前，用虔诚的目光看着和尚皇帝萧衍。他们双手合十，行君臣之礼，异口同声地说："皇帝陛下万岁、万岁、万万岁。"

萧衍微微抬起头，看着定林寺高僧慧震、大儒刘勰向他致敬，从内心发出充满喜悦的微笑。

刘勰和慧震这时抬起头，仰望着这位穿了法衣袈裟的皇上，禀报说："皇恩浩荡。两年前皇上下诏要卑职在定林寺撰经。现在功成事毕，经典编著好了，请皇上核查！"他们边说边把手抄的几函经卷呈献给梁武帝萧衍。

大殿前跪着的几百位僧人又一同高喊："阿弥陀佛，圣上万岁！"

萧衍接过刘勰、慧震奉上的经卷，微微睁开眼睛，双手合十，念了声"阿弥陀佛"，随即便将经卷交给了随同内侍。

大殿前跪着的几百位僧人异口同声："阿弥陀佛，圣上万岁！"

献礼仪式结束后，萧衍起驾回宫，定林寺的僧人们目送着萧衍的銮舆离开寺庙。

## 五、证功毕彦和燔髮

萧衍在接受刘勰、慧震沙门献经以后，回宫继续当皇帝。

刘勰的脑子里又布满了疑云："撰经完了，我又该干什么呢？"

刘勰又没有了归宿。说官，他不是官了，他已经被解除了东宫通事舍人和步兵校尉的职务。说"佛"，他又不是佛徒。他虽然在定林寺住了十几年，始终没有入佛，按照佛教的规矩，他还是个"白衣"。

刘勰何去何从？他几十年在"僧"与"俗"的人生道路上飘泊。他想，五十多岁的人应该有归宿了。于是，他横下一条心，决定入佛了。

刘勰当时是个人物了，随随便便就"削发为僧"？自己也觉得不妥。他想，无论如何他也是在朝廷里工作过的人。这些年当皇亲的"记室"，当皇太子的"舍人"，后来还当上了步兵校尉。皇帝是知道他的。他虽然被解除了通事舍人、步兵校尉的职务，但他曾是皇帝身边的人。他想要削发为僧，也得向皇上报告一下呀！

刘勰想要亲自见一次皇上，向皇上禀报。

刘勰决计这样做。他坐着一顶红色的大轿来到皇宫前。这回同他先前见沈约不同，他不用装成小贩，而是坐着八抬大轿来到这里。他走下坐轿，气宇不凡地对内侍说："我有要事要见皇上。"

皇室内侍知道刘勰是步兵校尉，管过东宫的保卫工作，并不知道他已被解职，因而不敢怠慢，把刘勰求见的事报告了皇上。

萧衍听说当过东宫步兵校尉又是知名文士的刘勰求见，觉得必有要事。他知道，刘勰是个忠厚老实的下属，最近两年又受命撰经，任务完成得很好，前几天刚刚接受他们撰写的经书，心中很是满意。如今刘勰求见，何不满足他的这点要求呢！萧衍准备接见。

萧衍有个习惯，凡要接见客人都要衣着整齐。即使来见者是一般臣僚，他也不怠慢，不像有些人做了皇帝就不修边幅。那天，萧衍穿上了皇帝的龙袍，像平日接见大臣一样接见了刘勰。

刘勰被召入紫云殿见梁武帝。

刘勰上前行君臣跪拜之礼。萧衍随即言道："爱卿免礼，佛门不主张佛徒之间行跪拜之礼。朕为佛门弟子，你我同是佛徒信众，没有君臣之别，就请免礼吧。"

萧衍此言并非假意。梁武帝佞佛之后，在京城宫殿旁修建富丽堂皇的同泰寺，专供自己诵经拜佛之用。还在宫中设佛堂，建斋室，每日戒斋沐浴，整日与高僧法师在后宫讲佛论经。萧衍年事愈高，好佛之心愈重，自己每日一斋，三日一戒，每月一次法会，几乎无心过问朝政。有一次朝廷大臣升朝后，萧衍不谈一句国事，大讲佛法无边、大慈大悲、普度众生之类佛语。有位大臣把广建佛寺的表言念了一通，他便下令朝廷拨出巨款在全国大修佛寺。后来，萧衍又选了个吉日良辰，舍身同泰寺，闹出举国掏腰包为皇帝赎身的笑话……

刘勰很了解萧衍近年的变化，听到此言，也就遵命平身，站着听皇上训示。

萧衍问道："彦和，你今天入宫有什么事要向朕禀报呀？"

刘勰低着头，回答萧衍："我已下了决心入佛，前几天我已自动燔鬓了！"

萧衍看了看刘勰的头脸，果然没有了鬓须，俨然是一个出家人了。

萧衍自从下诏要王公贵宦都信佛，全国已经有五万多官员信佛入佛了。如今听到刘勰的表态，正中下怀，不假思索就说："好，好，你下了决心就好。朕支持你入佛，成为佛徒。"

刘勰躬身再拜："谢谢圣主隆恩，阿弥陀佛！"

刘勰这次拜见皇上，亲自听到皇上的话，也就觉得自己的入佛已得到皇上的敕准，只等回定林寺行"剃度"之仪式了。

## 六、皈佛门未期而卒

刘勰入宫得到皇上萧衍的亲自"敕准"入佛，很快就在定林寺传开了……

刘勰在这之前已经有了行动，定林寺的人看到，几天前他自行燔鬓，表示自己入佛的决心。

刘勰的行动引起寺内轰动。定林寺内都在议论，刘勰跟了僧祐十多年不入佛，出去做了十几年的官，到了晚年为什么突然又削发为僧呢？众人不了解刘勰的遭遇，也不了解刘勰的心情。

刘勰有"难言之隐"啊！

刘勰到定林寺跟住持高僧僧祐十几年但始终没有皈依佛门，因为他的理想是"奉时骋绩"，想入世做一番事业。但世事艰难，"任栋梁"的理想谈何容易！

刘勰在太末令上"政有清绩"。但官运并不亨通，他没有得到更多的提拔，如今已经五十多岁了，官场还有什么指望呢！

刘勰的恩师僧祐过世了，他失去了这位如父如兄的长辈，京城内外、寺院上下，连一个"心心相印"的师友都没有了，白活何用！

刘勰担任昭明太子的通事舍人，受到太子"爱接"。如今太子失势，自己通事舍人、步兵校尉的职务也被解除了，物是人非，有谁再"好接"！

一连串的打击，使刘勰心灰意冷。刘勰在定林寺的禅僧房里，面对忽明忽灭的孤灯，辗转反侧，回顾自己的一生。

刘勰壮志难酬，内心愈来愈痛苦。

刘勰失望了，刘勰很孤独。

刘勰只好横下一条心，皈依佛门，了此残生。

刘勰垂垂老矣！

刘勰记起了佛家的名言:"一灯能除千年暗,一智能灭万年愚。"僧祐教导他:"一念若悟,众生是佛。"刘勰想到自己已经熟悉了佛家经典,可以轻松地达到"在佛不在,信佛不信"的地步。他想,入了佛,再不用经受官场的倾轧,达到真正的解脱。

在佛言佛。刘勰从梁武帝天监十七年起,就成为定林寺的僧人了。刘勰入佛需要改成佛名,于是,刘勰改名为"慧地"。不知这是定林寺的住持还是他自己做主改这个名字。人们想到,可能是寓意自己生长在"智慧之地"的缘故,而改名为"慧地"。后人没有看到有这方面的记载,只是猜想而已。

慧地,慧地。从此定林寺多了一个佛教徒慧地;而作为文学理论家的刘勰从此消失了。

呜呼,哀哉!这是那个时代的悲哀,刘勰由一个卓越的文艺理论家变成了一个孤独的和尚。

刘勰皈依佛门以后,闷闷不乐,因为这不是他平生所愿。他要做的是一个"摛文必在纬军国"杞梓之才的呀,他早年"梦摘彩云"是想写出闪烁艺术之美的文章耀世的呀!

刘勰始终难以排解心中的苦恼。他遁入佛门不到一年时光,就无声无息地辞世了。

刘勰静悄悄地离开了这个世界。当时也许没有人记起他,没有人为他写悼念文章,连他最为知心的昭明太子也没有为他留下一篇纪念的文字。也许有过,但今天的人们已经看不到了。

《梁书·刘勰传》的最后一句是"文集行于世",但《南史·刘勰传》里却删去了这句话。刘勰究竟有没有"文集行于世"成了问题。《梁书》署名唐姚思廉撰,实际上是他父亲与他合撰。姚思廉的父亲叫姚察,是南朝陈代的吏部尚书,《梁书》中的第九卷、第十六卷和五十卷都属姚察撰。因为他父亲于隋大业二年(606)就去世了。姚思廉继承父志,于唐贞观年间完成《梁书》和《陈书》。而《南史》则由唐代李延寿父子所著。或许到李延寿撰写《南史》时,刘勰的文集已散佚,史家未见,故而删去。但在刘勰生前或身后有过《文集》，恐是难以否定的。只是不存了，或找不到了。

但是，今天写《刘勰传》，恐怕也不能回避这个事实。那么，刘勰的文集究竟包括哪些内容呢？从目前研究发掘的情况来看，至少包括着这些内容：

《文心雕龙》共十卷，敦煌存有唐写本，至今仍行于世。

《梁建安王造剡山石城寺石像碑铭》。今存于《会稽掇英总集》第十卷。

《灭惑论》。今存于《弘明集》第八卷。

刘勰还为定林寺的高僧写了一些碑文铭箴。计有：

定林寺释超辩碑文。有"东莞刘勰制文"的记载，今不存。

定林寺僧柔碑文。有"东莞刘勰制文"的记载，今不存。

定林寺僧祐碑文。有"东莞刘勰制文"的记载，今不存。

此外，还有一些章表、奏札。有刘勰给梁武帝的表"勰乃表言二郊宜与七庙同改"的记载，今不存。

由上可知，刘勰当年有不少著作，只是历史久远，早已亡佚。刘勰文采飞扬。这些著作散佚，应该是一个损失。否则后人写《刘勰传》的内容要丰富得多。

刘勰没有来世。他没有再生，也不会再生。但是，他从天空中摘下的彩云，仍然流光溢彩。这朵彩云蕴含着令人叹为观止的智慧，洋溢着东方文化特有的意蕴和美的光彩。

《文心雕龙》的理论高度堪同古希腊亚里士多德的《诗学》比美。

《文心雕龙》在世界文艺理论宝库中闪光，让中国和世界上的学者们玩味无穷。

《文心雕龙》像一朵彩云，至今还在寰宇上空飘荡。

# 第十二章 遍寰球彩云飘荡

生也有涯，无涯唯智。逐物实难，凭性良易。傲岸泉石，咀嚼文义。文果载心，余心有寄。

——《文心雕龙·序志》

东则有刘彦和之《文心》，西则有亚里士多德之《诗学》，解析神质，包举洪纤，开源发流，为世楷式。

——鲁迅《论诗题记》

## 一、美霞光闪烁千年

刘勰预言："文果载心，余心有寄。"他的预言实现了。因为有了这部充满理论光彩的《文心雕龙》，刘勰的名字便与世长存。

"云霞雕色，有逾画工之妙；草木贲华，无待锦匠之奇。"美哉！自然之奇景也。

艺术美也是如此。刘勰的少年时代曾经"梦摘彩云"。他要到天上去摘下自然界最美丽的彩云；而立之年，他写了一部充满美丽艺术光彩的"美文"，圆了他的"彩云梦"。

刘勰充满智慧的《文心雕龙》，在那充满黑暗和污秽的时代，放射出特异的光彩。

刘勰在定林寺灰暗的油灯下，寂寞地离开人世。当时没有人纪念他，刘勰这颗文化明星似乎静悄悄地消失在夜空中。

刘勰没有消失。他撰写的《文心雕龙》，像彩云一样仍然在寰宇之内飘荡。

历史无情，历史公正。对于一个文人或一个学者来说，只要他的著作、他的思想成果有益于人类的发展，具有普世的价值，他的声名就不会消失，他的名字将与历史同在。

刘勰的思想成果得到了智者的首肯。

刘勰生前，文坛领袖沈约就称赞他的《文心雕龙》"深得文理""常陈诸几案"，并向当世做了推荐介绍。

刘勰的名字和著作，从此常常被后人提到，被后人所景仰。

刘勰这部书出来之初，虽"未为时流所重"，但大文学家沈约慧眼识珠，看到此书立即给了很高的评价，想必刘勰当时因此书而曾经风光过。可惜没有留下文字记录。

到了唐宋以后，《文心雕龙》就进入了中国文人的视野，给予特别关注。《唐书·经籍志》集部、《新唐书·艺文志》文史类；宋朝《四库阙书目》文史类、《通志·艺文略》文史类、《宋史·艺文志》等历代史志书籍，都列有《文心雕龙》书目，其他一些古籍中也录有它的书名。

古代没有"出版业"，全靠手抄。此书数量肯定不多。因此，历代文人均找不到《文心雕龙》的原本，直到清代敦煌莫高窟的开发，人们才意外地发现了唐人草书的《文心雕龙》残卷。幸亏留下了这部残卷。也许《文心雕龙》在唐代流传是很广的，否则敦煌怎么有它的手抄本呢？

唐代以来，国内外许多著名学者也在自己著作中征引过《文心雕龙》的言论或观点。人们发现，唐代著名史学家刘知几在《史通·自叙》中就说过："词人属文，其非一体，譬甘辛肤味，丹素异彩，后来祖述，识昧圆通，家有诋诃，人相掎摭，故刘勰文心生焉。"这是目前所见唐代最先将《文心雕龙》作为文学理论著作加以肯定的文字。唐代的诗人，包括唐初四杰王、杨、卢、骆，都深受刘勰理论的影响，写出了他们光照时代的诗篇。

自唐至宋又经历了几百年。几百年间《文心雕龙》并没有湮没。宋代学者孙光宪写的《〈白莲集〉序》中有这样的描述："风雅之道，孔圣之删备矣；美刺之说，卜商之序明矣。降自屈宋，逮乎齐梁，穷诗源流，权衡辞义，曲尽商榷，则成格言，其惟刘氏之《文心》乎！后之品评，不复过此。"他对《文心雕龙》对文学创作的影响给予很高的评价，认为后来人们对诗歌源流辞义的评论，没有谁能超过刘勰的《文心雕龙》。巍乎，高哉，此言不过也。

到了宋代，文人们竞相传阅《文心雕龙》。有些作家名流劝他的朋友阅读《文心雕龙》。宋代大诗人黄庭坚在给他的朋友王立之的信中就说过："刘勰《文心雕龙》、刘子玄《史通》，此两书曾读否？所论虽未极高，然讥弹古人，大中文病，不可不知也。"（《山谷尺牍》）黄庭坚认为，刘勰的《文心雕龙》和刘知几的《史通》"讥弹古人，大中文病"，这两部书是不得不读的。可见宋人对两刘著作评价之高。刘勰有知，该知足了。

不过，唐、宋两代，虽然有学者注意到《文心雕龙》，但当时并无印刷业，全靠手抄。对此书知之者甚少。敦煌发现的《文心雕龙》唯一文本还是用草书手抄的，叫"唐写本"，没有多少人可以完全看懂。

直到元、明时代才有《文心雕龙》的刻写本印行于世。我们今天看到的《文心雕龙》明代的刻印本已经有：明代嘉靖十九年（1540）汪一元的印本、嘉靖二十二年（1543）佘海的印本、万历七年（1579）张之象的印本，还有万历三十七年（1609）梅庆生的各种版本。此外，还存有一些评家的选篇选本。这些印本让人们看到了南北朝时代的《文心雕龙》，读者大开眼界。

到了元代至正年间便有了《文心雕龙》正式的刻印本，使海内外能一睹珍贵的孤本。元代钱惟善在《文心雕龙》序中说："自孔子没，由汉以降，老佛之说兴，学者日趋于异端，圣人之道不行，而天地之大，日月之明，固自若也。当二家滥觞横流之际，孰能排而斥之？苟知以道为原，以经为宗，以圣为征，而立言著书，其亦庶几可取乎？呜乎！此《文心雕龙》所由述也。……故其为书也，言作文者之用心，所谓雕龙，非昔之邹奭辈所能知也。"钱惟善的这个评价谈到了要害之处，应该是很有价值的。

到了明代，不仅《文心雕龙》刻本众多，对它的研究也愈来愈多起来。当时，较全面评点《文心雕龙》的有杨慎、曹学铨、钟惺三位评点家，其中杨慎的评点尤受关注。杨慎是个书生，为了区别其评论的重点要点，他用五色笔评点《文心雕龙》原著，或红、或黄、或绿、或青、或白，足见其用心之精细，用心之良苦。他的评点偏于文采。由于他学问渊博，评点中涉及经、史、子、集各方面的资料，对刘著中的一些典故也多有校正和注释。这实为难得之批注，对后人研习《文心雕龙》起了很大作用。

到了清代，《文心雕龙》的出版和研究开始具有一定的规模。清代最有代表性的研究是学者黄叔琳的校注本《文心雕龙辑注》。他对清代乾隆六年（1741）养素堂刻本进行校注，成为了当时最通行、最完善的刻本。黄叔琳本最大的特点是对《文心雕龙》中谈到的史实及征引的典籍文献，一一进行考证，并注明出处。

清代还有一位学者的评论颇为深入，这就是被贬官新疆之后回到北京做了《四库全书》总编纂的纪晓岚。纪昀（纪晓岚）以黄叔琳本为底本，既对黄注之谬错有所纠正，又对刘勰原著的理论有所发挥。纪昀评《文心雕龙》说道："自汉以来，论文者罕能及此。彦和以此发端，所见在六朝文士之上。文以载道，明其当然，文原于道，明其本然。识其本乃不逐其末，首揭文体之尊，所以截断众流。"顺便一提，纪晓岚是位有真才实学的大学者，不是某些"戏说"中那个油头滑脑的文痞。他的评点《文心雕龙》，可见一斑。

明星不灭，精神不老。辛亥革命之后，《文心雕龙》在中华大地又引起更多学人的重视。黄侃在北大教授期间的《文心雕龙》讲稿《文心雕龙札记》是有较大影响的一部。有些在早年写成、上世纪五十年代以来出版的专著，如刘永济的《文心雕龙校释》、杨明照的《文心雕龙校注》、王利器的《文心雕龙校证》、范文澜的《文心雕龙注》等，在国人学者中都有较大影响。其中我们应特别提到范文澜的《文心雕龙注》。他征引材料丰富，勘校全面，注释深刻，都超过了前人，并让这部经典名著普及到知识阶层或较有学识的学者中间，这是《文心雕龙》研究史的一个里程碑。

这是真正的里程碑。自此以后，研究《文心雕龙》由自发走向自觉。刘勰七岁时要登天攀摘的彩云，已经在中华大地上空华丽飘荡。

## 二、美龙云飘向东瀛

刘勰的《文心雕龙》就是一朵美丽的彩云。这朵美丽的彩云正在宇宙间飘散，在空中熠熠生辉，闪现出奇异的光彩。

这片彩云，首先飘到了千里扶桑东瀛之地日本。

《文心雕龙》问世以后，公元八世纪日本最早的一本汉诗选集《怀风藻》，收集了日本自近江朝至奈良朝六十四位诗人的一百二十篇作品。编选者在《序》中引用了两段话：

"加以物色相召，烟霞有奔命之场。山水助仁，风月无息肩之地。"

"夫乃珪璋挺其惠心，英华秀其清气，物色相召，人谁获安！若乃山林皋壤，实文思之奥府，略语则阙，详说则繁。然屈平所以能洞鉴风骚之情者，抑亦江山之助乎。"

这样对偶工整的辞藻，一看便知编者明显地受到《文心雕龙》影响。

后来，人们又发现，受《文心雕龙》影响最明显的还是日本一个和尚——弘法大师空海（774—835）的《文镜秘府论》。该书"天卷"所收《四声论》中，引用了《文心雕龙·声律》篇的部分文字，并注明"吴人刘勰著雕龙篇"的话。空海本人写的《文镜秘府论·西卷序》中，一开始就说："夫文章之兴，与自然起，宫商之律，共二仪生。是故奎星主其文书，日月焕乎其章，天籁自谐，地管冥韵。"他把文章的兴起与天地自然的发生联系起来的文学观，与刘勰《文心雕龙·原道》篇的观点十分相似。空海本人的文学理论的形成得益于《文心雕龙》的理论观点甚多。空海大师受《文心雕龙》影响毋庸置疑矣！

空海逝世以后的几百年间，《文心雕龙》在日本仍有很大的影响。公元九〇五年成书的日本诗歌选集《古今和歌集》里，编者纪淑望用汉文写的"后序"中，有些论述是直接或间接受到《文心雕龙》里《原道》篇与《物色》篇的影响，有的还引用了原文。

日本从桃山时代到江户时代初期，也就是相当于中国明朝万历年间，日本学者藤原惺窝（1561—1619）收集了中国古代典籍中谈论创作要义的文章，分门别类加以编集，其中引用《文心雕龙》的就有三条，分别引自《指瑕》《定势》和《才略》中的文字。

《文心雕龙》在日本的出版也很早。今存日本刊行的《文心雕龙》

最古的版本，是公元十八世纪初享保年间付梓的尚古堂活字本。其次是一七三一年据尚古堂本加以训点的冈白驹（1692—1767）的版本。冈白驹在校注时虽然对难解的字妄加臆断，任意更改，因而谬误不少，但他对《文心雕龙》在日本的普及做出了巨大的贡献。日本明治以后，由于西洋文化的影响，日本学者采取了与历来汉学研究不同的形式，但他们把六朝文学中的《文心雕龙》和《诗品》相提并论，足见他们仍然对中国文论十分重视。

日本研究《文心雕龙》的学脉一直没有中断过。铃木虎雄（1878—1963）在京都大学讲授《文心雕龙》的同时，还著有《敦煌本文心雕龙校勘记》，把这部《文心雕龙》手抄本介绍给日本学界，发生了很大影响。

二十世纪前后，日本近现代的学者把《文心雕龙》研究推到了一个新的境界。日本汉学家古城贞吉所写的《支那文学史》（1897年出版），曾对《文心雕龙》做简要的介绍，他说："《文心雕龙》是梁代刘勰所撰……其书凡五十篇，《原道》以下二十五篇则论文章体制，《神思》以下二十四篇则论文章工拙，至《序志》一篇则仅述所以著书。……"他的介绍虽然文字不多，但可看出他对《文心雕龙》很熟悉，也很重视。

二十世纪二十年代起，日本《文心雕龙》研究又有很大发展。其中最具有贡献的人是京都大学教授铃木虎雄。他著有《敦煌本文心雕龙校勘记》及《黄叔琳本〈文心雕龙〉校勘记》。他基本上把唐写本《文心雕龙》的优点揭示出来，引起人们对唐写本的重视，应该说对推进《文心雕龙》的研究是有很大功劳的。自此之后，铃木虎雄的弟子青木正儿于1943年所写的《中国文学思想史》中，有《魏晋南北朝之文学思想》一章，专门介绍和评价刘勰的《文心雕龙》，称它和钟嵘的《诗品》是"文学评论之双璧"。他还对《文心雕龙》的整体结构、文学起源、文学风格、作家个性、风骨含义和文学修辞方法等做了全面的论述，对许多问题的解释都有相当的理论深度。日本著名汉学家户部浩晓，将自己所写的《文心雕龙》研究论文辑录成书，分为《〈文心雕龙〉成立及其研究史》

《〈文心雕龙〉的文学论》《〈文心雕龙〉诸本》《〈文心雕龙〉校勘》诸章节。他这部著作在版本考辨、文本勘校、研究思路等方面都对《文心雕龙》研究提供了有益的参考。

从二十世纪四十年代起，日本的"龙学"研究又有了新的进展。这主要表现为：广岛大学的斯波六郎、京都大学的吉川幸次郎、九州大学的目加田诚，都在各自的大学开展了《文心雕龙》的研究。有的翻译出版《文心雕龙》译本；有的撰写有关《文心雕龙》的论文；有的对《文心雕龙》版本进行校勘，形成了一股研究《文心雕龙》的学术浪潮。九州大学目加田诚教授撰写了专论《刘勰的〈风骨〉论》；斯波六郎发表了《〈文心雕龙〉范注补正》；冈村繁发表了《〈文心雕龙〉索引》和研究文章；兴膳宏发表了多篇论文并集结为《兴膳宏〈文心雕龙〉论文集》等等，使《文心雕龙》研究在日本形成了相当的气候。过去有人说："敦煌在中国，敦煌学在日本。"我们也看到一个"文心雕龙学"正在日本崛起。

将《文心雕龙》翻译成日文，贡献最大的是日本当代学者目加田诚、户部浩晓和兴膳宏。这三位学者把《文心雕龙》翻译成日文，对其中的诸多问题进行了深入的研究。

中国和日本、韩国都是近邻。我们在关注日本的"龙学"研究和传播的同时，也不能不涉笔韩国的"龙学"。《文心雕龙》是什么时代传入韩国的，是谁首先介绍《文心雕龙》这部著作的，目前没有明确的答案。学者们发现，早在韩国新罗第四十八代景文王八年，也就是我国唐朝年间吧，有个叫崔志远的韩国学者入唐留学，在他写的两篇文章中引用了《文心雕龙》中的两段文字。一是引自《论说》，一是引自《史传》。引文中明确提到"刘勰《文心》有语云"这样的话。由此可见，早在公元九世纪末前后，《文心雕龙》已受到韩国知识分子的重视了。

韩国当代对《文心雕龙》的正式研究，大概要推到二十世纪六十年代以后。这首先应归功于韩国当代著名的中国文学研究专家车柱环，他在一九六六年、一九六七年间撰写的《〈文心雕龙〉疏证》一书，在韩国广泛流传并获得好评。一九七五年，韩国圣心女子大学崔信浩教授评注的《文心雕龙》，是第一部韩文译本。该书克服了文字上的障碍，为《文心雕龙》的韩国初学者提供了方便。

一九八四年，韩国出版了汉学家李民树的《文心雕龙》韩文译本。此书以日本学者兴膳宏的日译本为蓝本。遗憾的是它没有参照中国的重要校注和译著的资料，在许多方面还存在着缺陷。

一九八○年以后，韩国学者发表了许多论文，多所大学还开设专门课程，请中国学者到韩国讲学，又派学生到中国专修《文心雕龙》，这对于推动《文心雕龙》研究在韩国的发展，起着重要作用。

## 三、彩虹现青岛上空

我们回来谈中国。我们把目光移到青岛。这块齐鲁之地不无巧合地与《文心雕龙》发生了戏剧性的关系。

青岛，我国山东半岛美丽的城市，离刘勰祖上故乡——古代莒国只有一湾之隔。刘勰逝世一千五百年之后，青岛上空闪现出一条美丽的彩虹。在刘勰的故乡，一个有关《文心雕龙》的历史性会议在这里举行。

我们翻开八十年代的日历：

一九八二年十月，在刘勰的祖籍地山东省首府济南召开了第一次全国性的《文心雕龙》学术研讨会。会上，专家们温习了鲁迅名言："东则有刘彦和之《文心》，西则有亚里士多德之《诗学》，解析神质，包举洪纤，开源发流，为世楷式。"鲁迅把刘勰与古希腊的亚里士多德相比，对学者们深有启发。这次具有重要意义的学术会议上，成立了以王元化为组长的"中国文心雕龙学会筹备会"。山东大学的中年"龙学"专家牟世金负责具体的组织工作，为一个历史性的学术盛举敲响了开台锣鼓。

一九八三年八月，全国研究《文心雕龙》的专家齐集山东青岛。这是一座美丽的城市，一个旅游胜地，也是一个人文荟萃之地。青岛地处我国黄海之滨，南濒黄海，太平角、汇泉角拱卫左右，湛山太平山环列于北。地势起伏跌宕，紫薇、紫荆、海棠、碧桃、雪松等花木分片集中栽植，灿若云锦。八十多座别墅式楼房因形就势，色调和谐，红瓦绿荫，山光水色。龙学家们徜徉在这美丽的仙境般的土地上，心胸开阔，心旷神怡。

这一年，也就是一九八三年八月，美丽的青岛迎来的这群特殊的客人，一批研究《文心雕龙》的专家，他们不是来享山乐水，而是要商讨一件大事。这批专家们笃志学业，振兴文化，他们在这里要成立一个全国性的"文心雕龙学会"，试图把《文心雕龙》的研究推到一个新境界。

青岛一次非官方的学术会议，却成了人们的历史记忆。也就是这时，中国学者们不仅增加了研究"龙学"的力度，而且有意识地要将《文心雕龙》推向世界，让这颗文艺理论"皇冠上的明珠"在寰宇的星空闪耀。

挚爱《文心雕龙》的理论家周扬来了。早在二十世纪五十年代在提倡建立有中国特色的马克思主义文艺理论时，他就提倡大家读《文心雕龙》，并在他的提议下成立由何其芳主持的中国社科院文学所文研班，号召每个学员都要读《文心雕龙》。"文革"结束，周扬复出后初衷未改。他在青岛这次召开的会上发表了推介《文心雕龙》的演讲。他说："《文心雕龙》在古代文论中占有首屈一指的地位，它是中国古文论中内容最丰富、最有系统、最早的一部著作。在中国没有其他的文论著作可以与之相比。在外国，古希腊亚里士多德的《诗学》当然比《文心雕龙》产生得更早，他是欧洲美学思想的奠基者。古罗马则有贺拉斯的《诗艺》和郎吉纳斯的《论崇高》都比《文心雕龙》早，但都不如《文心雕龙》完整绵密。……这样的著作在世界上是很稀有的。《文心雕龙》是一个典型，古代的典型，也可以说是世界各国研究文学、美学理论最早的一个典型，它是世界水平的，是一部伟大的文艺、美学理论著作。"周扬的讲话博得了热烈的掌声，引起了来青岛参会的龙学专家们的共鸣。

正在青岛休养的理论家张光年也被请来了。张光年是我国当代著名诗人。抗战时期他的激情诗篇《黄河颂》由冼星海谱曲之后，成了鼓舞全国民众抗战的响亮的号角。张光年后来也沉下心来做学问了。早在六十年代他就在中国作家协会向青年编辑们讲授《文心雕龙》，并以优美的诗的语言翻译了《文心雕龙》的部分章节。青岛会上他又发表了既热情洋溢又有实际内容的演讲。他成了普及《文心雕龙》的一位功臣。

国内当代研究《文心雕龙》的学者王元化、杨明照、王利器、周振甫、詹锳等诸位先生都来了。笔者有幸与老、中、青学者一起参加了这次盛会，见证了当时的盛况。

全国老、中、青专家们的聚会成为一次全国性民间学术行动。在这次聚会上成立了全国性的学术团体——中国文心雕龙学会。专家们发出了一致的呼声，于是大会通过的会章把学会的"宗旨"定为："团结全国研究《文心雕龙》的力量，遵循为社会主义服务、为人民服务的原则，贯彻党的双百方针，把这部体大思精的古代文学理论著作的研究工作深入下去，开创新局面，从而促进整个中国文论的特点与规律的探讨，为建立具有民族特色的马克思主义文学理论体系，繁荣社会主义文学和建设社会主义精神文明做出应有的贡献。"把研究中国古典文论同建设有中国民族特色的理论体系结合起来，说得深入人心。宗旨是如此明确，决心是如此坚定。这次聚会推举周扬为名誉会长，张光年为会长，王元化、杨明照为副会长，牟世金为秘书长，还有一批《文心雕龙》研究专家王利器、周振甫、詹锳、祖保泉、王运熙、孙昌熙等为常务理事。一批学者的自发研究变为一个自觉的有组织的学术活动。从此，我国《文心雕龙》研究走上了一个自觉的轨道，"龙学"进入一个崭新的时代。

诚然，我们在谈论中国《文心雕龙》研究的发展时，不能忘记港澳台地区。从一九四九年起的几十年间，数以百计的台湾学者以他们的大量智慧和精力，研究包括《文心雕龙》在内的理论财富。

人们获知，台湾大学和台湾省立师范学院两所大学都设有中文系，成立了《文心雕龙》研究中心。台湾师范学院的潘重规教授首先开始了台湾"龙学"的研究工作，不久又设立了国学研究所。台湾的几所大学如成功大学、政治大学、(台湾)清华大学、交通大学等都开始了对《文心雕龙》的研究。台湾大学的齐益寿，台湾师大的王更生、黄春贵、沈谦、王金凌等学者精心研究，互相切磋，为"龙学"研究创造了新的契机。台湾学者关于刘勰的论文颇多，而黄春贵的《〈文心雕龙〉之创作论》、沈谦的《〈文心雕龙〉与现代修辞学》，为"龙学"研究开辟了新天地。

在台湾学者中，对《文心雕龙》研究用功颇深而成果颇丰的则有台湾师范大学的王更生。他发起并在台湾举行过两次的"海峡两岸学者《文心雕龙》研讨会"，几十位大陆龙学专家到台湾参会。王更生对在大陆举行的"龙学"会更是每会必到。他对于台湾和大陆在《文心雕龙》研究方面的交流做出了独特的贡献。

香港虽为"弹丸之地"，在回归祖国之前，在国学和"龙学"研究方面也成为一片热土。香港地区的"龙学"研究以饶宗颐教授的《〈文心雕龙〉与佛教》为开山之作。饶氏认为，刘勰"长于内典，乃取资佛氏之拜条，以建立文学之轨则"，"刘勰之著作，不特大有造于艺林，抑亦六朝时代我国与印度文化交流下之伟大产品也。"此言独树一帜。香港学者石垒的《文心雕龙》的研究与饶宗颐同一思路，都想证明《文心雕龙》与佛教思想的关系。后来，饶宗颐又多次发表论文和编写典籍条目，论述《文心雕龙》在六朝文学中的地位和价值。

澳门的《文心雕龙》研究起步较晚，但后来者的研究也值得关注。

海峡两岸都在同一蓝天下。刘勰所钟爱的那朵彩云，在两岸飘荡。在青岛上空飘荡的彩云，多美!

如果刘勰有知，他当含笑于九泉之下。他梦中攀摘的彩云飘荡在祖国上空，飘荡在海峡两岸。

## 四、彩云在世界飘荡

马克思在他的《共产党宣言》中说过这样一段话："一个怪影在欧洲游荡，共产主义的怪影。"我们在这里借用马克思的"句式"来说《文心雕龙》，可否仿效说："一朵彩云在天宇飘荡，刘勰所梦见的那朵彩云。"

"学术没有国界。"鲁迅先生在谈及《文心雕龙》时，把它与古希腊的亚里士多德并举。中国学者眼界开阔，早就把目光聚焦到这位古希腊美学家身上。亚里士多德生于公元前三八四年，比中国孔子小一百六十七岁，比刘勰年长八百五十岁。亚里士多德早年在柏拉图门下求学，后来到雅典教书。他并非职业作家，他开始撰写有关动物学、天文学等自然科学的著作，后来才从事文学和艺术理论的研究，创作了《诗学》《修辞学》《工具学》《形而上学》《政治学》《伦理学》《物理学》等著作。在政治思想上他是折中的。在哲学上，他承认客观世界的现实性，认识来源于感觉，具有朴素的唯物论和辩证法的倾向，但又认为灵魂不死，神是世界的创造者，因此，他的哲学思想是摇摆于唯心与唯物之间的。在文艺思想上他基本上是个唯物主义者，他与他的老师柏拉图是针锋相对的。他的《诗学》奠定了西方现实主义传统。马克思称他为欧洲"古代最伟大的思想家"和"思想巨人"。

中国古代也出了一位可与亚里士多德比美的文艺理论家刘勰。中国人研究西方的亚里士多德，西方人研究中国的刘勰。这不是"戏剧性"巧合，而是一种学术上的交流。

人类都在追寻他们的共同财富。外国学者注意到中国，注意到中国古代的思想成果。他们开始研究《文心雕龙》就是有力的证明。中国学者们觉察到，《文心雕龙》具有国际意义，应该把《文心雕龙》研究推向世界，这应该成为一种责任。为了使《文心雕龙》研究成为一个国际性或者说世界性的学术活动，中国的学者必须"走出去"和"请进来"。

国际间合作进行《文心雕龙》研究首先由上海开始。著名学者王元化深刻地注意到这个趋势。中国改革开放使王元化已从"文字灾难"中解放出来，出任了上海市委宣传部长，也就相当于中国古代的"著作郎"一类官员吧。可贵的是他这位宣传部长还保留着学者本色。他不仅自己研究《文心雕龙》，还组织了一个"文心雕龙学术访问团"飞往日本。他们在扶桑之国会见了日本的《文心雕龙》研究学者目加田诚、户部浩晓、冈村繁、兴膳宏等专家。两国的龙学专家交流了研究"龙学"的经验和成果。

王元化等带着友谊和成果回到上海，紧接着是把日本学者"请进来"。王元化当时已经是快六十岁的人了，但是仍然意气风发，他率领复旦大学的学者以前所未有的魄力和周到举措，在当时算是很高档的上海龙柏饭店举行了一次中日《文心雕龙》学术研讨会。日本老资格的学者目加田诚、户田浩晓、伊藤正文、古田敬一、小尾部一、冈村繁、竹田晃、兴膳宏等教授飞抵上海，与中国专家王元化、杨明照、徐中玉、詹锳、吴调公、马宏山、郭晋稀、张文勋、牟世金等，在美丽的黄浦江畔共同切磋。笔者有幸参加了这次国际会议，亲眼见证了会议的盛况，并向中日学者请教。这次国际性的"龙学"会议开了国际合作开展文学方面学术研讨的先河，树立了各国学者共同探讨某一学术问题的典范。

由于《文心雕龙》在世界影响的扩大，一些西方研究"龙学"的学者也加入到国际性的"龙学"研究的队伍中。一九八八年十一月，在我国南方大都会广州，召开了一次国际"龙学"学术会议，共同研讨刘勰理论的世界意义。日本、美国、意大利、瑞典、前苏联、联邦德国等国家以及我国大陆学者，台湾、香港、澳门地区学者，约一百人出席了会议。来自各国的学者聚会羊城，交流心得，切磋学术，增进友谊，互学互砺，标志着"龙学"研究揭开了新的一页。来自各国的专家摆脱了以往只从理论研究着眼的狭隘做法，从文化史、思想史的角度来研究《文心雕龙》，以此解读中国古代文学理论与审美思想的民族特点，探讨《文心雕龙》与中国文化传统的关系，指出在中世纪中国产生的这样一部伟大的文学批评著作《文心雕龙》，像一朵美丽的艺术彩云在寰宇上空飘荡。

在最近的三十年间，中国还举行过多次"龙学"研讨会，如一九八五年的安徽屯溪研讨会，一九九三年的山东枣庄研讨会，一九九五年在北京召开的"龙学"国际会议，都在中国龙学研究史上留下了浓重一笔，为刘勰立志攀摘的这片彩云彰显出更绚丽的光彩。

## 五、释疑云破解难题

在国际学术交流中首先遇到的一个问题就是书名问题。"文心雕龙"四个字几乎成了一个外国学者难以逾越的障碍。

中国人理解中国古代的文字要方便得多，外国人如何理解"文心雕龙"的内涵，要把它翻译成洋文就难了。他们琢磨来琢磨去，忙得不亦乐乎，却始终像雾里看花模糊不清，各有各的说法。

美国学者施友忠在其《文心雕龙》英译本的《导言》中说道："文心"一词是指用心创作作品，"雕龙"一词则强调作品的修饰方面。施友忠把《文心雕龙》的书名译成英文为《文学的心和龙的雕刻：中国文学思想与形式的研究》。说得相当别扭，这种翻译是否符合《文心雕龙》的原义，尚需进一步研究！

俄罗斯人又有不同的解释。俄罗斯学者克利瓦卓夫在《论刘勰的美学观》一文中说："刘勰的著作《文心雕龙》这样译成俄语可能更精确些——《被心灵孕育而成的像雕刻的龙一般美丽的文学》。"这似乎是一种"直译"，这种直译在俄罗斯的学者中流行着。当然，即使俄文也有不同的译法。据天津李逸津的论文《〈文心雕龙〉在俄罗斯》介绍：《文心雕龙》一书，在俄语译本中，把它译成《文学思想与雕刻的龙》。这样翻译是否"达意",是否符合刘勰的原意,也很难说。

在国外,当前大多数国家的学者都把这本书的书名从内容和形式两个方面来诠释。请看各国的译法:

法国《大百科全书》的译名是:《中国文心:文学的内容美和形式美》。

美国《大百科全书》的译名是:《中国文心:文学的内容和形式》。

还有些翻译家建议说:"'雕龙'标明了该书的形式的特点。'文心雕龙'就是以雕刻龙文般华丽的文句和精美的结构,去论说文章理论的根本性问题,因此,建议该书书名可翻译为:《华美地阐述为文之用心》或者翻译成《美谈文章精义》。"

诚然,学者们对《文心雕龙》的书名尽管有不同的解释,外国人对《文心雕龙》的书名有不同的译法,但解读基本上是一致的。那就是从内容和形式两个方面来把握这个书名。"文心"一词是提示了全书内容的要点,在书名中排在中心的位置;"雕龙"一词虽然用的是战国时期的典故,但它从肯定意义上采用了驺奭雕刻龙文的比喻,即用雕刻龙文那样精细的功夫去分析文章写作的用心。因此,《文心雕龙》这个书名,确实表达了刘勰写这部书的出发点和归宿,是实至名归了。美得很啊,"文心雕龙",一个精心构思的美丽的书名。

笔者在这里插进关于《文心雕龙》书名译法的这段内容,无非说明,欧洲人是挖空心思力图让这部中国当代人都很难读懂的书让欧洲人读懂,让欧洲人从中得到教益。


## 六、欧洲为美云添彩

我们要进一步说明的是,欧洲人如何使《文心雕龙》的理论为欧洲人关注和理解,为美云添彩。

先说说中国曾一度称为"老大哥"的前苏联吧。前苏联非常重视中国古代文学的研究，投入的人力很多，出版的翻译和研究成果数量也很可观。前苏联历来有"汉学家"一族。但是《文心雕龙》由于内容庞博，理论艰深，文字难懂，往往令一些"汉学家"望而却步。

也不尽然。前苏联汉学的奠基人阿列克耶夫，以及当代汉学家费德林、艾德林、索尔金等在自己的论著中，都列举过《文心雕龙》这部中国古代文论巨著。后来，莫斯科大学的波兹涅耶娃教授为该校写的教材《中世纪东方文学》一书中，详细地介绍了《文心雕龙》。

前苏联科学院院士李谢维奇在他的专著《古代和中世纪之交的中国文学思想》中，介绍了《文心雕龙》，使这部中国中世纪的文论著作在前苏联传播开来。笔者因为某种机缘，同李谢维奇院士有过一些交往，在这里我想特别介绍一下李谢维奇院士在前苏联推介《文心雕龙》的贡献。

李谢维奇院士参加了中国广州举行的国际《文心雕龙》研讨会。学者们对这个硕大个头的前苏联学者印象深刻，对他的贡献也表示钦佩。

李谢维奇专门翻译过《文心雕龙》。他认为该书的书名就很难翻译，而且《文心雕龙》的"文"字也是较为模糊的概念，同世界认同的"文学"不完全一样。但李谢维奇对中国古代文学用功很深，有较系统全面的研究。他对中国文学特别是对《文心雕龙》的美学思想的分析和独立见解，为苏联汉学界所重视。

李谢维奇打破了世界比较文学领域里的"欧洲中心主义"偏见，批评了欧洲人用欧洲标准来套中国文学的现象。他认为要使中国文学适合欧洲人的口味，就很难理解中国文学的独特性，掩盖了中国文学是独立的自成一体的事实。

李谢维奇在他的著作中广泛引用了中国古典名家孔子、老子、刘勰、刘向、司马迁、司马相如、屈原、王充等的观点，集中说明中国的文学中关于"道""德""文""气""风""风骨""赋""比""兴"等概念。可以说，李谢维奇对《文心雕龙》在前苏联的推介是功不可没的。若干年前，李谢维奇告诉笔者他已从科学院退休。我前些年去俄罗斯，在莫斯科小住，也没有机会同他见面，我不知道他后来是否继续《文心雕龙》

的研究，有什么新作问世。

我们再说说欧洲。如果说前苏联一半在亚洲一半在欧洲还不算单一的欧洲国家的话，那么真正的欧洲各国对中国的理论经典《文心雕龙》又有什么反应呢？

笔者所知：自一八六七年起欧洲汉学家就注意到了《文心雕龙》。英国学者卫烈亚历在他的《汉籍解显》一书中就提道："《文心雕龙》是（中国）诗文评论第一部著作，是刘勰于公元六世纪写的，被认为是体大思精的著作……宋代出版的评论目前已经丢失，清朝的黄叔琳以明朝的梅庆生的评论为基础，出版了《〈文心雕龙〉辑注》，是一个更完整的评论。"这是一百五十年前的事。现在当然有了新的进展。

法国表现得更为新进。虽然欧洲一些国家的汉学家没有把《文心雕龙》写进他们出版的《中国文学史》中，但一九二六年前苏联汉学家阿里克塞夫在巴黎法兰西学院做的有关中国文学的讲演中，第一讲的大部分内容谈的就是刘勰《文心雕龙》的概念。他指出："刘勰是一个公元五世纪的有名的诗学家。"很显然，他是想把刘勰与亚里士多德相比的。过了十年，巴黎在出版这本题为《中国文学》讲义时，第一次把《文心雕龙》的《原道》篇，由美国汉学家亨斯以英文译出的这篇文章，印在英文版陆机《文赋》的附录中。

还是在法国。一九五二年，巴黎大学北京汉学研究所出版了由中国学者王利器编辑的《文心雕龙新书通检》。

又过了五年，即一九五七年，《文心雕龙》的全英语译本在欧洲出现了。施友忠把《文心雕龙》译成英文。这是《文心雕龙》第一次被全译成西方语言。可惜中国大陆没有出版这部英译《文心雕龙》，直到一九七〇年才在台湾地区出版了该书的中英对照本。一九八三年由香港再版英译部分与一九五七年的版本相同，但增加了一个《前言》，这以后才传入大陆的少数知识分子中。

把《文心雕龙》翻译成西方文字确实是很艰难的。直到二十世纪九十年代，西欧对《文心雕龙》的研究除了施友忠的那部英译本外，还没有一部完整而精确的原著的全文译文，因而令人遗憾。但在意大利和法国，却有人正在或已经将《文心雕龙》译成了意大利文或法文。

这里首先要提到意大利学者珊德拉教授。

珊德拉教授是一个非常质朴而有学问的女学者。她以意大利学者身份来中国参加了一九八八年在广州召开的国际《文心雕龙》研讨会。她在会上做了有关《文心雕龙》的学术报告。她是一位执着于学术研究的学者，不太关心政治，却非常专著于学术。她平易近人，谦虚好学。笔者及与会的中国学者们都同她进行过多次非常认真的学术交流，发现她不仅能说中国汉语，而且是一位非常严肃认真执着的《文心雕龙》研究专家。

珊德拉女士对中国文学和《文心雕龙》研究有多时了，从接触汉学开始，她就着手用意大利文翻译并研究《文心雕龙》。

一九八二年，珊德拉用意大利文翻译了《文心雕龙》中的《比兴》篇。

一九八四年，珊德拉又用意大利文翻译了《文心雕龙》的《序志》以及《原道》《征圣》《宗经》《正纬》《辨骚》等章节，发表在意大利《东方大学学刊》上。她还有几篇研究《文心雕龙》的文章同时发表。西方人珊德拉研究东方文学，把注意力集中在刘勰的《文心雕龙》上了。

一直关注《文心雕龙》的珊德拉，目前已经翻译并出版了意大利文的《文心雕龙》译本。珊德拉在许多文章中都指出：中国这部著作具有中国的独特性，不能用西方术语来翻译中国独特的文学作品。这话说得好。

一九八四年，珊德拉编著的意大利文《研究中国古代三至六世纪文学评论资料》，由意大利那不勒斯出版社出版。其中第二部分是关于《文心雕龙》研究的专著辑要，提供了书目、词汇和研究资料，对《文心雕龙》在西欧的研究起了很大的推动作用。

一九八九年，珊德拉发表了她在一九八八年广州《文心雕龙》国际研讨会上所做的长篇报告，使得西方的汉学家们了解，在中国文心雕龙学会的努力下，中国"龙学"研究所获得的重大进展。

除了珊德拉，还有其他学者也很努力。一九九一年意大利汉学家马西编辑了《中国100篇名著内容》一文，其中一篇为《文心雕龙》。作者认为《文心雕龙》是中国文学史上最重要的著作之一，并强调《文心雕龙》的传统性。他认为刘勰的骈文体裁是当时社会的反映。

《文心雕龙》作为中国古典美学的经典已被西方汉学家们所认识和研究，在理论上已有所发挥。

西方世界除了欧洲之外，美国对于《文心雕龙》的专门研究甚少。施友忠的《文心雕龙》全译本，一九五九年由美国哥伦比亚大学出版社印行出版后，学界有不少好评。

施友忠的《文心雕龙》英译本出版十一年后，也就是一九七二年，美国学者吉伯斯完成了他的博士论文《文心雕龙与文学理论》，这位出生于美国科罗拉多州的青年，先后在台湾地区和日本读过书、教过书，受到中国文化的影响。他选择《文心雕龙》作为博士论文的题目，也表现出他的非凡勇气和对中国文化的兴趣。

从此以后，美国不断有年轻人从事《文心雕龙》研究，比如美籍华裔学者林中明等，他们用中西对比的方法，从一些奇特的角度开展对"龙学"研究，对推动中国"龙学"的研究，把《文心雕龙》推向世界也做出了有意义的工作。他们对提高《文心雕龙》在世界性的地位，恪尽努力，应该受到尊敬。


## 七、古京口文化丰碑

我们在将要结束这本《刘勰传》时，还想写一写刘勰的出生地镇江。

早年读过唐代杰出诗人刘禹锡的一首诗。他在这首名为《白舍人自杭州寄新诗》诗里写道："莫道骚人在三楚，文星今向斗牛明。"

是的。我们过去在读中国古代文学时，往往只想起广袤的华北和中原大地。想起了出生于湖北的屈原，想起了出生在陕西的司马迁，想起了出生于安徽的曹植，想起了出生在四川的司马相如，想起了出生在陕西的杜甫，何曾想过出生于南方的名家呢？

刘禹锡提醒我们：世事推移，文运流转。天上的文曲星，转到了东南方。出生于镇江的刘勰，就是南北朝时期的文曲星。刘勰为镇江带来了好运，带来了荣耀，带来了美丽的彩云。

镇江是文化底蕴深厚、名儒荟萃之地，拥有三千多年的悠久历史，是吴文化的重要发祥地。晋室南渡以来，镇江成了江南最大的侨郡。来自北方的徐、兖、幽、冀、青、并、扬七州侨民带来了北方文化。运河的开凿使镇江漕运口岸地位及军事地位大大提高。江淮水系沟通了江淮人民的文化交流，使镇江成为一座具有悠久历史的文化名城。

镇江风光旖旎，多彩多姿。真山真水的独特风貌赢得了"天下第一江山"的美名。金山之绮丽，焦山之雄秀，北固山之险峻，人称"京口三山甲东南"。南郊山岭环抱，林木幽深，延伸入城，被誉为"城市山林"。

镇江不仅以山林自然风光见长，而且文物古迹星罗棋布。享誉千古的金山江天禅寺、久负盛名的焦山碑林、别具一格的宋元古街、精巧独绝的过街石塔、隐于苍松翠柏中的太子读书台、雕塑精美的六朝陵墓石碣、景色优美的西津古渡等，都刻印着这座文化古城的足迹，也吸引了古今中外无数的文人墨客。

镇江丰富多彩的历史遗存，让人们叹为观止。寺庙也是镇江一大景观。建寺一千五百多年的金山寺和宝华山隆昌寺，建寺一千四百多年的焦山定慧寺，以及建院两千多年的茅山道院，都是重要的佛教、道教寺庙。南朝的陵墓石刻距今已有一千七百多年，数量之多，形制之大，雕刻之精美，保存之完好，均为全国罕见。金山江天禅寺、焦山定慧寺、宝华山隆昌寺、茅山道院均为全国著名的寺庙道观。

刘勰，出生于这片文化丰厚沃土的骄子，知识丰厚，胸襟博大，海纳百川，融会贯通，把儒、佛、道三种思想融为一体，贯串于其理论著作中。镇江造就了刘勰。刘勰丰富了镇江。

历史的长河并非尽给人沧桑之感，一千多年前弦歌缭绕的京口，如今更显出她年轻而充满朝气的勃勃生机。今日时代昌盛，江山更加娇娆，为这片热土增添了更加迷人的神韵丰采。

历史的年历翻到了二十一世纪。笔者再次来到镇江，仿佛看见刘勰梦中的彩云显出更美丽的色彩。

那是二〇〇〇年的夏天。在刘勰的出生地镇江，举办了一次别具风采的《文心雕龙》国际学术讨论会。

我站在北固山的顶峰北望长江，涛声依旧，远眺焦山，郁葱依然。我仿佛听见香火鼎盛的金山寺木鱼声声……

刘勰的出生地镇江，迎来了一个文化的节日。海内外的"龙学"专家来到这美丽的土地，纪念刘勰诞生一千五百年。他们是为刘勰而来的，他们以虔诚的目光来朝拜这位"文曲星"。

记得刘勰在《文心雕龙》中曾经这样预言："生也有涯，无涯唯智。逐物实难，凭性良易。傲岸泉石，咀嚼文义，文果载心，余心有寄。"（《序志》）他的意思是说："人的生命是有限的，而智慧无涯。追求外物的满足实在很困难，一个人只能凭天性去对待万物。如果我们能纵情山水林泉之间，去品味自然文苑名著名篇，就达到自然的境界了。如果《文心雕龙》能寄托我的心境，我的一生就心满意足了。"刘勰坦然地表白：如果一个人能回归自然，寄托自己的愿望，能通过《文心雕龙》这部著作寄托自己的理想，就心满意足了。

刘勰的愿望达到了。刘勰圆了他少年时期"梦摘彩云"的美梦。他当时孤独地在定林寺停止呼吸时，并没有想到他的书能流传一千多年，更不会想到一千多年之后还有那么多人来纪念他。刘勰当时没有想到的如今实现了。

镇江人很看重这个机遇。镇江人民为纪念刘勰，把镇江打造得更加富有文化色彩。

镇江人民在这里为刘勰建造了一座造型独特的纪念碑：这座碑的基部为黑色玄昌石，上面是一把扇子形的碑面，实际上是一部打开的书。最上面是伟大理论家刘勰的头像，头像下方镌刻着几百位刘勰崇拜者，也是当今著名《文心雕龙》研究家们的亲笔签名。里面有老一辈《文心雕龙》研究家的名字，也有几百位中青年研究者的名字，还有一些外国专家的签名。这些签名表明他们真诚地为纪念这位理论界的伟人树碑立传。

镇江市还建立了一个《文心雕龙》研究资料中心。这个资料中心就是一个刘勰博物馆。如今"中心"移到了镇江图书馆内。那里陈列着历史上保留下来的《文心雕龙》手抄本和印刷本的各种版本，摆放着古往今来专家们研究《文心雕龙》的各种著作以及各国出版的《文心雕龙》的译本和各国学者的研究著作；还展示了用最新的技术出版的《文心雕龙》数据资料库的光盘……

资料中心的管理者把这些资料分类陈列，井井有条，成了研究刘勰的一个资料宝库。人们来到这里，仿佛见到了一千多年前那个孤独而卓有成就的理论家的身影，同他进行有益的交流。在这里人们能读到刘勰的身世以及他所经历的人生轨迹。

在纪念刘勰诞生一千五百年的会议上，镇江人民以东道主的身份迎来了一百多位国内外《文心雕龙》专家。有朋自远方来，不亦乐乎！国内外的专家学者们来到刘勰纪念碑前，向这位已故一千多年的伟大文艺理论家鞠躬致敬！


## 八、扬伟人理论成果

值得记忆的是，在刘勰的出生地镇江举行的一次很有价值的学术研讨会。

在北固山下一座巍峨壮观的礼堂里，来自中国各省市(包括港、澳、台地区的学者)的"龙学"专家一百多人，以及来自日本、韩国、俄罗斯、美国、意大利、瑞典等国家的学者，对刘勰及《文心雕龙》进行了深入的研讨，发表了各自的见解。

在这次充满学术气氛的会议上，发言的许多专家们提出这样的问题：公元五六世纪之交，欧洲文化处于中世纪的黑暗时期，在中国为什么能出现《文心雕龙》这样一部伟大的闪耀着思想光芒的理论著作呢?

专家们纷纷做出自己的回答。

有专家发言说：历史唯物主义的观点认为，任何理论都是客观实践的产物，任何理论的产生、发展，总是同客观社会的发展相联系的。马克思和恩格斯在《德意志意识形态》中指出："思想、观念、意识的生产最初是直接与人们的物质活动，与人们的物质交往，与现实生活的语言交织在一起的。观念、思维、人们的精神交往在这里还是人们物质关系的直接产物。"(《马克思恩格斯全集》第三卷第二十九页)根据唯物史观，历史过程中的决定性因素归根到底是现实生活的生产和再生产。意识形态同物质生产、同经济的发展是相联系的，但经济状况又不是唯一的条件。正如恩格斯在《一八九四年一月二十五日致瓦·博尔吉乌斯的信》中说过："政治、法律、哲学、宗教、文学、艺术等的发展是以经济发展为基础的。但是，它们又都互相影响并对经济基础发生影响。并不是只有经济状况才是原因，才是积极的，而其余一切都不过是消极的结果。"(《马克思恩格斯选集》第四卷第五○六页)因此，我们在研究某种意识形态的产生和发展，研究某一部理论著作出现的原因时，要研究它产生的社会经济条件，也要研究与之相联系的其他因素。中国的齐梁时代政治也很黑暗，但它同欧洲的中世纪有不同的特点。当时在中国，思想、文化、艺术、医学都有相当发达的一面，我们只有认真研究齐梁时代的实际状况，才能真正理解《文心雕龙》产生的社会原因和历史条件。

有的学者指出：社会的物质生产和精神生产往往是不平衡的。刘勰所处的时代政治上的黑暗、经济生活的困难，反而促使许多知识分子对社会停滞的原因，社会如何才能进步进行思考。作为具有独立思考能力的知识分子，刘勰对于当时衰落、腐朽的政治社会风气有着深刻的了解。对于这个变乱迭起、兵戎交错、社会昏暗、民不聊生的时代，当时有些思想家便企图挽救这种局面。大思想家范缜提出《神灭论》，同当时盛行的佛教思想做斗争；大臣贺琛上书皇帝犯颜直谏，指责当时穷奢极欲的侈靡之风；甚至有的统治者看到当时经济的衰落和人民生活的惨苦，很想以儒家思想来改变这个社会，以"纲纪伦常"来结束骨肉相残的局面。他们极力提倡学习《孝经》，认为"儒者之言可宝万世"。刘勰正是想通过恢复儒家思想的地位，写了《文心雕龙》这部立儒家之言的著作，同当时衰颓的政风和文风做斗争。

有些学者强调：魏晋南北朝以来，许多知识分子想通过儒家思想教化来改变社会习俗，使国家社会强盛起来。作为儒家思想崇拜者的刘勰，正是想通过推行儒学来改造社会。刘勰对儒学特别是对它的创始人孔子崇拜得五体投地。刘勰熟读儒家经典，他想用儒家思想，用圣人训示来统一人们的思想，来改变"言贵浮诡""离本弥甚"的世风和文风。刘勰虽然谙熟佛理，但他的入世思想很强烈。"君子藏器，待时而动"，只要有合适的时机，他要用文章作为战斗武器同"江河日下"的世风和文风做斗争。刘勰的入世思想表现为"摛文必在纬军国，负重必在任栋梁，穷则独善以垂文，达则奉时以骋绩"（《程器》）。刘勰正是想通过"述先哲之诰"来实现他"待时而动""奉时骋绩"的儒家的政治理想和社会理想。

有学者还指出：刘勰的《文心雕龙》谈的是文学，但他的终极目的是针对当时腐朽的政治和严重的社会问题。刘勰不是政治家，不是斗士，但他要用自己的理论来战斗，来挽救社会。西晋以来统治集团极端腐朽，从宫廷内部斗争蔓延到诸王侯，先是爆发了"八王之乱"，接着外族入侵，造成了五胡十六国的战乱局面。逃到江南的官僚贵族建立了偏安江左的东晋王朝，生活上的腐化和堕落愈来愈甚，荒淫无耻简直到了难以言状的地步。统治阶级过着男盗女娼、不劳而食、穷奢极欲的寄生虫生活。它不仅给劳动人民带来了沉重的灾难，同时也腐蚀着整个社会，使当时的社会出现精神空虚的局面。刘勰对统治阶级和社会生活中的消极面有着深刻的体察。他没有勇气同这些歪风做正面斗争。刘勰写《文心雕龙》这部书，正是想从文化这个侧面同社会的腐败进行斗争。

还有学者指出：刘勰的《文心雕龙》正是从文化方面着手进行挽救社会的斗争。他力图在《文心雕龙》中，通过对不良文风的抨击，挽救当时已经走向浮诡、讹滥的文风，使之摆脱形式主义、唯美主义的倾向，走上接近现实的健康的道路。他认为"正始明道，诗杂仙心，何晏之徒，率多浮浅"。他要改变这种局面，使"建安风骨"得到振兴，使"嵇志清峻""阮旨遥深"那样的作品成为文学的榜样；他要使诗歌从"淡乎寡味"的玄理中解放出来，把自然美景引进诗歌中去；他立志要用儒家思想用孔子这些圣人的教导做武器，开始向现实和文坛的一切恶劣倾向做斗争，使美的文学作品产生真正的美的效果。

有些学者还指出：刘勰的文学理论和美学思想在齐梁时代的产生不是偶然的。它受到中国古代艺术理论，特别是乐论和画论的启发和影响。刘勰把中国的艺术理论转化到文学理论中来，成为自己的理论。就绘画理论来说，中国的绘画艺术具有悠久的历史，到了魏晋六朝绘画艺术进入到一个异常发达的辉煌时代。著名书画家迭出，他们在技巧上和理论上都已经有相当的修养。例如当时著名的画家卫协、王廙、顾恺之、陆探微、顾宝光、袁倩、戴逵、戴勃、宗炳、谢赫等，创作了许多优秀的画卷，也有着精彩的理论。在绘画理论上，比刘勰早一百年的宗炳的《画山水序》，与刘勰同时代的谢赫所著的《古画品录》及其所提出的"六法"，在理论上具有极高的价值。刘勰在《文心雕龙》中虽然没有直接谈绘画艺术，但在谈文学时用绘画做比喻却屡见不鲜。同时把品鉴绘画的概念运用到品鉴文章中来。如"风骨"，最初是用来品鉴人物的道德美学概念，后来绘画理论家用它来品鉴人物画，而刘勰则用它来品评文章的风骨。还有，中国古代的书法艺术及其理论对刘勰的理论也产生了很大的影响。中国古代产生的许多杰出书法家，如李斯创制小篆体，程邈创制隶书，刘德平的行书，蔡邕的八分书，钟繇的楷书，王羲之王献之的书法，以及他们的书法理论，丰富了我们古代的美学思想，使刘勰得到了丰富的艺术营养。不难看出，刘勰也受到了这些书法艺术的深刻影响。

还有的学者指出：中国古代的音乐理论对刘勰的影响也是显而易见的。《乐记》是我国最早的音乐理论著作，它从不同的角度论述了音乐艺术与政治的关系、音乐受政治伦理制约等问题，对音乐发展的艺术规律进行了深刻的论述。在《文心雕龙》中，《乐府》《声律》《养气》等篇章，明显地受到古代音乐理论的影响。此外，中国古代关于雕塑、建筑等方面的理论，对刘勰建立自己的文艺理论体系和美学思想体系都有着一定的影响。

专家们总结说，刘勰《文心雕龙》在公元五六世纪之交的齐梁时代出现不是偶然的。既有时代的原因，也有刘勰个人的因素。它是历史发展的产儿，是时代的产物，也是中国古代文化、古代文论、古代艺术理论发展的必然结果。可以不夸张地说，刘勰的《文心雕龙》是我国齐梁之前古代一千多年文化发展和文学创作发展的一个总结。《文心雕龙》这部著作在世界思想文化史上具有伟大意义。在我国文艺理论和美学思想的发展长河中具有划时代的意义。把刘勰同古希腊的亚里士多德比美，把《文心雕龙》看成中国的《诗学》是毫不逊色的。

镇江这次学术会议上专家的发言，博得了一阵阵掌声，显示出世界各国学者在学术上的认同。

在这次会议上，时任中国文心雕龙学会会长、北京大学著名教授张少康先生发表了富有理论色彩的讲话。他深情地说："刘勰无论在哲学思想、美学思想还是文学思想方面，都是比较全面地总结了历史上的优秀遗产，广泛地接受了各种有益的思想资料的。尤其是对我国古代思想文化影响最深的儒、道、佛三家学说，刘勰都是相当精通的。应该说，

《文心雕龙》主要就是在儒、道、佛三家的哲学、美学和文学思想熏陶下产生的，是综合这三家的基本文艺观而形成的一部伟大的文学理论巨著。刘勰在《文心雕龙》中所表现的对待前代思想资料的基本观点是：高屋建瓴，不落一边；集其大成，取其精华；融会贯通，自成体系。这种基本特点使《文心雕龙》比较全面地反映了我国古代文学理论的民族传统，并且对后代文学理论批评的发展具有奠基作用，使它在中国古代美学和文艺理论发展史上具有非常突出的重要意义。"张少康教授的讲话博得海内外学者的一阵阵掌声。张少康是新中国培养出来的在《文心雕龙》研究方面取得突出贡献的专家之一。他的讲话所表述的理念代表了新中国一代学人的心声。

## 九、美彩云永飘寰宇

镇江，那天风和日丽，天高气爽。当我们从纪念刘勰的会场上走出，仰望湛蓝的天空，只见天外飘来一片祥云，一片令人神往的美丽彩云。

这片彩云在刘勰诞生地的空中飘荡。这是东南出现的文曲星的闪光，这是一千多年前刘勰梦想采摘的若锦绣般美丽的彩云。

刘勰美梦成真！

刘勰虽然逝去千年，但人们看见天上的彩云就会记起他的名字。永远！

二〇一四年春于北京

## 作者跋

# 关于《刘勰传》写作的若干问题

作为"中国百位文化名人传记"丛书之一种,《梦摘彩云——刘勰传》经三年写作,终于脱稿,将予付梓。笔者在写完最后一章时,像考生交卷那样有一种释负之感。

刘勰说:"知音其难哉!"当下要写一部令广大读者满意的《刘勰传》,确有一定难度。这是因为:其一,传主刘勰生活的年代距今已一千多年,史上留下的资料不多,"龙学"界对于刘勰行迹的述说多有分歧。笔者何据写传?这是难题之一。其二,这本书面世后可能有两个读者群:一是普通的文学爱好者,他们除了要求"真实"之外,还希望从中看到一个有血有肉、性格鲜明的文艺理论家刘勰的形象;二是对刘勰素有研究的专家,他们希望作者通过写传认真解读刘勰倾毕生智慧而撰写的《文心雕龙》的本旨,阐明刘勰美学的伟大意义和价值,让读者读到一个"于史有据"真实生动的刘勰形象,又能充分理解刘勰美学思想的深刻内涵。专家们在审阅拙著的写作提纲时,希望本书既符合历史真实又生动感人,达到广大读者都比较满意的效果。难矣哉,知音何其难也。笔者从事《文心雕龙》研习五十多年来不敢懈怠,这次写传将尽力为之。学界对刘勰和他的《文心雕龙》争议不少。因此笔者不能不写个跋语，对写传时采信的资料和有关问题做些说明和交待。

一、关于刘勰的生卒年代问题。今存《梁书·刘勰传》和《南史·刘勰传》都没有明载刘勰的生卒年月，只简略地说道"刘勰，字彦和。东莞莒人。祖灵真，宋司空秀之弟也。父尚，越骑校尉。……"近些年来学界对刘勰生平的考证著作甚多，据笔者所知，先后有霍衣仙的《刘彦和简明年谱》、杨明照的《梁书刘勰传笺注》、张严的《刘勰身世考索》、翁达藻的《梁书刘勰传大事系年表》、兴膳宏（日本）的《文心雕龙大事年表》、王更生的《梁刘彦和先生年谱》、王金凌的《刘勰年谱》、杨明照的《文心雕龙校注拾遗》、詹锳的《刘勰简略年表》、李曰刚的《梁刘彦和年谱》、龚菱的《刘勰彦和先生重要事略系年表》、张恩普的《刘勰生平系年考略》、李庆甲的《刘勰年表》、穆克宏的《刘勰年谱》、陆侃如的《刘勰年表》、华仲麐的《刘彦和简谱》、牟世金的《刘勰年谱汇考》、张少康的《刘勰的家世、生平和思想》等近二十种。对刘勰的生年各家说法不一。范文澜先生早年的《文心雕龙注》经多方考证后认定："彦和之生，当在宋明帝泰始元年前后。"查史料：南北朝时期的宋明帝泰始元年是公元四六五年，为乙巳年。历史上，这一年有三个年号，为宋前废帝永光元年、景和元年和宋明帝泰始元年，史上多称宋明帝泰始元年。多数研究者都认为，刘勰生于此年前后较为符合事实。因此，笔者在研究了诸家考证资料之后，倾向于"范说"，将刘勰的生年定为宋明帝泰始元年，也就是公元四六五年。刘勰卒于何年，说法也不一致。多数认为刘勰活到五十六七岁。即《梁书·刘勰传》里说的："证功毕，遂启求出家，先燔鬓发以自誓。敕许之。乃于寺变服，改名慧地。未期而卒。"范文澜先生的《文心雕龙注》考证称："彦和自泰始初（公元四六五或四六六年）生，至普通元、二年（公元五二〇或五二一年）卒，计得五十六七岁。"有的专家说刘勰活了六十七八岁。近年有人撰文说刘勰皈依佛教削发为僧后并未"未期而卒"，而是潜回家乡莒县浮来山度过晚年，活到七十多岁。笔者二十多年前曾去探访过浮来山，见有"刘勰墓"，疑为后人所为。说刘勰晚年回鲁证据不够充分，难以令人认同。笔者汇各家之说，以梁武帝普通二年（521）为刘勰卒年之说或许较符合实际，而采信之。

二、关于刘勰出身"士族"或"庶族"问题。《梁书·刘勰传》说到刘勰的家世只有寥寥几句话："刘勰，字彦和……祖灵真，宋司空秀之弟也。父尚，越骑校尉。"其中提到的祖灵真、父刘尚二代人，史书无传，事迹已不可考。近代学者刘师培先生的《中国中古文学史》认为，江左文学之士，大抵都出于士族。其中提到东莞臧氏、刘氏，似乎认定刘勰也出身于士族家庭。王利器先生在《文心雕龙新书序录》中则直接认定刘勰属于士族。当代学者王元化先生对此提出异议，写了《刘勰身世与士庶区别问题》长篇论文，详尽论述南北朝时期士族与庶族的区别，并明确指出刘勰出身于庶族而非士族。王元化认为"刘勰的一生经历正表明了一个贫寒庶族的坎坷命运。他怀着纬军国、任栋梁的入世思想，却不得不以出家作为结局。他不满于等级森严的门阀制度，却不得不向最高统治集团进行妥协。他恪守儒家古文学派立场反对浮华文风，却不得不与玄佛合流的统治思潮沆瀣一气。这些矛盾现象只有通过他的时代和身世才能得到最终的说明。"王元化的分析很深刻。但是，关于刘勰出身于"庶族"的论断也只是根据当时大的背景做些推断，没有提供更扎实更充分的材料证明这个推断。如果说《梁书·刘勰传》里说到刘勰祖辈与刘宋朝廷统治者的关系有些似是而非难以说明问题，那么对《梁书·刘勰传》中所记"父尚，越骑校尉"的事实又该做何解释呢？刘勰的父亲是南朝齐代王朝的"越骑校尉"，这是《梁书·刘勰传》里明确记载的。"越骑校尉"是什么级别的官呢？据史书记载："越骑校尉"一职置于汉武帝时，后世多设此职。这是一种专选才力过人的人来担任此武职。刘尚担任的是武职，但是否带兵已无可考。当时有另一个"越骑校尉"张敬儿是带兵的武官，他是四品。宋后废帝元徽年间，桂阳王刘休范举兵反朝廷时，张敬儿率兵二万之众诈降，并趁机杀死刘休范向朝廷请功。张敬儿这时的官位是"越骑校尉"，带兵二万就不是小官了。

那么，同样担任"越骑校尉"的刘尚是什么官呢？同一朝代同样的官阶，大抵可以做些对比。史书未记载刘尚事略，但由官阶可知刘尚也不是小官吏。刘尚在保卫建康的战事中战死或病死，没有什么特殊战功，历史没有给他留下一笔也可以理解。但不能否认刘尚曾作为"越骑校尉"这样的武官的存在。当然，当时当大官不一定出身于"士族"。宋武帝刘裕家境贫寒，当过卖屦小贩；南朝鲍照出身寒微，受尽坎坷，当了大作家；当过尚书郎的王僧儒也出身寒微。刘勰出生于一个四品官僚家庭，只是在父亲死后家道衰落下来，刘勰一家才变成贫民。因此，断定刘勰出身"庶族"，也是根据不足，很难令人信服。笔者在这部传记中，只写刘勰家道中落，家中过着贫困的生活，甚至要以"抄书"来解决生计，传中不强调刘勰是出身于"士族"或"庶族"问题。

三、关于刘勰如何度过青少年时代。《梁书·刘勰传》里说道"勰早孤，笃志好学。家贫不婚娶"。据专家们考证，刘勰的父亲战死建康时，刘勰才八岁，所以说"勰早孤"。他奉侍寡母度过了十多年时光，生活是十分艰苦的。刘勰十九岁时母亲过世，丁母之忧三年后，即二十一岁才到定林寺依沙门僧祐。从八岁到二十一岁，这中间有十三年时光，刘勰是怎么度过的？史上无资料记载。但作为历史有一点是可以参考的。当时京口有"募兵"之习俗，许多青年都被招募从军。刘勰没有从军。他干什么呢？他选择了"抄书"为业挣口饭吃。南北朝时期还没有"活字版"之类的"出版业"，书本的流传全靠"手抄"。于是出现了以抄书的行当，许多人都以抄书为业。南北朝时期有个后来当了尚书左丞御史中丞也就是宰相级大官的文人王僧儒，就是靠"抄书"为业成长起来的。王僧儒因家贫，以替人抄书为生，养活老母。在抄书过程中博览群书，成学识渊博之士，后来成为与沈约、任昉齐名的三大藏书家之一。王僧儒是当时具有代表性的以抄书为业成长起来的大学者。刘勰当属于王僧儒一类"打工者"。所以笔者在传里把刘勰"抄书"作为他的生活来源，以此养活老母。这不仅丰富了刘勰生存状态的内容，也填补了刘勰生涯中十三年的一段空白。虽"于史无据"，却不违背历史真实。

四、关于刘勰"不婚娶"的问题。《梁书·刘勰传》里记载:"勰早孤,笃志好学。家贫不婚娶。依沙门僧祐,与之居处,积十余年……"学者们对刘勰"不婚娶"问题多有评说。大多数论者认为刘勰"不婚娶"是由于"家贫"。这种说法有一定道理,但不完全。刘勰早年丧父,家道中落,奉母以抄书为生,过着贫寒的日子。在当时娶不起妻室是可能的,特别是到了十八九岁,母亲又去世,刘勰成了孤家寡人,更娶不起妻室了。但刘勰不完全是"家贫"娶不起妻室。如果说刘勰早年因家贫不娶妻室,那么三十多岁写完《文心雕龙》后入仕,做了中军临川王萧宏的"记室",后来又兼任东宫通事舍人,已经是王府里的人了,特别是到了四十岁做了太末令,虽不是大官,为官清廉,但不至于穷到娶不起妻室的地步。那时那么多穷人,也不见得穷人都打光棍。其实刘勰"不婚娶"的原因,一是早年"耽误了";二是进入定林寺以后又受到佛戒的影响,特别是僧祐等佛徒的影响,成了"单身主义者"。刘勰的师父僧祐就有过逃婚的历史:据《高僧传·僧祐传》里记载,僧祐十四岁时,家里为他私下找好了对象,要他结婚,僧祐听到消息后立即躲进定林寺,拜法颖为师,学习佛学,竭思钻求,无懈昏晓。用今天的话来说,是"一心扑在佛学事业上",对于婚娶之事置诸脑后。僧祐这种世界观、人生观、婚姻观对刘勰有很大影响。所以刘勰进到定林寺之后就无心还俗去建家立室。四十多岁做了县太爷,婚姻之事已成"明日黄花"了。范文澜《文心雕龙注》中谈道:"刘勰一贯有孝道思想,刘勰自母亲死后守丧三年,在婚娶之年,其不娶者,固由家贫,亦以居丧故也。彦和到了定林寺,正值僧祐宏法之时,依而居之。因此,刘勰未婚娶,有其时代和家庭之必然原因。"范文澜先生所说顺理成章,笔者在传中从范所说,没有做更多发挥。

五、在这部《刘勰传》中安排了两个专章,介绍刘勰的《文心雕龙》的思想内容、美学观点和写作过程。笔者以为,刘勰一生最光辉的成就是写了《文心雕龙》。而这部书结构上"体大虑周",论述上"深得文理",

内容十分丰富。但由于它用骈文写成，今天的读者阅读起来有相当的难度，甚至可以说许多人"读不懂"。写《刘勰传》目的是要使这部同亚里士多德《诗学》比美的中国古代文艺理论美学思想的"经典"发扬光大。因此笔者认为，有必要对《文心雕龙》的思想内容、美学价值做一些解读。本传中的第五、六两章是作为解读《文心雕龙》而设立的。读者如果认为行文上与前后的章节有些差异，也是实话。不过我是想通过这种叙述式的解读，帮助更多的读者读懂《文心雕龙》，把这部书的内容同刘勰的身世融为一体。

六、关于《灭惑论》写作背景以及对刘勰思想倾向的认定。刘勰的著作，据史书记载"文集行于世"。但是年代久远，现在除《文心雕龙》之外，传世之作仅有《梁建安王造剡山石城寺石像碑铭》和载于《弘明集》里的《灭惑论》两篇文章了。笔者在研究了刘勰存世的著作之后大致有这样的认识：《文心雕龙》代表了刘勰的前期思想，而《灭惑论》则代表了他的后期思想。这是说得通的。思想家理论家的思想观念往往是复杂的、变化着的。一个思想家（包括那些被认为是"革命导师"的人）可以有"前期思想"和"后期思想"之别，这是有先例的。如果"分期论"说法合理的话，那么就不难理解为什么《文心雕龙》的主导是儒家思想，而《灭惑论》则是宣传佛家思想了。因为刘勰早期受儒家思想影响很深，而他所追求的也是儒家的"入世"思想，所以《文心雕龙》中所表现的多为儒家思想。到了晚年，因他长期受到佛家思想影响，也就走上佛家的道路了。因此，他写了宣传佛教思想的《灭惑论》。《灭惑论》是站在佛教立场上从事佛道之争、华夷之辩的论战文字，是一篇属于佛教教义学的论文，很可能是写于刘勰第二次出任"记室"，即担任仁威南康王萧绩的"记室"之时。刘勰的《灭惑论》是针对当时的《三破论》而发的。南朝佛教至梁武帝时盛行，当时奉佛派和反佛派之间曾爆发过激烈的斗争。其中最主要的是关于神灭问题的大辩论。梁武帝本来世代信奉道教，可是他登上皇位之后于天监三年四月八日，集道俗二万人于重云阁，梁武帝手书《舍事道法诏》，公开声明信奉佛教。梁武帝断言："道有九十六种，唯佛一道，是于正道，其余九十五种，名为邪道。"可是，反对者也大有人在，荀济宣称："九十六道，此道（佛）最贪。"朝臣之中郭祖深见佛教害政蠹俗，抬着棺材到宫门极谏，说行佛法要亡国，他上书封事二十九条。荀济亦上书武帝排斥佛法，提到"三破论"。假托张融所作的《三破论》是作为打击奉佛派的有力武器。梁武帝时期几乎无人能有力驳倒"三破论"。当时从佛教方面来说，反驳"三破论"具有巨大的现实意义。正在这时，刘勰抛出了他的《灭惑论》。刘勰的《灭惑论》里说："九十六种，俱号为道，听名则邪正莫辨，验法则真伪自分。"刘勰驳斥"三破论"正合梁武帝的意思，成了梁武帝思想的代言。刘勰这篇《灭惑论》是为迎合梁武帝之意而作，或者由皇室亲自授意而作？两者都有可能。这时，刘勰正担任仁威南康王记室兼任东宫通事舍人，也就是"皇帝身边的人"了。因此，《灭惑论》是奉命之作也很难说。刘勰作为一个知识分子的悲剧正在于，他早年恪守儒家古文经学派的立场，反对形式主义和奢靡淫艳的世风，到了晚年又不得不与玄佛合流的统治思潮沆瀣一气。《灭惑论》是刘勰崇佛思想的重要证明。因此我们只能说，刘勰的早期思想和晚期思想是有所区别的。把两个时期的思想区别开来，就不难解释《文心雕龙》的思想倾向了。

　　七、关于刘勰"出为太末令，政有清绩"问题。在《梁书·刘勰传》里这样记载："出为太末令，政有清绩"。刘勰出任太末令，是他仕途中的重要"驿站"，也是他人生轨迹中难忘的一页。刘勰"政有清绩"，可见在为官和理政方面是有功绩的，但姚撰传中语焉不详，也没有见到其他史料佐证。历史总有一些规律性的东西可以寻找。考察当时的历史，地方官是一个肥缺。梁武帝在位时，朝廷大臣贺琛曾上书武帝，指出当时官员穷奢极欲、浪费无限。许多朝廷官员乐意去做地方官，一任地方官得钱可以上百万。回京后尽情享受，一次宴会费用超过百金，家中蓄妓无数，极声色之乐。这些朝廷官员在地方上捞的钱财用完了，再出去做地方官，贪馋得更加厉害。刘勰被派去做太末令，本来是可以大捞一把的，但他不馋不贪，政有清绩。这一阶段是刘勰人生的亮点，但史上无更多的材料。作为刘勰的传记，对他人生的"亮点"应该大书特书。因此，笔者在细节上做了一些丰富，在描写上加进了刘勰在太末令任上一些体恤民情、关爱受苦大众的细节，以丰富他的性格。笔者认为文学传记也是一种文学创作，在不违背历史原则的基础上，这种细节上的丰富是艺术创作所容许的，是符合艺术规律的。不知读者以为然否？

八、关于刘勰晚年皈依佛门问题。刘勰皈佛原因是多方面的。一方面是刘勰一生遭受到重重打击，他的衣食父母、引路恩人僧祐之死，给他最沉重的打击。僧祐对刘勰的期望，使他坚定了皈佛的决心。另一方面，他正视现实，到了晚年自己已五十多岁了，在仕途上已经无望。再加上当时梁武帝事佛佞佛，舍身为奴，并下令官府贵胄事佛奉佛。当时全国有五万多官员受戒皈佛。大势所趋，刘勰随波逐流，不足为怪。在当时的背景下刘勰自愿削发为僧也是一种必然，是完全符合时代潮流和刘勰性格发展的逻辑。至于有学者撰文说刘勰皈佛以后并没有"未期而卒"，而是潜回家乡莒县浮来山安度晚年，活到七十多岁。此说根据不充分，难以为信。因此本书只写到刘勰五十七岁亡故为止。全书最后加了一章是刘勰身后的"荣光"。他梦想中的彩云在世界上空飘扬。这是历史的回声，也是刘勰事业的回响。一个为中华民族的文化发展做出过杰出贡献的人应该得到的荣耀啊！

九、关于《刘子》是否为刘勰所著，是否作为他的功绩入传问题。《刘子》是南北朝时期的一部重要论著，其正文字数虽然只有二万九千多字，但"泛论治国修身之要，杂以九流之说"，针对当时社会时弊，提出了治国安邦的政治主张及建功立业施展个人抱负等等。内容涉及哲学、政治、军事、文艺各个领域，较为集中地反映了南朝知识分子"采取庄老、创新经学"的时代精神，对于研究南北朝时期的社会思潮有重要价值。《刘子》在后代也有深远影响。从南北朝至隋唐各个朝代各个地域都被广为传抄。宋代以后又被屡屡刊刻。早在唐代，就有三种抄本流传到日本。根据"古为今用"对待遗产的原则，《刘子》不失为可供参考的一份重要思想遗产。可是，《刘子》的作者是谁，却一直成了问题。《刘子》历史著录中有《刘子》《流子》《新论》《刘子新论》《云门子》《石㲼子》《孔昭子》《德言》诸名称，明、清以后，均称为《刘子》。《刘子》作者是谁，一直有争议。在隋唐的《艺文志》中，均标有《刘子》作者为刘昼。我国流传的北齐时期的子书，有《刘子》一书，向来被认为刘昼所著。唐代也有人认为《刘子》是刘勰所著，认为《刘子》即刘勰之书也。究竟是刘昼还是刘勰所著，一直存在争论。到了二十世纪八十年代中期，在安徽屯溪召开的一次"龙学"研讨会上，上海学者林其锬和陈凤金先生撰写长篇论文，重新提出《刘子》为刘勰所著。参会学者赞同者有之，不认同者也有之，并无统一认识。争论一直在持续，直到二〇一三年九月在济南举行的中国文心雕龙学会成立三十周年大会上，与会学者包括港台学者又对《刘子》是否为刘勰所著发生论争。争论虽深入了一步，论者证据加强了许多，但与会者包括大会主持人在内，均未对此下结论，仍作为存疑留待后学继续研讨。笔者对此无深入研究，写传更不敢妄为，只好遵循"从众"的原则写传，没有把《刘子》作为刘勰的著作写入传中。如果学界今后有足够的证据证明《刘子》确为刘勰所著，再将此作为刘勰的重要事略补入。现在只好暂付阙如，不知学者们以为然否？

十、关于本书的书名问题。本书取名为《梦摘彩云——刘勰传》是不是一种"趋时"之举？自从二〇一二年中央一次重要会议，领导人提出"梦"说之后，以"梦"取名的文章、著作、影视作品不胜枚举。但本书取一"梦"字并非近时厘定赶时髦之举，而是根据刘勰本人所吐露的心路历程而确定的。刘勰的《文心雕龙·序志》里多次谈到"梦"，曰："予生七龄，乃梦彩云若锦，则攀而采之。"又曰："齿在逾立，尝夜梦执丹之礼器，随仲尼而南行。旦而寤，乃怡然而喜，大哉圣人之难见哉，乃小子之垂梦欤！"由此可见，刘勰的《文心雕龙》是由梦而起，也是圆梦之作。"中国百位文化名人传记"立项伊始，主编直言书名不要直书"某某传",而要取一些比较有文采又能代表本传意蕴的书名。因此,在本传草创之时,便确定书名为《梦摘彩云》,并非在媒体大肆谈"梦"之后的趋时之举。笔者也曾想过用别的书名,但想来想去,还是觉得原定书名比较符合刘勰的原意,故名之曰《梦摘彩云》。仅此而已。

本书写作过程中,得到了中国作家协会、中国作家出版集团的有关领导和诸多编辑同仁的大力帮助,得到审订本稿的专家组成员中国社科院著名学者何西来先生、党圣元先生、白烨先生,中国人民大学教授孙郁先生等方家的指导。我对所有为此书写作出版而付出心血和辛劳的同仁们表示深深的谢意。

写于二〇一四年春本书完稿之时

# 附录一 《梁书·刘勰传》

　　刘勰，字彦和。东莞莒人。祖灵真，宋司空秀之弟也。父尚，越骑校尉。勰早孤，笃志好学。家贫不婚娶。依沙门僧祐，与之居处，积十余年，遂博通经论，因区别部类，录而序之。今定林寺经藏，勰所定也。

　　天监初，起家奉朝请。中军临川王宏引兼记室。迁车骑仓曹参军。出为太末令，政有清绩。除仁威南康王记室，兼东宫通事舍人。时七庙飨荐已用蔬果。而二郊农社犹有牺牲。勰乃表言二郊宜与七庙同改。诏付尚书议，依勰所陈。迁步兵校尉，兼舍人如故。昭明太子好文学，深爱接之。

　　初，勰撰《文心雕龙》五十篇，论古今文体，引而次之。其序曰：夫"文心"者，言为文之用心也。昔涓子《琴心》、王孙《巧心》，心哉美矣，故用之焉。古来文章，以雕缛成体，岂取驺奭之群言雕龙也。夫宇宙绵邈，黎献纷杂，拔萃出类，智术而已。岁月飘忽，性灵不居，腾声飞实，制作而已。夫有肖貌天地，禀性五才，拟耳目于日月，方声气乎风雷，其超出万物，亦已灵矣。形同草木之脆，名逾金石之坚，是以君子处世，树德建言。岂好辩哉？不得已也！

予生七龄，乃梦彩云若锦，则攀而采之。齿在逾立，（则）尝夜梦执丹漆之礼器，随仲尼而南行。旦而寤，乃怡然而喜。大哉圣人之难见哉，乃小子之垂梦欤！自生人以来，未有如夫子者也！敷赞圣旨，莫若注经，而马郑诸儒，弘之已精，就有深解，未足立家。唯文章之用，实经典枝条；五礼资之以成，六典因之致用，君臣所以炳焕，军国所以昭明，详其本源，莫非经典。而去圣久远，文体解散，辞人爱奇，言贵浮诡，饰羽尚画，文绣鞶帨，离本弥甚，将遂讹滥。盖《周书》论辞，贵乎体要；尼父陈训，恶乎异端；辞训之异，宜体于要。于是搦笔和墨，乃始论文。

详观近代之论文者多矣：至于魏文述典，陈思序书，应玚文论，陆机《文赋》，仲洽《流别》，弘范《翰林》，各照隅隙，鲜观衢路；或臧否当时之才，或铨品前修之文，或泛举雅俗之旨，或撮题篇章之意。魏典密而不周，陈书辩而无当，应论华而疏略，陆赋巧而碎乱，流别精而少巧，翰林浅而寡要。又君山公幹之徒，吉甫士龙之辈，泛议文意，往往间出，并未能振叶以寻根，观澜而索源。不述先哲之诰，无益后生之虑。盖《文心》之作也，本乎道，师乎圣，体乎经，酌乎纬，变乎骚：文之枢纽，亦云极矣。若乃论文叙笔，则囿别区分，原始以表末，释名以章义，选文以定篇，敷理以举统，上篇以上，纲领明矣。至于剖情析采，笼圈条贯，摛神性，图风势，苞会通，阅声字，崇替于《时序》，褒贬于《才略》，怊怅于《知音》，耿介于《程器》，长怀《序志》，以驭群篇，下篇以下，毛目显矣。位理定名，彰乎大易之数，其为文用，四十九篇而已。

夫铨序一文为易，弥纶群言为难，虽复轻采毛发，深极骨髓；或有曲意密源，似近而远，辞所不载，亦不胜数矣。及其品列成文，有同乎旧谈者，非雷同也，势自不可异也；有异乎前论者，非苟异也，理自不可同也。同之与异，不屑古今，擘肌分理，唯务折衷。按辔文雅之场，环络藻绘之府，亦几乎备矣。但言不尽意，圣人所难；识在瓶管，何能矩矱。茫茫往代，既沉予闻；眇眇来世，倘尘彼观也。赞曰：生也有涯，无涯惟智。逐物实难，凭性良易。傲岸泉石，咀嚼文义。文果载心，余心有寄。

既成，未为时流所称。勰自重其文，欲取定于沈约。约时贵盛，无由自达。乃负其书，候约出，干之于车前，状若货鬻者。约便命取读，大重之，谓为深得文理，常陈诸几案。然勰为文长于佛理，京师寺塔及名僧碑志，必请勰制文。有敕与慧震沙门于定林寺撰经，证功毕，遂启求出家，先燔鬓发以自誓。敕许之。乃于寺变服，改名慧地。未期而卒。文集行于世。

（唐·姚思廉《梁书》卷五十）

附录二 刘勰大事年表

## 南朝宋明帝泰始元年（465） 一岁

刘勰生于京口（今江苏镇江）。是年，宋明帝刘彧即位，改元泰始。

## 泰始二年（466） 二岁

刘勰父刘尚在南朝宋代任越骑校尉。

## 泰始七年（471） 七岁

刘勰梦"彩云若锦，攀而采之"。父母带其回山东"寻根问祖"。

## 泰豫元年（472） 八岁

父刘尚战死。是年，宋明帝刘彧卒。立太子萧昱。桂阳王刘休范举兵反于寻阳。

## 宋后废帝元徽元年（473） 九岁

刘勰随其寡母居京口，"笃志好学"。

## 元徽二年（474） 十岁

刘勰随母居京口，就学私塾。

## 齐武帝永明元年（483） 十九岁

刘勰母病丧，丁母忧。是年，齐改元永明。萧子良集名僧于京畿法云精庐，谈玄音于六霄。

## 永明四年（486） 二十二岁

刘勰丁忧毕，到建康，投僧祐居定林寺。

## 永明五年（487） 二十三岁

刘勰依僧祐居定林寺。是年，"竟陵王萧子良开西邸，招文学，萧衍与沈约、谢朓、王融、萧琛、范云、任昉、陆倕等并游，号曰八友"。萧子良集学士抄《五经》，依《皇览》，编《四部要略》。

## 永明六年（488） 二十四岁

刘勰依僧祐居定林寺。是年，沈约撰成《宋书》七十卷。沈约首次提出"声律论"。名儒臧荣绪卒。

## 永明七年（489） 二十五岁

刘勰依僧祐居定林寺。是年，萧子良召集京师硕学名僧五百余人，请僧柔法师在定林寺讲经。

## 永明八年（490） 二十六岁

刘勰依僧祐居定林寺。是年，著名高僧僧远、僧柔、法通、智称、道嵩、超辩、慧弥、法愿，名士何点、周颙、明僧绍、吴苞、张融、袁昂、何胤，王侯萧子良、萧宏、萧伟等来定林寺听内典、咨戒范，盛极一时，"道俗之盛，江左未有也。"刘勰同他们均有接触往来，攻读经史群籍，研阅释典。

## 永明九年（491） 二十七岁

刘勰居定林寺，助僧祐整理佛教经典。开始《释迦谱》的编纂。与高僧僧柔、法通、道嵩、超辩、慧弥、法令等交往。

## 永明十年（492） 二十八岁

刘勰居定林寺，佐僧祐整理佛教经典。是年，僧祐奉敕赴三吴讲律，刘勰陪同前往。高僧超辩卒，刘勰为其撰写碑文。

## 永明十一年（493） 二十九岁

刘勰居定林寺，佐僧祐整理佛教经典。是年，文惠太子萧长懋卒。齐武帝萧赜卒。太孙萧昭业嗣立（后贬号为郁林王）。

## 齐郁林王隆昌元年，齐恭王延兴元年，齐明帝建武元年（494） 三十岁

刘勰继续佐僧祐整理佛教经典。是年，萧鸾杀萧昭业，迎立萧昭文，改元延兴元年。萧子良卒。高僧僧柔卒，刘勰为僧柔之墓撰写碑文。

## 建武二年（495） 三十一岁

刘勰居定林寺，继续佐僧祐整理佛教经典。用时五年至七年左

右，完成《释迦谱》《世界记》《出三藏记集》《萨婆多部相承传》《法苑记》《弘明集》《十诵义记》《法集杂记传铭》等佛教典籍。代拟《法集总目序》。

## 建武三年（496） 三十二岁

刘勰完成僧祐整理佛教经典之业。逾立之年，刘勰感梦，立志撰书，"摛文必在纬军国"。

## 建武四年（497） 三十三岁

刘勰开始《文心雕龙》写作。

## 永元三年，齐和帝中兴元年（501） 三十七岁

刘勰完成《文心雕龙》写作。全书三万七千余字，历时五年。是年，南康王萧宝融即位，为齐和帝。萧衍进军建康。萧统出生。

## 中兴二年，梁武帝天监元年（502） 三十八岁

刘勰把《文心雕龙》一书献沈约，求他审定推荐。是年，萧衍即帝位，改年号天监元年。萧统被立为太子。

## 天监二年（503） 三十九岁

是年，宋武帝任沈约为尚书左仆射，沈约解读《文心雕龙》，赞该书"深得文理"。

## 天监三年（504） 四十岁

刘勰离开定林寺，"起家奉朝请"，开始仕途。是年，梁武帝敕舍道事佛。

## 天监四年（505） 四十一岁

刘勰任临川王萧宏记室。是年，梁武帝置五经博士，广开馆宇，招内后进。负笈者云会京师。

## 天监五年（506） 四十二岁

刘勰仍为临川王萧宏记室。任车骑仓曹参军。是年萧统太子出居东宫。

## 天监六年（507） 四十三岁

刘勰仍任临川王萧宏记室。是年，随萧宏伐魏，继续任"车骑仓曹参军"。

## 天监七年（508） 四十四岁

刘勰仍住建康，参与释宝唱编撰《众经要抄》。

## 天监八年（509） 四十五岁

刘勰被荐，赴东阳郡为"太末令"。是年，僧祐奉敕助释法悦铸丈八铜像。

## 天监十一年（512） 四十八岁

刘勰"为太末令，政有清绩"，被召回建康。是年，梁武帝下诏任刘勰为仁威南康王萧绩的"记室"。

## 天监十二年（513） 四十九岁

萧统开始视政事，刘勰兼任"东宫通事舍人"。作《灭惑论》参与佛道之争。

## 天监十三年（514） 五十岁

是年，继续担任南康王记室，兼"东宫通事舍人"。"昭明太子好文学，深爱接之"。

## 天监十六年（517） 五十三岁

刘勰仍为仁威南康王记室，兼东宫通事舍人。僧祐奉敕建剡山石城寺佛像。建成后，刘勰奉请作《梁建安王造剡山石城石像碑》文。

## 天监十七年（518） 五十四岁

刘勰仍为仁威南康王记室，兼东宫通事舍人。是年，僧祐卒，安葬于定林寺旧墓，刘勰为其作"墓志铭"。

## 天监十八年（519） 五十五岁

刘勰上表梁武帝，表言祭祀"二郊宜于七庙同改为蔬果事"，得武帝钦准。刘勰不再担任东宫通事舍人，被提升为步兵校尉，掌管东宫警卫工作，位列六品。是年，梁武帝敕刘勰回定林寺，与慧震整理佛教经典。

## 普通元年（520） 五十六岁

刘勰在定林寺与慧震整理佛教经典。是年，梁武帝因入佛改年号为普通元年。

## 普通二年（521） 五十七岁

刘勰与慧震继续撰写佛教经典，功毕，燔鬓要求出家。梁武帝敕许刘勰皈佛，易服，并改名慧地。不到一年刘勰逝世。有文集行于世。

（本大事表系笔者参考《梁书·刘勰传》、范文澜《文心雕龙注》、杨明照《文心雕龙校注》、牟世金《刘勰年谱汇考》等研究著作编撰而成，在此对学界先贤深表谢意。）

附录三
《文心雕龙》研究
专著目录

1.《文心雕龙讲疏》，范文澜，新懋印书馆。

2.《文心雕龙补注》，李详，中原书局（上海）。

3.《文心雕龙札记》，黄侃，北平文化学社。

4.《文心雕龙注》，范文澜，北平文化学社。

5.《文心雕龙》，黄叔琳注，上海商务印书馆。

6.《文心雕龙杂记》，叶长青，福州铺前顶程厝衕叶宅发行（叶氏自印本）。

7.《文心雕龙选注》（二十六篇），庄适，商务印书馆。

8.《文心雕龙》，冰心主人标点，大中书局。

9.《广注文心雕龙》，杜天縻，世界书局。

10.《文心雕龙》，黄叔琳注、纪昀评，上海中华书局。

11.《文心雕龙注》（全七册），范文澜，开明书店。

12.《支那文学论的发生——文心雕龙与诗品》，[日本]近藤春雄，东亚研究会。

13.《文心雕龙研究》，朱恕之，南郑县立民生工厂。

14.《文心雕龙校释》，刘永济，正中书局。

15.《文心雕龙索引》，[日本]冈村繁，广岛大学汉文研究室。

16.《文心雕龙新书》，王利器，北京汉学研究所。

17.《文心雕龙新书通检》，巴黎大学北京汉学研究所。

18.《文心雕龙校注》，杨明照，古典文学出版社。

19.《文心雕龙注》（上下），范文澜，人民文学出版社。

20.《文心雕龙校释》，刘永济，中华书局。

21.《文心雕龙札记》，黄侃，中华书局。

22.《文心雕龙选译》（上下），陆侃如、牟世金，山东人民出版社。

23.《文心雕龙讲义》，程兆熊，鹅湖学社。

24.《刘勰论创作》，陆侃如、牟世金，安徽人民出版社。

25.《文心雕龙译注十八篇》，郭晋稀，甘肃人民出版社。

26.《文心雕龙研究专号》，饶宗颐主编，香港大学中文学会。

27.《文心雕龙注订》，张立斋，台湾正中书局。

28.《文心雕龙评解》，李景溁，台湾台南翰林出版社。

29.《文心雕龙新解》，李景溁，台湾台南翰林出版社。

30.《文心雕龙研究》，易苏民主编，台湾昌言出版社。

31.《文心雕龙》（日文全译本），[日本]兴膳宏，筑摩书房。

32.《文心雕龙通识》，张严，台湾商务印书馆。

33.《中国文学批评研究论文集——文心雕龙研究专集》，中国语文学社。

34.《文心雕龙研究论文集》，台湾淡江文理学院中研。

35.《唐写文心雕龙残本合校》，潘重规，香港九龙新亚研究所。

36.《文心雕龙释义》，彭庆环，香港华星出版社。

37.《文心雕龙选注》，周康燮，香港龙门书店。

38.《文心雕龙原道与佛道义疏证》，石垒，香港云在书店。

39.《文心雕龙析论》，李中成，台湾大圣书局。

40.《文心雕龙》（选译本），[日本]户田浩晓，明德出版社。

41.《文心雕龙文术论诠》，张严，台湾商务印书馆。

42.《译注文心雕龙选择》，陈弘治等，台湾台北文津出版社。

43.《文心雕龙》(日文全译本)，[日本]目加田诚，平凡社。

44.《文心雕龙考异》，张立斋，台湾正中书局。

45.《文心雕龙》(日文全译本，上、下册)，[日本]户田浩晓，明治书院。

46.《文心雕龙枢纽论与区分论》，蓝若天，台湾商务印书馆。

47.《文心雕龙》，[韩国]崔信浩译，汉城玄岩社。

48.《文心雕龙缀补》，王叔岷，台湾艺文印书馆。

49.《刘勰年谱》，王金凌，台湾台北嘉新水泥文化基金会。

50.《语译详注文心雕龙》，黄锦宏、久烈等，弘道文化事业公司。

51.《文心雕龙研究》，王更生，台湾文史哲出版社。

52.《文心雕龙导读》，王更生，台湾华丽正书局。

53.《文心雕龙批评论发微》，沈谦，台湾联经出版事业公司。

54.《文心雕龙研究论文集》，一山书屋。

55.《文心雕龙与佛儒二教义理论集》，石垒，香港云在书屋。

56.《文心雕龙与诗品研究》，庄岩编辑部，台湾庄岩出版社。

57.《刘勰和文心雕龙》，陆侃如、牟世金，上海古籍出版社。

58.《文心雕龙与佛教驳论》，周荣华，作者自印。

59.《文心雕龙论文集》，陈成雄、于成大，西南书局。

60.《重修增订文心雕龙研究》，王更生，台湾文史哲出版社。

61.《文心雕龙创作论》，王元化，上海古籍出版社。

62.《文心雕龙范注驳正》，王更生，台湾台北华正书局。

63.《文心雕龙之创作论》，黄春贵，台湾文史哲出版社。

64.《文心雕龙论文集》，黄锦宏编，台湾学海出版社。

65.《刘勰与文心雕龙》，詹锳，中华书局。

66.《文心雕龙校证》，王利器，上海古籍出版社。

67.《文心雕龙简论》，张文勋、杜东枝，人民文学出版社。

68.《文心雕龙研究论文选粹》，王更生，台湾中北育民出版社。

69.《文心雕龙选译》，周振甫，中华书局。

70.《文心雕龙之文学理论与批评》，沈谦，台湾华正书局。

71.《注音白话文心雕龙选注》，李农，大夏出版社。

72.《文心雕龙文学理论研究和译释》，杜黎均，北京出版社。

73.《〈文心雕龙〉与〈诗品〉之诗论比较》，冯吉权，台湾文史哲出版社。

74.《文心雕龙译注》（上下），陆侃如、牟世金，齐鲁书社。

75.《文心雕龙文论术语析论》，王金凌，台湾华正书局。

76.《文心雕龙注释》，周振甫，人民文学出版社。

77.《文心雕龙研究分类索引（1910—1982）》，山东刘勰文心雕龙讨论会资料组编。

78.《文心雕龙注译》，郭晋稀，甘肃人民出版社。

79.《翻译：刘勰与文心雕龙》，中国哲文学会。

80.《文心雕龙译注》，赵仲邑，漓江出版社。

81.《刘勰论创作》（修订本），陆侃如、牟世金，安徽人民出版社。

82.《文心雕龙散论》，马宏山，新疆人民出版社。

83.《文心雕龙的风格学》，詹锳，人民文学出版社。

84.《文心雕龙斠诠》（上下），李曰刚，台湾"国立编译馆"。

85.《文心雕龙研究》，龚菱，台湾文津出版社。

86.《文心雕龙诠释》，张长青、张会恩，湖南人民出版社。

87.《文心雕龙索引》（改订版），［日本］冈村繁，采华书林。

88.《文心雕龙校注拾遗》，杨明照，上海古籍出版社。

89.《古典文学的奥秘——文心雕龙》，王梦鸥，台湾时报文化出版社。

90.《文心雕龙研究文献目录初稿（1925—1982）》，［日本］向岛成美，《筑波中国文学论丛》第2号。

91.《日本研究〈文心雕龙〉论文集》，王元化选编，齐鲁书社。

92.《雕龙集》，牟世金，中国社会科学出版社。

93.《文心雕龙学刊》（第一辑），中国文心雕龙学会编，齐鲁书社。

94.《文心与诗心》，罗联络，作者自印于台湾。

95.《文心雕龙浅释》，向长清，吉林人民出版社。

96.《文心雕龙绎旨》，姜书阁，齐鲁书社。

97.《文心雕龙》，李民树译，汉城乙酉文化社。

98.《文心雕龙学刊》（第二辑），中国文心雕龙学会编，齐鲁书社。

99.《兴膳宏文心雕龙论文集》，[日本]兴膳宏著、彭恩华译，齐鲁书社。

100.《刘勰论写作之道》，钟子翱、黄安祯，长征出版社。

101.《刘勰的文学史论》，张文勋，人民文学出版社。

102.《文心雕龙读本》，王更生，台湾文史哲出版社。

103.《文心雕龙选析》，祖保泉，安徽教育出版社。

104.《神与物游——刘勰文艺创作理论初探》，艾若，文化艺术出版社。

105.《文心雕龙选》（注释本），穆克宏，福建教育出版社。

106.《文心雕龙通诠》，张仁青，台湾明文书局。

107.《古代文学理论研究论文集》，王达津，南开大学出版社。

108.《古代文艺论集》，徐中玉，中国社会科学出版社。

109.《文心雕龙论丛》，蒋祖怡，上海古籍出版社。

110.《文心雕龙论稿》，毕万忱、李淼，齐鲁书社。

111.《台湾文心雕龙研究鸟瞰》，牟世金，山东大学出版社。

112.《文心雕龙新探》，张少康，齐鲁书社。

113.《文心雕龙学刊》（第三辑），中国文心雕龙学会编，齐鲁书社。

114.《文心雕龙探索》，王支熙，上海古籍出版社。

115.《文心雕龙术语探析》，陈兆秀，台湾文史哲出版社。

116.《文心雕龙通解》，王礼卿，台湾黎明文化出版社。

117.《文心雕龙释义》，冯春田，山东教育出版社。

118.《文心十论》，涂光社，春风文艺出版社。

119.《文心雕龙学刊》（第四辑），中国文心雕龙学会编，齐鲁书社。

120.《文心雕龙今译》，周振甫，中华书局。

121.《文心雕龙精选》，牟世金，山东大学出版社。

122.《文心雕龙》（中国历代经典宝库之一），王梦鸥，台湾台北时报文化。

123.《文心雕龙与佛教关系之考辨》，方元珍，台湾文史哲出版社。

124.《文心雕龙今读》，贺绥世，文心出版社。

125.《文心雕龙美学》，缪俊杰，文化艺术出版社。

126.《文心雕龙索引》，朱迎平，上海古籍出版社。

127.《文心雕龙研究成果索引（1907—1987）》，吴美兰编纂，暨南大学图书馆。

128.《文心雕龙譬喻研究》，刘荣杰，台湾前卫出版社。

129.《文心雕龙新探》，张少康，山东齐鲁书社。

130.《刘勰〈文心雕龙〉研究论著目录》，王国良，台湾"中国文学研究会"、台湾师大合办"中国文学批评研讨会"参考资料。

131.《刘勰年谱汇考》，牟世金，巴蜀书社。

132.《文心雕龙研究论文选（1949—1982）》（上下），甫之、涂光社，齐鲁书社。

133.《重修增订文心雕龙导读》，王更生，台湾华正书局。

134.《文心雕龙综论》，台湾学生书局。

135.《文心雕龙与新闻写作》，杨松林，人民日报出版社。

136.《文心雕龙臆论》，陈思苓，巴蜀出版社。

137.《文心雕龙学刊》（第五辑），中国文心雕龙学会编，齐鲁书社。

138.《文心雕龙美学思想论稿》，易中天，上海文艺出版社。

139.《文心雕龙美学思想论稿》，赵盛德，漓江出版社。

140.《文心雕龙义征》（上中下），詹锳，上海古籍出版社。

141.《〈文心雕龙〉与〈诗品〉》，禹克坤，人民出版社。

142.《文心识偶集》，李庆甲，上海古籍出版社。

143.《文心雕龙论集》，陈耀南，香港现代教育研究社。

144.《文心同雕集》，曹顺庆编，成都出版社。

145.《文心雕龙译注》，赵仲邑，广西教育出版社。

146.《文心雕龙与现代修辞学》，沈谦，台湾益智书局。

147.《由文心雕龙〈知音篇〉谈刘勰文学批评》，李慕如，台湾复文图书出版社。

148.《文心雕龙研究论文集》，中国文心雕龙学会选编，人民文学出版社。

149.《文心雕龙词语通释》，冯春田，明天出版社。

150.《文心雕龙综合研究》，彭庆环，台湾正中书局。

151.《文心雕龙比喻技巧研究》，黄亦真，学海出版社。

152.《文心雕龙的创作论》，朱广成，中国广播电视出版社。

153.《文心雕龙新论》，王更生，台湾文史哲出版社。

154.《文心雕龙研究》，穆克宏，福建教育出版社。

155.《文心雕龙选译》，周振甫，巴蜀书社。

156.《敦煌遗书文心雕龙残卷集校》，林其锬、陈凤金集校，上海书店出版社。

157.《文心雕龙学刊》（第六辑），中国文心雕龙学会编，齐鲁书社。

158.《古典文学的奥秘——文心雕龙》，王梦鸥，三环出版社。

159.《文心雕龙学刊》（第七辑），中国文心雕龙学会编，广东人民出版社。

160.《文心雕龙全译》，龙必锟，贵州人民出版社。

161.《文心雕龙讲疏》，王元化，上海古籍出版社。

162.《文心雕龙研究荟萃》，饶芃子主编，上海书店出版社。

163.《文心雕龙研究》，[日]户田浩晓著、曹旭译，上海古籍出版社。

164.《文心雕龙解说》，祖保泉，安徽教育出版社。

165.《文心雕龙辞典》，贾锦福主编，济南出版社。

166.《〈文心雕龙〉整体研究》，石家宜，南京出版社。

167.《元刊本文心雕龙》，刘勰，上海古籍出版社。

168.《雕龙后集》，牟世金，山东大学出版社。

169.《文心雕龙释译》，李蓁非，江西人民出版社。

170.《文心雕龙美学思想体系初探》，韩湖初，暨南大学出版社。

171.《文心与禅心》，徐季子，群言出版社。

172.《文心雕龙字义疏证》，吴林伯，武汉大学出版社。

173.《新译文心雕龙》，罗立乾，台湾三民书局。

174.《文心雕龙新论》，王明志，黑龙江教育出版社。

175.《文心雕龙选读》，王更生，台湾"国立编译馆"主编、巨流图书公司印行。

176.《文心雕龙研究》，孙蓉蓉，江苏教育出版社。

177.《刘勰文艺思想简论》，于维璋，山东大学出版社。

178.《文心雕龙全译》，邢建堂、傅锦瑞，山西人民出版社。

179.《文心雕龙学综览》，中国文心雕龙学会编，上海书店出版社。

180.《古代文学的秘宝——文心雕龙》，王更生，台湾黎明文化出版社。

181.《文心雕龙研究》（第一辑），中国文心雕龙学会编，北京大学出版社。

182.《文心雕龙译注》，陆侃如、牟世金，齐鲁书社。

183.《文心雕龙研究》，牟世金，人民文学出版社。

184.《中国古代文论的双璧:〈文心雕龙〉〈诗品〉论文集》，蒋祖怡，山东教育出版社。

185.《文心雕龙辨疑》，张灯，贵州人民出版社。

186.《体大思精的文心雕龙》，左健，辽宁古籍出版社。

187.《中国文学理论批评发展史》（上下卷），张少康、刘三富，北京大学出版社。

188.《文心雕龙辞典》，周振甫主编，中华书局。

189.《文心雕龙研究》（第二辑），中国文心雕龙学会编，北京大学出版社。

190.《文心雕龙》(白话今译),熊宪光,西南师大出版社。

191.《文心雕龙阅读纪要》,骆正深,百家出版社。

192.《文心雕龙美学范畴研究》,寇效信,陕西人民出版社。

193.《文心雕龙创作论疏鉴》,林杉,内蒙古教育出版社。

194.《白话文心雕龙》,郭晋稀,岳麓书社。

195.《文心雕龙直解》,韩泉欣,浙江文艺出版社。

196.《文心雕龙》,刘乐贤编著,中国友谊出版公司。

197.《中古文学论著三种·文心雕龙讲录》,刘师培,辽宁教育出版社。

198.《文心雕龙名篇探赜》,董家平,青海人民出版社。

199.《魏晋文论和文心雕龙》,吕武志,台湾乐学书局。

200.《文心雕龙析论》,王忠林,台湾三民书局。

201.《文心雕龙研究》(第三辑),中国文心雕龙学会编,北京大学出版社。

202.《文心雕龙要义申说》,华仲麐,台湾学生书局。

203.《文心雕龙译注》,王运熙、周锋,上海古籍出版社。

204.《文选与文心》,顾农,贵州人民出版社。

205.《文心雕龙》(百部传世文学与文艺理论名著),刘勰著,蓝天出版社。

206.《刘勰及其文心雕龙》,涂光社,春风文艺出版社。

207.《周振甫文集》第七卷(《文心雕龙译注》《文心雕龙术语及近术语释》),中国青年出版社。

208.《台湾近五十年〈文心雕龙〉研究论著摘要》,王更生总编订,台湾文史哲出版社。

209.《文心雕龙综论》,李平,中国文联出版社。

210.《论刘勰及其〈文心雕龙〉》,中国文心雕龙学会编,学苑出版社。

211.《文心雕龙研究》(第四辑),中国文心雕龙学会编,北京大学出版社。

212.《〈文心雕龙〉国际学术研讨会论文集》，台湾师大国文系主编，台北文史哲出版社。

213.《文心雕龙阐释》，冯春田，齐鲁书社。

214.《〈文心雕龙〉散论及其他》，周绍恒，学苑出版社。

215.《文心雕龙枢纽论研究》，黄瑞阳，台湾国家出版社。

216.《增订文心雕龙校注》，杨明照，中华书局。

217.《文心雕龙研究》，张少康，湖北教育出版社。

218.《骈体语译〈文心雕龙〉》，张光年，上海书店出版社。

219.《文心雕龙研究史》，张少康、汪春泓、陈允锋、陶礼天，北京大学出版社。

220.《文心雕龙研究》，孙蓉蓉，南京大学出版社。

221.《中国古代本体思想史稿》，方光华，中国社会科学出版社。

222.《中国文学理论批评史》（上下册），张少康，台湾水牛出版社（繁体字本）。

223.《文心与书画乐论》，张少康，北京大学出版社。

224.《读文心雕龙手记》，罗宗强，三联书店。

225.《刘勰与文心雕龙考论》，孙蓉蓉，中华书局。

226.《文心雕龙新释》，张长青，湖南大学出版社。

227.《文心雕龙通论》，刘业超，人民出版社。

228.《从〈文心雕龙〉到〈人间词话〉——中国古典文论新探》，黄维梁，北京大学出版社。

（以上书目是根据张少康、汪春泓、陈允锋、陶礼天合著的《文心雕龙研究史》所附目录增补而成，特此致谢。）

第三辑出版书目

# 图书在版编目（CIP）数据

梦摘彩云：刘勰传 / 缪俊杰 著. -- 北京：作家出版社，2015. 1

（中国历史文化名人传丛书）

ISBN 978-7-5063-7801-7

Ⅰ.①梦… Ⅱ.①缪… Ⅲ.①刘勰（465～521）- 传记 Ⅳ.①K825.6

中国版本图书馆CIP数据核字（2015）第019980号

## 梦摘彩云——刘勰传

| | |
|---|---|
| 作　　者： | 缪俊杰 |
| 责任编辑： | 袁艺方 |
| 书籍设计： | 刘晓翔＋韩湛宁 |
| 责任印制： | 李卫东　李大庆 |
| 出版发行： | 作家出版社 |

社　　址：北京农展馆南里10号　　　　邮　　编：100125

电话传真：86-10-65930756（出版发行部）
　　　　　86-10-65004079（总编室）
　　　　　86-10-65015116（邮购部）

**E-mail:zuojia@zuojia.net.cn**

**http://www.haozuojia.com**（作家在线）

印　　刷：北京汇林印务有限公司

成品尺寸：152×230

字　　数：274千

印　　张：20.25

版　　次：2015年2月第1版

印　　次：2015年2月第1次印刷

ISBN 978-7-5063-7801-7

定　　价：35.00元